U0094765

人際關係連結地圖

4個象限，17種類型，你是哪一型？你和誰合得來？

艾莉·沃克博士 著
Dr. Ali Walker

蔡孟璇 譯

各界讚譽

「人生與事業成功的最大問題和障礙，在於人們僅僅因為彼此的不同而難以連結。這正是本書的切入點，本書作者是備受推崇的艾莉・沃克博士。艾莉揭開了人際關係的奧祕，書中包含了豐富實用的建議與真實故事，幫助你建立強而有力的連結和關係。如果你想知道如何與生活周遭的人擦出最棒的火花，就讀這本書吧！」

——珍妮・艾利斯（Janine Allis），
活力果汁（Boost Juice）創辦人暨零售動物樂園（Retail Zoo）合夥人

「我很榮幸能在『改變之屋』（Change Room）計畫中與艾莉・沃克共事，並觀察她講解連結類型。我強烈推薦這本書，它能幫助你更深入了解他人，以及他們如何學習、理解並對訊息做出反應。但更重要的是，它幫助你了解自己，變得更有意識，並在生活中建立更好的人際關係。」

——安東尼・米尼奇洛（Anthony Minichiello），
澳洲國家橄欖球聯賽（NRL）大使、
雪梨公雞隊（Sydney Roosters）前隊長

「讀完這本書之後，世界突然變得更加清晰。真希望我在上大學、做第一份工作、約會、轉行或創業時，就擁有這本書。這是一本探討生活、愛情及工作的必讀書籍。」

——貝克・布朗（Bec BRown），
著有《你辦得到》（*You've Got This*），
公關公司「傳播部門」（The Comms Department）創辦人

「如果你曾經疑惑為何自己會與某人合得來或合不來，這本書會為你揭開原因。更重要的是，如果你想在生活中擁有更多契合的人際關係，這本書提供了實用方法來幫助你辦到。」

——阿曼莎・因伯博士（Dr. Amantha Imber），
著有《時間管理智慧》（*Time Wise*）

「身為一個學術領導者，我有機會思考許多不同的領導模式，但直到我完成了沃克博士的連結類型模型調查，才終於可以說：『是的，這就是我，我是一名水型（漣漪效應）領

導者！』這個模型為我提供了一個有力的敘述方式，來談論
我如何與他人連結，以及我的優勢和劣勢，無論是在個人生
活或專業領域，它都是一個出色的工具。」

——蓮安・皮格特（Leanne Piggott）教授

目錄

Part Four 你與誰合得來，與誰合不來？

獻給拉斐（Raph），我們的山岳型

-》》》》》》》》》》》》》》》《《《《《《《《《《《《《-

Part One

什麼使我們
感覺契合？

尷尬的第一次約會

你有過尷尬的第一次約會嗎？

我有過。

你跟那位共度尷尬的第一次約會的人結婚了嗎？

是的。

我丈夫和我的第一次約會是在 2007 年的一家披薩餐廳裡。他是一名廚師，剛在幾個月前開了第一家餐館。那個星期，他工作了八十多個小時，你可以想像當時他疲憊不堪的樣子。

尷尬的第一個瞬間發生在餐點送達時，他點了一道有番茄的菜餚，問我是否想試試看。

（我心想）：這是我讓他留下好印象的機會！我會說出幾種番茄種類，展現自己對食物的豐富知識！

我（大聲說）：「不用了，謝謝，我不喜歡羅馬番茄。」

他：「沒關係，因為這些是櫻桃番茄。」

我（尷尬）：「喔，那當然，我想嚐一些看看。」

此刻，我不得不吃那些櫻桃番茄，來證明我只是不喜歡某種特定的番茄。

我不氣餒，繼續努力讓他留下深刻印象。我開始談論我在集體意識方面的研究。是的，你沒看錯，我以為身為社會科學家的我，跟一個疲倦不堪的人談論我的關係理論和群體動力學，是一個很棒的主意。

剛開始，他給了一些有意義的點頭。

大約一分鐘之後，他的眼神開始變得呆滯。

然後，他的眨眼頻率降低了。

我繼續加足馬力，就像一個腹痛卻仍賣力跑步，決心跨越那道想像的終點線的人。

接下來的一分鐘，他做了一件（在初次約會中）難以想像的事。

他低頭看著手錶至少三秒鐘，在這種情況下，這簡直是漫長到天荒地老的時間了。然後他抬頭回望我，臉上做出一種我看不懂的表情，但說實話，那表情可能綜合了無聊、恐慌和一點點的絕望。

我感到震驚，當時確信我們不會有第二次約會（或未來任何形式的互動）了。具體來說，我的想法是：**我再也不想見到這傢伙了。**

感到尷尬（再次）且有些防衛心態的我問道：「有什麼問題嗎？」

是的，你沒看錯，我確實問了那個問題，語氣正如你可能猜想的那樣，而且我雙臂交叉，挑起眉毛。

他嘆了（疲憊的）一口氣。「我真的很想跟你談論這個話

題⋯⋯」他開始說。*

我坐在那裡，有些困惑。

「⋯⋯但我這整星期都在拚命工作，真的累壞了。我寧願在我有更多精力的時候再談。」

我說：「好吧，沒關係，談話警察。」（是的，我真的這麼說了，依然保持著火力全開的態度）。「那你想談什麼呢？」

「一些輕鬆簡單的事吧。」他回答道。

對大多數人來說，這個要求可能相當直截了當。但如果你讀到這裡，可能已經發現我比一般人更緊繃一些，所以要求我進行「輕鬆簡單」的對話，其實讓我備感壓力。我不確定自己能否做到。

而且，當有人要求你不要做一件事時，你的腦袋反而會一直想要去做那件事，你知道這種情況吧？

我們的主菜甚至還沒上桌呢！

我以為我們完全合不來，所以就此打消了對未來的任何浪漫期待，但約會最終來到我提議從餐廳開車送他回家的情境。那是一個冬日的星期天夜晚，附近沒有計程車，而且那時還沒有 Uber。當我把車轉進他家街道時，突然意識到我們即將要做尷尬的初次約會道別。我在腦海中快速考慮各種選項，我應該

---

* 作者註：這句話完全是虛構的。那晚之後，他再也沒有和我提起這個話題，幾年後，當我請他閱讀我的博士學位論文的一頁摘要時，他讀完第一段就說：「我一定要全部讀完嗎？」

讓引擎保持轉動還是熄火？如果保持運轉，我該拉手剎車嗎？我該繼續戴著眼鏡嗎？

我決定讓車子保持發動，腳踩著剎車。

我繼續戴著眼鏡。

我轉向他，期待他會說一些「我玩得很開心」或「我們再約時間」，或至少是「謝謝你送我回家！」

然而，他靠過來，在我的臉頰上親吻了一下，說了聲「晚安」，便準備下車了。

我倒車離開他的車道（當然是他下車之後，我想），低聲說著：「天吶，真是尷尬。」

大約三十秒之後，當我開車沿著他家前方的街道行駛，仍因尷尬而臉紅時，我的手機響了起來。我看到來電顯示是他的名字。

我害怕地想，喔，不會吧！他肯定把什麼東西忘在車上了！我得掉頭，然後再來一次尷尬的道別。

「喂？」我努力讓自己聽起來隨意些。

「剛剛真的很尷尬嗎？」他問。

我不禁放聲大笑起來。「對！太尷尬了！」

這個問題改變了一切。

在我回家的路上，我們一路聊天，兩天後又見面，再兩天後又見面，然後一直如此。我們在 2011 年結婚，現在有兩個兒子和一隻狗，我們仍然在一起。

他冒著小小的情感風險，打了那通電話，提出那個問題，

塑造了我們的生活。渴望連結的勇氣，要求我們承擔這些情感風險。有時我會想，是不是因為我們的起點要求很低，對彼此幾乎沒有什麼期望，所以我們依然過著幸福的婚姻生活。如果不尷尬的話，那我們就算做得不錯了！

當時，我並不知道在那一次約會裡，我們進行的一種是「光連結型」（就是我）與「變形者連結型」（就是我丈夫）之間的典型互動。如果你對我的工作不熟悉，別擔心，這不是一本科幻小說。所謂的「光」和「變形者」，是指我們兩人處理人際連結的方式完全不同，這是我們這兩種類型之間的典型互動方式。

我與他人連結的方式，是透過密集、全心投入，偶爾過度分享的對話來達成（你可能不會感到意外，而且我打賭，你在讀到這篇〈引言〉的一半時，已經覺得自己認識我了）。我的丈夫則偏好隨著時間進行輕鬆而簡單的互動，來做為建立連結的方式。好吧，「正常人」，我聽到你們在說：「不是每個人都喜歡那種連結方式嗎？」實際上，連結並沒有所謂的「最佳方式」，只有我們的方式。

我丈夫是透過經年累月的相處和共享愉快經驗，逐漸培養親密感的，而我則是透過談話和分享情感，迅速建立親密感。我是在一個小時內尋求心靈與思想的結合；他尋求的是樂趣與輕鬆自在。你會在本書中發現，在連結這件事上，沒有所謂正確或錯誤的方法，只有不同的途徑和偏好。我和我丈夫都擁有同樣充實的人際關係和連結，只是我們達到目的的方式截然不

同罷了。

　　為了致敬我們初次約會的故事，他最近給了我一張卡片，上面寫著「我愛你，從頭到番茄。」*

● 何謂契合或衝突？

　　無論我們與一個人、一個團體或一個地方相契合或有所衝突，這都是**最重要**的人類經驗之一。它影響我們最終能否在學校、大學、工作、運動、社群、愛情和友誼裡成長茁壯。辨識出哪些人和哪些社交環境能讓我們感到契合，可以引導我們做出人生的決策，漸漸擁有歸屬感並遠離孤單。每當我們遇到一個剛認識的人，我們大腦的首要任務就是確立他們是朋友還是敵人，以及我們是否會在他們身上體驗到歸屬感。我們已經演化出解讀肢體語言的方式，用來判斷我們在另一個人面前是否身心上都是安全的。

　　請想像一下，所有人都有許多插頭（類似於電器插頭）不斷從我們的心、腦和肚腸等地方延伸出去，持續尋求與其他的人、地方和團體相連結。一旦我們插入一個連結源，就會立即體驗到情感能量的交換。

　　當這種能量交換是遲滯乏味的，我們會傾向於簡單地承認

---

　　* 將原來的 head to toes（頭到腳）寫成押韻的 head to-ma-toes（頭到番茄）。

彼此不相容，並禮貌地避開彼此，不帶任何不快。我們接受彼此的差異，並繼續生活。

在負面的情感能量交換中，我們被這樣的互動所控制時，會覺得被冒犯、侮辱或激怒。

當我們體驗到正面的連結，就好像我們的插頭找到了匹配的對象，讓我們從另一個源頭接收到滋養的能量流；這個源頭可以是大自然、另一個人、一群人，或是音樂、靜心冥想或運動這樣的感官或沉思體驗。

有時連結可以是刺激的，但同時也是有毒的。我們**需要**體驗連結和歸屬感，因此總是寧願選擇沒營養的連結，好過完全無連結，就像我們對食物的選擇一樣（當我們餓了，幾乎什麼都吃！）。沒營養的連結例子，包括長時間無意識地滑手機、在關係中被虐待、抽菸或喝酒來麻痺痛苦，或與其他人聊八卦，以此來感覺與他們有所連結。

本書探討的是我們在生活中經歷的各種類型契合與衝突的現象，以及它們發生的原因。

● 與某個人「契合」是什麼意思？

我知道你明白這種感覺，但是讓我們再確認一下：與一個人、一個團體或地方契合，是指我們在那個人的陪伴或該社交環境中能立即覺得舒適。契合表示一種積極的連結。這種情感能量令人感覺安全、熟悉，我們會感到自在。我們的大腦會產

生催產素、血清素、多巴胺和內啡肽等神經傳導物質，促進愉悅、快樂等積極情緒的產生，同時減輕焦慮和憂鬱。當我們與某人或某地相契合，會想要盡量增加彼此在一起的時間。

我們對於彼此契合的描述有很多：我們一拍即合、我們一見如故、我們志趣相投、美好時光飛快過去、我們志同道合、我們合得來、我們互有好感、我們很有默契、我們相處得很好、我們很合拍、我們有許多共同點……等等。這些形容詞都指出，在我們與某人或某地的連結中，有著一些受歡迎和熟悉的東西；它們讓我們感覺像是在家一樣自在。

當我們互相契合，在該環境中找到了舒適和喜悅，就會在我們的內在引發一種讓我們很享受的反應。當我們體驗到歸屬感時，便是與某人或某地相契合。

● 與某個人「衝突」是什麼意思？

相反的，與某個人衝突（或不合），意味著我們和他在一起時感到**孤單**。這通常不是我們與某個人性格衝突時會聯想到的形容詞，但這就是確切發生的情況。孤單，純粹是歸屬感的缺席，是我們想要如何連結和實際如何連結之間的落差。當我們與某個人在一起時覺得不舒服或煩躁，那是因為他們的情感能量對我們來說感覺不安全、不熟悉和無法預測，我們發現與他們溝通帶來挑戰。這只是意味著我們與他們不「匹配」。我們希望盡量減少與這個人相處，或待在這個地方的時間。即使

是自己一個人時，如果我們覺得不舒服或孤單，甚至也可以與自己衝突。如果我們在一個地方或團體裡感到不自在或不舒服，也可能與它衝突。當我們與另一個人相處或獨處時感到孤單，我們的大腦會抑制血清素和多巴胺等愉悅化學物質的活化。

我們有不少針對衝突的描述：我們像躲瘟疫一樣避開他們；我們受不了他們；我們彼此相剋、鬥個不停；我們沒有共識；我們一言不合便大打出手；我們爭辯不休；我們各持己見。就像互相排斥的磁鐵，衝突的感覺是一種立即的負面反應。

● 為什麼我們會有契合或衝突的現象？

要回答這個問題，我們必須了解，相容性可以發生在不同層次上：

1. **立即契合**：我們感到自在。
2. **直覺契合**：我們想成為朋友。
3. **親密契合**：演變為戀愛關係。

立即契合: 一道火花,一根 點燃的火柴	與對方溝通時感到輕鬆 自在。 渴望相處、交談、成為 共同社群的一部分。	發生在我們的連結 類型**頻率**匹配時。
直覺契合: 映照出我們最佳 特質的鏡子	與對方同在時感到舒適 和喜悅。 渴望發展友誼,更深入 了解他們是誰。	發生在我們的連結 類型**強度**匹配時。
親密契合: 如同兩塊密合的 拼圖	感覺被對方平衡或增強 了。 身、心、靈的相遇,渴 望成為夥伴。	發生在我們擁有互 補或平衡但緊密的 連結類型時。

衝突也會發生在不同層次上,本書將探討:

1. **立即衝突**:與那個人連結,讓我們覺得辛苦、被迫和不自然。
2. **直覺衝突**:那個人代表了最差的品質,讓我們心煩意亂。
3. **親密衝突**:那個人觸發了我們的創傷。

立即衝突： 就像試圖點燃潮濕的火柴	我們感覺與對方建立連結很辛苦，是被迫的和不自然的。	發生在我們連結類型的**頻率**和**強度**相反時。
直覺衝突： 映照出我們最具挑戰性或壓抑特質的鏡子	與對方同在時，我們出現競爭或防衛心態。他們惹毛我們，並讓我們心煩意亂。我們在回應時會反應過度。	發生在有人表現出我們最具挑戰性的特質時。
親密衝突： 對方觸發我們的創傷或負面的過往經歷	我們在對方身邊時，情緒會被觸發，表現出異於平常的行為。他們激發出我們最差的一面。	發生在有人觸發我們過去的創傷時。

　　人與人之間的連結是一門藝術與科學，本書介紹的是我對每個人如何試圖建立親近感和歸屬感的原創模型及研究。我想幫助你了解，你曾經擁有過（或將來會有）的每一段關係。身為一名在大學裡工作過的學者，以及一名文化與領導方面的顧問，我在工作中不斷接觸到人際連結方面的理論和實踐方法。我和你一樣，在個人生活裡也不斷接觸到人際連結中那些原始、混亂與引發深刻情感的一面。我想給予你處理所有這些情況的工具與策略。

● 這不只是一本書，而是一種體驗

　　本書附有一份免費的人格評估表，能幫助你找出自己的連結類型。你可以前往網站 https://bit.ly/connectiontype 或掃描下方 QR 碼來使用評估表（測驗之中文翻譯請參考附錄）。你的連結類型指出了你與他人來往與溝通的方式，以及你通常在團隊裡扮演的角色。它揭示了你的領導風格、你如何體驗歸屬感和孤獨感，以及交流的方式。

　　找出自己的連結類型之後，你便可以利用本書來理解為何你會對其他人感到契合或有所衝突，以及與你最相容的人是誰。這個過程將幫助你辨識出，那些在友誼、愛情和工作中能激發出你最好一面的人。當你了解自己在生活上為何會與一些人合得來或合不來，便能找到哪種關係和職業最適合你的連結類型。你將會有一個屬於自己的領導風格故事，而且會明白如何避免孤獨。本書的價值有一半來自於能夠更了解自己，另一半則來自於能夠更了解他人。

我邀請你和你的伴侶、朋友及家人一起來體驗這本書。如果他們也參與評估，效果會更好，如此你們就可以針對結果互相比較。我觀察到，當一些群體圍繞著我的模型發展出共同的語言，並藉由頻率和連結的強度來觀察人我關係時，群體裡的每個人都能因覺察層次的提升而受益。我在親密關係、家庭、各式各樣的機構，從礦業到房地產公司、教育到財務部門、醫院到矯正機關裡，都曾見過這樣的發展。

身為一名社會科學家，我選擇將工作重點放在人我關係與人際連結的理由是：它們是身心健康的首要預測因素。

在我的整個職業生涯中，我看到改善我們與他人的連結關係能發揮關鍵作用，可能會造成以下兩種情況之間的差異：

‧持久的親密關係和破裂的關係
‧親密參與和冷漠疏離的家庭
‧表現傑出和表現掙扎的團隊
‧成功的領導和缺席或有害的領導

以下是使用這些模型的人給我的一些回饋：

‧「這個模型幫我省下了十二週的會議時間。」
‧「你為我們理清了關係中的問題，並給了我們一個共通的語言來加深連結。」
‧「我覺得自己重新校準過了。」
‧「我現在知道為什麼我在工作時會對同事做出如此不同的反應了。」

- 「我以為自己有問題，但其實只是我的連結類型的關係。」
- 「你幫助我們的團隊更了解彼此，不將事情視為針對個人。我們的工作方式獲得了改善。」
- 「現在我回顧過去的每段關係和每個工作，都是透過我的連結類型透鏡來看的。」

● 這不只是另一種人格概況分析

我聽到你在說：「當然，我知道這類模型，我做過 DISC 人格測驗，也知道我的『邁爾斯－布里格斯』（Myers-Briggs）類型是什麼！」首先，我相信任何能幫助我們培養自我覺察的工具或模型都有其價值。我們總是可以從人格概況分析中得到一些洞見，以此來改善我們與他人的連結。我的理念是，每個人都有足夠的空間，我歡迎人們使用不同方法來分析人格概況（personality profile）。

我的模型與「邁爾斯－布里格斯」或 DISC 等評估工具不同，因為我們的目標並不相同。現有概況的目標是揭示個人的人格特質和傾向。此外，心理測驗的目的是評估個人的智力、人格特質和適應特定情境的能力，例如，確定一個人是否適合從事銷售、法律或銀行業。

「艾莉迪連結類型」（The Ality Connection Type）模型採用的是不同的方法，不將焦點放在人格特質，而是更關注於我們需要什麼樣的環境才能體驗歸屬感，避免孤獨。它指出我們

的心理、情感和身體健康，需要怎樣的情感生活空間才能蓬勃發展。大部分的人格測驗告訴我們的，是我們的優勢與資質才能，而這個模型揭示的是能讓我們與他人建立最佳關係的社會環境。它以環境而非個人做為參考點。據我所知，這是第一個使用這種方法的模型，它讓我們能夠辨識出每個人最佳的「連結環境」。

將情感強度的概念引進「艾莉迪連結類型」模型中，也是獨創的，它為我們對歸屬感和溝通的理解，增添了強大的因素。將人際連結的頻率和強度測量結合起來之後，便能辨識出你在人我關係和團隊中的理想角色，以及領導者角色。一旦我們了解能夠表現出自我最佳面向的連結環境，就會有屬於我們的連結類型。我們便能對自己在關係和團隊中的行為方式有所了解。

● 相關研究

我在 2013 年於澳大利亞國立大學（Australian National University）獲得群體動力學和集體意識的博士學位後，創立了「艾莉迪」（Ality）公司，並開發了原創的連結與動機模型。自 2018 年以來，已經有數千人進行過評估，在他們的允許下，我的公司艾莉迪針對 2018 年至 2021 年間完成「艾莉迪連結」（AlityConnect）評估的五千人進行了研究。我的團隊根據他們的回答，蒐集了匿名化的研究數據。下列圖表顯示了研究樣本的人口統計數據：

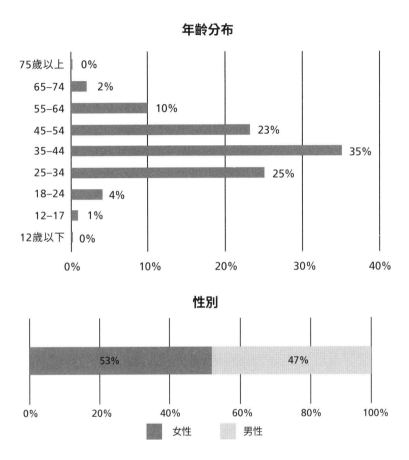

我們在性別類別中提供了「其他」這個選項，然而，沒有人從研究樣本中選擇此選項，因此，樣本中女性占 53%，男性占 47%。

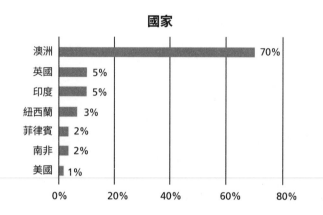

國家

國家	百分比
澳洲	70%
英國	5%
印度	5%
紐西蘭	3%
菲律賓	2%
南非	2%
美國	1%

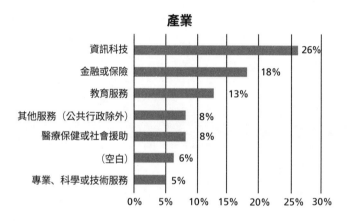

產業

產業	百分比
資訊科技	26%
金融或保險	18%
教育服務	13%
其他服務（公共行政除外）	8%
醫療保健或社會援助	8%
（空白）	6%
專業、科學或技術服務	5%

　　根據我的研究，我得出了一些有趣的結論：例如，1955 年以前出生的男性，比較可能是性格內向且保守的人（又稱「沉默的強者型」），或者女性更可能具有強烈情感，並透過交談來建立連結。在這本書中，我探討了這些結論如何解釋我們在世上的運作方式，例如，父母如何塑造孩子的連結類型，以及領導者如何利用連結類型激發出屬下的最佳表現。

● 為什麼要寫這本書？

我對群體動力學的興趣持續終生。我會如此著迷，是因為我逐漸意識到，無論是在法庭、教室或餐廳，各種場所或空間裡的氛圍都會強烈地影響我。我曾經像海綿一樣吸收房間裡的情緒能量，而且通常會帶著他人的感受離開。無論是正面或負面的，他人總是對我的情感產生巨大的影響。我曾經認為這是正常的，因為我沒有其他參照標準。就像我在二十多歲需要戴眼鏡時，也花了一段時間才意識到別人能看到我看不到的東西。

在人際連結方面，我發現自己缺乏了許多人會有的對於「我」和「我們」之間的界限。我在情感方面下了一番工夫，才弄清楚自己結束的地方和其他人開始的地方，尤其是在親密關係方面。這感覺就像同時是祝福也是詛咒。

我在群體動力學方面的經歷，感覺就像被扔進彈珠機台的一顆彈珠，在與人來往時隨意彈來彈去。我進行了大量的訓練、研究、治療和覺察工作，才將這種經歷轉化為一種技能與科學。將這種高敏感和容易不知所措的傾向，轉變為力量與策略的過程，是一條漫漫長路。而現在，我想幫助你使用這些工具來轉變你的人際關係、家庭、團隊和組織，讓它們成為一個生機蓬勃的生態系統。

2018 年，我在雪梨新南威爾斯大學（UNSW）擔任高級講師時，收到了 TEDx 主辦單位的來信，他們問我是否想做一場 TEDx 演講。我還記得當時收到那封電子郵件的情景。我的答案

是「是的」。當時我在校園裡，正要去吃午餐。我走進學校的食堂時，感覺自己彷彿漫步在雲端，一路笑逐顏開。

我要去 TEDx 演講了！

我心想，我要講些什麼呢？這必須是我一生工作的頂點（是的，我知道這有點戲劇化），也必須是我最熱衷的主題。

我帶著充滿靈感和興奮的心情來到餐廳。點完午餐後，櫃檯後方的男子對我說：「妳看起來很開心，今天過得很不錯嗎？」

「非常美好的一天。」我笑容滿面。

「有什麼特別的事發生嗎？」他問。

「我剛剛被邀請去做 TEDx 演講！」我回答，十分激動。

「那是什麼？」他問。

我心中略感受挫，回應道：「一個會議，你可以針對一個原創主題演說十八分鐘，這場演講會被放在網路上。」

「聽起來很棒。」他回答說：「妳一定會得到大筆酬勞吧！」

此刻，我真心感到受挫，回應道：「這是沒有酬勞的。」

他對我的熱情感到困惑。「好吧，那麼祝妳好運。」

我回到辦公室後，默默自責為何要與一個陌生人分享我的消息。為什麼我老是這樣做？為什麼我表現得好像每個遇見的人都是我最好的朋友？為什麼我要如此在意一場連報酬都沒有的演講？

然後，我恍然大悟。

我沒有界限。我甚至不能在不把自己的人生故事告訴某個陌生人的情況下走進這個世界。

開玩笑的，我早就知道這一點。

在那一刻，我領悟到這正是我要在 TEDx 做的演講主題。當下我決定要談論每個人如何以不同的方式建立連結。

> **我們與自己、地方和彼此建立連結的方式，**
> **定義了我們。**

過去二十年來，我有幸跨越各行各業，對著超過十萬人談論人際連結與文化。我的經驗一致確認，歸屬感是我們最大的心理需求，而我們身為個人和組織機構所面臨的核心問題，始終是連結問題：我們如何連結以及重視什麼，這兩者定義了我們。讓我們夜不成眠、憂心忡忡的事，總是與人和價值觀有關。甚至那些表面上似乎與連結和價值觀無關的問題，事實上仍然與連結和價值觀有關：金錢問題，是與供應他人，以及維持一種生活方式來和周圍的人保持連結有關；工作問題，是與我們如何連結以及重視什麼有關；甚至身體形象問題也是人際問題，因為它們與我們的社會身分有關。因此，我們最大的靈感和最大的壓力源來自兩個問題：

> **我屬於哪裡？**
> **我重視什麼？**

我最常被問到的一些問題是：

- 我如何不將他人的行為視為針對我個人？
- 我如何不吸收他人的情緒？
- 我如何表達同理心，同時避免耗盡心力？
- 我如何在工作中整合真實的自己與必須扮演的自己？
- 如何處理被拒絕或感覺被冷落的情況？

- 工作中有人暗地傷害或排擠我時，我該怎麼辦？
- 我如何以真誠的方式領導？
- 我和伴侶經常爭吵，我們該分手嗎？
- 情緒真的會傳染嗎？
- 如何克服社交焦慮？
- 如何選擇適合自己的事業？
- 我想在事業／關係／生活中前進，但我害怕改變，該怎麼辦？

當我們了解自己的「連結類型」後，以上所有問題都能得到解答。一旦你找出自己的連結類型，我希望你能夠：

1. 改變你的人際關係，讓你可以做自己，不再扮演角色以換取他人的愛和接受。
2. 當你領悟到，我們都在無意識地扮演我們原始的依附和連結模式的角色時，便不會再將他人的行為視為針對你個人。
3. 接受你所愛之人的本來面目，開始用徹底的接受與坦誠，來與他們建立連結。

以下是本書的快速指南：

Part One 什麼使我們感覺契合？我將從自己的故事開始，講述人際連結與孤獨的科學，以及為什麼歸屬感是幸福生活的基礎。

Part Two 找出你的連結類型與連結環境：接著我將介紹「艾莉迪連結類型」模型及其兩個測量標準：人際連結的頻率和強度。我也會指導你如何分析你的連結類型結果。

Part Three 十七種連結類型：在此你會讀到「艾莉迪連結類型」模型中的每一種類型報告。你將深入了解自己的連結方式，並能與你的朋友、家人和同事進行比較。

Part Four 你與誰合得來，與誰合不來？這部分將確定你與哪些連結類型相容，並解釋為何我們發現某些人比其他人更難建立連結。書中探討了立即、直覺和親密的契合與衝突概念，以及當我們經歷這些情況時應該怎麼做。我在這部分分享了自己對和諧戀愛關係的研究，並提供了選擇朋友與親密伴侶的建議。

讓我們開始吧。了解我的連結類型改變了我的人生方向，因此我迫不及待想與你分享！

第一章

∞

槍的故事：
連結，彷彿生命全繫於此

1997 年 4 月，我哥哥為自己的十八歲生日舉辦了一場派對，當時我十五歲。派對在我家舉行，他邀請了大約八十個人來參加。整個晚上，當賓客在盡情慶祝和跳舞時，有幾批不速之客來到大門前，試圖闖進來。這在我們居住的地區是很常見的情況。由於我家靠近火車站，像這樣的家庭派對經常被盯上，成為一群搭著火車上上下下、在週五和週六夜晚尋找好去處的青少年的目標。

大約晚上十點左右，有個人衝進屋裡大喊：「大門口有人拿著槍！」

我媽抓起電話叫警察，我爸則衝向車道，我緊跟在後。

門外是一群十六到二十歲之間的少年，手裡都拿著大根棍棒。這群人的領袖有一頭用髮膠梳得油亮的頭髮，他用一種故意放慢、帶著威脅的語氣對我爸說：「讓我們進去參加派對。」

「不行，回家去，你們沒被邀請。」我爸回答道。

「也許這個會改變你的想法。」那個年輕人說著，一邊從他的毛衣口袋掏出一把小槍，對準我爸的胸口。

這一刻，我的時間突然變慢，幾乎完全停止。現場變得非常安靜，所有人都在等待接下來會發生的事。

在令人震驚的寂靜中，我那個喝醉的哥哥衝上車道，大喊道：「他只是在虛張聲勢！那不是真槍！讓我出去！」

我默默地倒抽了一口氣。雖然我不知道被人拿槍指著時該如何反應，但我知道絕對**不能**模仿我哥的做法。

我和其他幾個人設法制止了我哥，說服他回到派對裡。

我回去站在爸爸身旁，我記得自己望著站在大門另一邊的那個人的眼睛，懷疑一個素未謀面的人可能會以一種不可逆且可怕的方式改變我的人生。我試圖與他建立連結，試圖讀懂他、理解他，但他的目光卻無情地、冷冷地鎖定在我爸身上。

那個年輕人重複說著：「讓我們進去參加派對。」手上的槍依然指著我爸的胸口。

這場景荒謬得讓我想笑出來。他真的以為我爸會開門讓他進來喝一杯嗎？「喔，當然，既然你這麼說，那就進來吧！」我的腦海裡浮現這個人手拿著槍，與賓客交流，並為我哥舉起香檳慶祝的滑稽畫面。

我爸用我聽過的最冷靜的聲音回答道：「把那東西收起來。別做一些你會後悔一輩子的蠢事。警察已經在路上；你現在的麻煩已經夠多了。」

這時，年輕人的朋友開始懇求他離開。「拜託，我們走吧，

警察很快就到了！」

我記得自己在納悶著，警察在哪裡？爲什麼我聽不到警笛聲？我媽一知道有人拿槍就報警了。後來，我們才得知，警察遲遲不來是因爲他們以爲這些年輕人只是另一群想闖進住宅派對的不速之客。

最後，那個年輕人狠狠地瞪了我爸一眼，說了句「算你走運」之後，才把槍放下。然後這群人一路快速奔跑，穿過馬路，回到火車站。

表面上，這個人和他朋友的行爲似乎很瘋狂。爲什麼你要闖進自己未被邀請的派對，還以如此暴力的方式要求入場呢？

但是，當我們更深入一點去探究，就會發現，我們都會爲了尋找連結而做出一些瘋狂且不理性的事（儘管此人的行爲很極端）。你是否曾經多次打電話、發訊息或發電子郵件，給一個對你不感興趣的人，試圖啟動這段關係？

喔，你沒有過？是的，我也沒有過……*

你是否曾經爲了融入某個團體，或讓某人留下深刻印象而改變自己？

嗯，這一題的答案我已經知道了。

你是否曾經愛上一個對你不太好的人，或想要爲一個對你不太好的人工作？

你是否曾買過自己其實買不起的東西，或是爲了向一群人

---

* 然後我可能會看向別處，挑起眉毛，吹起口哨。

表示你是「他們的一員」而刻意有不同的穿著打扮？

我再說一遍：我們都會做出不理性的事來尋找連結。

心理學家馬修・李伯曼（Matthew Lieberman）在著作《社交》（*Social*）中解釋道：「我們對連結的需求，就跟對食物和水的需求一樣基本。」[1] 研究顯示，關聯性是我們最大的心理需求之一。[2] 正如我的兩個兒子說他們需要餅乾時，我對他們解釋說，需求是一種如果沒有它，你最終就會死的東西。

由於歸屬感與人我關係是一種需求，無論我們是否體會到這一點，都會像對待吃飯、喝水和有住所的驅策力一樣，以迫切的心態來對待它們。如果我請你想一想自己人生中重要的里程碑，你講述的故事很可能會從人際連結的角度來談：你的家庭、成長的地方、教育、核心關係、工作和居住的地方。我們是由我們與他人、團體和地方的關係所定義的。

我哥哥生日派對上的不速之客，並非試圖與派對中的人建立連結，他們是在嘗試與**彼此**連結。當我們是一個團體的一分子時，就形成了一種共同的動態（dynamic），而這種動態會像水泥一樣凝結。我們在團體內各司其職，並按照團體所建立的模式來行動。就像最近我和朋友出去吃飯，聊了好幾個小時一樣，那些不速之客藉由惹麻煩和試圖闖入派對，來找到對彼此的歸屬感。當他們一起經歷這些事的時候，對彼此的連結感會得到強化。他們的團體在人類演化中，扮演了一種最原始的連結形式：我們 vs. 他們。他們在追求那種迅速的連結與亢奮，那是當我們對彼此有歸屬感時都很享受的一種狀態。當我們在團

體裡追求一個共同目標時，便強化了歸屬感。團體聚集在一起抵抗「覺察到的威脅」，是社會團體裡的一個強大動機。[3] 這就是我們從事一項運動、看體育比賽、八卦，以及沉迷於那些煽情新聞媒體的原因：我們想要找到歸屬感，即使它感覺有害。

● 我們都在彼此身上尋找自己

在生活中，我們希望被看見、被認可和被肯定。與他人建立連結，比起僅是有人在一天結束時打個電話給你，或是成為一起度假的團體一分子更有力量。這不僅僅是與同事合作或分享一頓餐點，而是更加深刻，並且關乎身體和情感上的生存。我們依賴彼此來獲得安全和保障，因此在整個人類歷史中，在社交上孤立必然會導致死亡。最近的研究探討了孤獨對人們身體健康的影響，顯示了缺乏人際連結與社交孤立，可能導致身體不適、憂鬱、上癮，以及反社會行為等，有時甚至會導致早逝。2015 年的一項研究顯示，孤獨和社交孤立對人們的健康所產生的負面影響，比肥胖、抽菸或濫用藥物還要大。[4]

我要再說一次。

> 孤獨對人們健康的傷害，
> 比抽菸、肥胖或濫用藥物還要大。

我不知道你是不是和我一樣,在我成長的過程中,學到抽菸和濫用藥物對我有害,也學到吃營養豐富的食物對我有益。但我從來沒有學到孤獨對我的健康和幸福會產生多大的影響,因為當時這方面的研究還不存在。一項 2012 年的研究顯示,孤獨增加了 45% 的早逝風險,並使老年癡呆症的發生機率增加 64%。[5]

● 反面的情況

從反面來說,當我們擁有正面積極的人我關係時,對自身的健康和幸福也會產生明顯的影響。比起社交連結較少的人,與家人和朋友關係緊密的人,早逝的風險降低多達 50%。[6]當我們**歸屬於**社交群體,而不單是以個體身分參與社交,這些益處會更為加強。[7]一項針對紐西蘭居民進行的縱貫性調查數據分析顯示,當我們在整個人生中建立積極正面的新社會團體連結時,更不容易憂鬱(引用自 2013 年的研究),而且團體的連結也會在過渡期,例如退休(2016 年)和大學(2010 年)[8] 階段,創造出更高的幸福感。根據哥倫比亞大學和「美國上癮和藥物濫用中心」(National Center on Addiction and Substance Abuse)的資料顯示,經常與家人一起用餐的兒童,更有可能在學業上表現更好,也更健康。

1998 年,冰島有 42% 的十五到十六歲青少年報告,他們在前一個月曾經喝醉,有 17% 曾使用大麻,23% 每天都抽菸。經

過一些激進的政策變革，這些數字已經大幅減少。2016 年，只有 5% 的十五到十六歲青少年報告說，他們在前一個月曾經喝醉，7% 曾使用大麻，而且只有 3% 每天抽菸。[9]

是什麼造成了這些變化？研究人員分析問題，並確定預防酒精和藥物濫用的保護因素後，引進一個名為「冰島青年」（Youth in Iceland）的全國性計畫。該計畫有四個主要元素：

1. **家庭因素**：教育父母去了解花時間與孩子相處的重要性（不僅僅是精心安排的優質時光）。父母被要求簽署一份採用新規定的同意書。家庭和社區一起動員，支持新的計畫。

2. **課外活動和運動**：運動、音樂、藝術、舞蹈和其他社團的國家資助金額增加了（一些弱勢家庭獲得休閒兌換券，以支付這些活動的費用）。

3. **同儕效應**：法律上的改變是，只有十八歲及以上的人可以購買菸草，而只有二十歲及以上的人可以買酒。這些產品禁止廣告。十六歲以下的兒童在冬季晚上十點後和夏季午夜後禁止外出。

4. **評估**：這些改變的影響在年度調查中經過了準確的估量。[10]

總而言之，冰島的青少年獲得了如何度過空閒時間的界限和健康的替代方案。這些新結構的基礎就是人際連結。

「哈佛成人發展研究」（The Harvard Study of Adult Development）自 1938 年以來一直在持續進行，目前有一千三百位參與者在告訴我們有關健康和幸福的生命週期的事。當我們

八十多歲的時候，你認為健康和幸福的唯一預測因素是什麼？是我們社交關係的品質。那些表現最佳的人，是把與家人、朋友和社群關係放在首位的人。這就是為什麼我選擇將重點放在連結類型的原因，若我們確定了自己的類型，以及如何以最佳方式與他人相契合，就能擁有一個將「社交參與」提升至「社交歸屬」的工具。

現今有大量的研究將幸福與我們的社交連結和人際關係的品質關聯在一起。人類天生就是為了連結而設計的，這表示我們的大腦主要就是為了社交互動和人際關係而設計的。我們藉由互相觀察和模仿而成長，藉由同理心來交流。我們基於人多勢眾而進化。目前，已證明了遭到社會排斥或拒絕的情況，會活化我們大腦處理身體疼痛的同一個部分。而且，聽好了！當我們自己體驗到社交上的排斥，以及當我們對他人痛苦生起同理反應而間接體驗到社交之痛時，這些痛苦迴路就會被活化。[11]社交排斥或拒絕，會在我們的大腦中觸發警報，傳達出我們處於危險之中的訊息。

結果顯示，**歸屬感是讓我們保持活力和生機的關鍵力量。**我將強烈的歸屬感比喻為緊繃繩索下的網，而生活是那一條繩索。如果我在沒有網子的情況下走繩索，我不會走，只會拚命抓住繩索來保命。有了底下那張堅固的網，我才能昂首挺胸地前行，甚至可能冒險，嘗試加快步伐並享受樂趣。我們的關係和社群，為我們的生活賦予了目標感。因此，如果我們想要快樂地生活到八十多歲（超越平均壽命），建立社群和穩固的關

係比其他任何事都更重要。歸屬於讓我們感到安全和被接受的社群，是我們對心理和身體健康所能做的最重要的事情。更重要的是，它創造了正面積極的回饋循環；我們越是能感受到連結，就越能過得愉快並熱愛生活，如此一來，其他人也會想要和我們在一起。

如果你想知道一個人有多快樂，問問他們參與了多少讓他們有正面歸屬感的社會團體。社會團體也可以包括一個家庭、一份關係、友誼圈、工作團隊（實際上，這可以只是擁有一份工作，你甚至不需要在工作中有朋友，不過有朋友會有幫助）、社區組織、運動社團或靈性／信仰社群。我母親和婆婆是我認識的人當中最快樂的人之一。我母親在六十多歲時仍每週打兩次籃球，在結婚四十年後仍然維持著婚姻關係，每天早上都和不同的人喝咖啡，每週都和朋友去散步，有五個孩子和八個孫子。我母親每隔一週就會為兒孫煮一頓晚餐，有時來用餐的人甚至多達二十個！

我婆婆也隸屬於好幾個社會團體。她每週都會和不同的護理師朋友、高中朋友、高爾夫球友、玩牌的朋友，以及藝廊的朋友見面。她的婚姻也維持四十多年了，有四個孩子、八個孫子。

● 滋養連結

重要的是，歸屬感所帶來的幸福和健康，貫穿了人們的整個生命週期：

- 有歸屬感的兒童更快樂，學業表現更好。
- 有歸屬感的青少年更能應對過渡期，較不易發展出憂鬱和成癮問題。
- 有歸屬感的成人心理健康更強，更有可能表示對生活高度滿意。
- 有歸屬感的老年人身體更健康，並將他們的幸福歸功於人我關係。

「但是！」我聽到你這麼說（就像許多參加我工作坊的人一樣），「如果我花很多時間獨處呢？這表示我不快樂嗎？這是不是表示我應該開始參加更多社交活動，即使我不想這樣做？」

這時，我必須澄清，對我們有害的是**孤獨**，並非是單純獨處。如果你享受自己的陪伴，喜歡獨自度過時間，那不是孤獨，那是**獨處**！獨自一人和感到孤獨是兩種截然不同的體驗。對有些人來說，獨自一人是孤獨的，而對另一些人來說，獨自一人是愉快的。每個人都有自己獨特的情感棲息地，而這正是本書的重點：找到你的情感棲息地，或者我所稱的「連結類型」。

孤獨是一種營養不良的連結體驗。當期望與現實之間存在著落差，當你的連結體驗無法滿足你對連結的渴望時，你就會感到孤獨。這就是為什麼我們可能會在滿屋子的人群中感到孤獨，或與另一個人並肩坐在沙發上仍感到孤獨的原因。我們可能在沒收到期待的簡訊時感到孤獨，或是在沒被邀請參加派對

時感到孤獨；**孤獨來自於任何未能獲得滿足的連結體驗**。每當我們有未獲滿足的連結需求，都可能感到孤獨。你可能被一千個人圍繞，但感受到的依然是一種營養不良的連結感。我的研究顯示，甚至在我們想要和不同的人在一起，卻不斷和同一群人在一起時，也可能感到孤獨。或者，如果我們想要和某個特定的人度過一對一的優質時光，但他們卻沒有將焦點放在我們身上時，我們也可能感到孤獨。

我們的連結需求是獨一無二的。由於我們**需要**體驗連結感與歸屬感，才會寧願選擇營養不良的連結，也不想完全沒有連結，正如我們在饑餓時也會吃沒營養的食物一樣。然而，這些是錯誤的連結形式，它們可能帶給我們像吃糖之後一陣猛衝的亢奮感，卻無法維持我們的生命。

● 賺取「連結金」

想像我們每天結束前都必須賺取一百元的「連結金」才能獲得滋養。如果你喜歡獨處，那麼獨自度過的時間，就能為你賺取連結金，比如在家裡無所事事一個小時，能讓你賺到二十元的連結金；但是，如果你喜歡和他人在一起，那麼長時間的獨處，將會消耗你的連結金。

如果你喜歡經常與人交流，甚至可以在早上去買咖啡時開始賺取連結金。前幾天我在點咖啡時，點了一杯四分之一濃度的無咖啡因拿鐵（對，沒錯，你可以翻白眼；我知道這只是有

咖啡味的牛奶）。咖啡師揶揄了我一番，這是他的權利。他最終把咖啡遞給我時，杯子上方寫著「Y Bother」（為何，老天）。我們笑了出來，這次對話讓我賺取了五元的連結金。然後，在我喝咖啡的時候，有朋友打電話來，我們聊了十分鐘，這又是額外的十元連結金。那一天，我到早上九點就已經有十五元的連結金了！這些偶然、不可預測的社交互動，對我們產生的正面影響，比我們意識到的要大得多。[12]

孤獨是一種沒有賺取足夠連結金的狀態。長期的孤獨是持續沒有賺取足夠連結金的狀態。當我們受到連結的滋養，就會賺進連結金；而當我們被連結所消耗，就是在花費連結金。一個人可以整個週末都獨自度過，並感到他們的連結銀行帳戶是滿的，而另一個人可能需要用一個接著一個的社交活動塞滿行程表才行。每個人都以不同的方式在賺取連結金，就像我們以不同方式賺取真正的金錢一樣。

問題在於：連結與歸屬感是一種**主觀**的體驗，主要是我們在社交關係和團體中所感受到的歸屬感。如果我加入了一個健行小組，而且在我們一起健行後感覺很棒，那麼這對我的健康和長壽是有益的。但是，如果我加入了一個健行小組，但活動之後總是覺得疲憊和惱火，那麼這對我的歸屬感來說並不理想，也無法增進我的健康。

這就是為什麼我們對連結體驗的反應會如此不同的原因。即使是在同一個派對裡，兩個人的體驗也是截然不同的。當我的丈夫告訴我，他準備離開派對時，我以為會有一個小時的時

間來向屋子裡的每個人道別。但我已經學到,他的意思是他真的已經準備好要離開,也就是立刻走出門離開。

兩個人在同一個情況下的反應,可能宛如他們置身於不同的星球。最近,我在一次會議上遇見兩個女人。當時我正在與第一個人聊天,聊著我們是否喜歡在家工作。安麗塔告訴我,她喜歡在家工作,因為她可以比平時晚一個小時起床,而且在開始工作前去健身。當她在家工作時,總是對自己的生產力感到驚訝,因為她覺得自己掌握著自己的時間。從獨自在家工作中獲得的自主感和成就感,為安麗塔賺取了大量的連結金。

另一個女人瑪莉莎在這時加入了對話。「我們正在談論安麗塔喜歡在家工作的事。」我說。

「喔,我無法忍受在家工作!」瑪莉莎驚呼道。「我獨自一人時,很容易分心,我的思緒會失控。當我的家人在一天結束下班回來時,我會感到非常暴躁,因為我一整天都活在自己的腦袋裡。回去上班並看到其他人時,我感到如釋重負。」當瑪莉莎待在家的時間到了下午五點時,她的連結金已經耗盡了。

這些是典型的光型(瑪莉莎)和水型(安麗塔)連結。我很驚訝,這兩個人對相同活動的反應,竟然差異這麼大。我們總是以獨特的方式對人和事件做出反應。連結的相容性對我們的幸福至關重要,這不只是指兩個人之間的相容性,還包括我們與工作、生活方式、環境、居住地,以及如何安排日常生活的相容性。

● 衡量「連結金」

　　即使你打算無視證據，將人際連結視為一種太感性、無關緊要的東西，我們也有明確的方法，以數字和實際金錢來衡量它的影響。例如：

· 因為我和建商相處得很好，坦誠溝通且互相信任，建商只收取 10% 的利潤，而非標準的 20%。

· 維持婚姻關係的伴侶，能因此體驗到將兩方的財務貢獻合併為一個家庭的相關財務利益。

· 拜訪朋友時，朋友邀請我們過夜，我們因而省下了住宿費。

· 由於我們打電話給網路服務業者時態度和善有禮，對方非常幫忙，迅速恢復我們的連線，使我們能繼續工作。

· 由於我們與房地產經紀人建立了正面積極的連結，因此他更加努力地爭取更好的銷售價格。

· 我們可能因為朋友和家人的推薦而得到工作，而且因為我們正面的聲譽，而可能從陌生人那裡得到工作。

· 由於校長與家長之間的連結，學校吸引了更多報名人數。

　　口碑可以被詮釋為「你投入人際連結的努力」。你可能不願意接受將人際連結視為首要的情感理由，但不可否認地，我們有具體和量化的理由相信，將人際關係與溝通視為最高優先事項，是符合邏輯且具有效益的。

第二章

⌘

四種歸屬感，三種孤獨法

　　在 1990 年代初期，演化生物學家羅伯特・鄧巴（Robert Dunbar）宣稱人類最多只能與一百五十人維持穩定的關係。[13]這就是所謂的「鄧巴數字」。這個理論是基於鄧巴對各種一百至兩百人規模的社群所做的觀察，這些社群的來源很多樣，包括狩獵採集社會、十一世紀的英格蘭村莊、軍事單位、線上社群網路、公司、政府部門，甚至是聖誕卡名單。[14] 根據鄧巴的說法，我們有五位至愛、十位親密朋友，在一百五十個有意義的聯絡人當中有三十五到五十位朋友。這一百五十人是你在街上或餐館遇到時會停下來打招呼的人。此外，我們還有五百個社交上的泛泛之交，和一千五百個認識並知道名字的人。[15] 鄧巴數字不僅解釋了這些關係的數量，也解釋了我們能維持的關係類型。

　　在鄧巴所描述的每個層面上體驗到歸屬感，對我們十分重要。我們無法有一百五十個親密伴侶，也無法有一百五十個親密朋友。我們需要有不同的歸屬感體驗，才能擁有良好的身心健康，如以下例子所示。

哈娜的歸屬感故事

哈娜在 2021 年從新南威爾斯州的一區搬到雪梨，她一直夢想著能在雪梨讀大學。哈娜暫時租了一間校園附近的單身公寓；她的父母表示，在第二個學期之前，他們會幫她付房租，屆時她便有足夠的信心和一些同學一起搬出去住。然而，第一個學期結束時，哈娜並沒有結交朋友並搬出去住，雪梨反而陷入了封鎖狀態，而且長達三個月。

哈娜感到非常孤獨。校園關閉了，她獨自在單身公寓裡學習，成績開始受到影響。一個漫長的一天結束後，她打電話給母親，說她的成績快要不及格了，她想要放棄學業。

哈娜的母親為她感到擔憂不已。她提醒哈娜，她一直都渴望在雪梨讀書。母親敦促她留到年底。哈娜同意留到年底，並以看電視劇、刷社群媒體、喝酒來麻痺自己的孤獨感。

封鎖結束後，哈娜的母親建議她加入校園健身房。哈娜雖然覺得沒有什麼動力，還是勉強參加了一次運動課程。第一次上課時，她感覺精力提升了。第二次上課時，她第一次有了正面和充滿希望的感覺。在第三堂課上，她認出了一個第一學期在某堂課和她同班的女孩，她叫薇奧萊特。運動課程結束後，哈娜懷著緊張的心情，決定問薇奧萊特是否想要一起去喝杯咖啡。薇奧萊特熱情地答應了，於是她們有了一次盡興又有趣的對話。原來，哈娜和薇奧萊特

正在攻讀同一個學位。經過了幾次的運動課程與咖啡聊天後，薇奧萊特邀請哈娜加入了她與一些校友組成的學習小組。哈娜感覺好多了，那是好幾個月以來都沒有過的感覺。

如今，將近一年後，哈娜的大學生活多采多姿。她與攻讀同樣學位的幾位同學建立了堅固的友誼，並與薇奧萊特和另一個朋友搬到了海灘附近的一間公寓。哈娜甚至在朋友們帶她去看現場樂團表演後，重新開始彈吉他了。哈娜在社會團體裡的歸屬感，改變了她生活中的所有結果，也轉化了她的心理和身體健康。

如哈娜的故事所示，我們以四種關鍵方式體驗歸屬感：

1. 對自我和大自然的自然歸屬：當我們在自己的陪伴中感受到一份單獨與自在時，當我們在自己的環境中感受到「所在感」（sense of place），以及當我們與大自然和動物交流時，會體驗到這種歸屬感要素。

2. 透過親密和密切關係，與他人一同產生歸屬感：我們與親密伴侶、個別家庭成員和密友，一起體驗這種歸屬感要素。

3. 歸屬於社會團體：我們在親密的社交連結中體驗到這種歸屬感，例如，我們固定社交的朋友群，以及運動或工作團隊。

4. 歸屬於世界：當我們在社群中進行日常接觸時，體驗到的是這種歸屬感。我們可能會與社交時認識的人、家庭朋友、地方企業或線上社群互動。

● 歸屬感是我們在連結時感到輕鬆、熟悉和舒適的那種契合感

　　許多人沒有意識到的是，我們可以並且必須努力在每種不同的歸屬要素中體驗到「契合感」：

1. 我們可以與自己、動物和大自然「契合」（自然歸屬）。
2. 我們可以在一對一的關係中與他人「契合」（與他人的歸屬）。
3. 我們可以與社會團體「契合」（社會歸屬）。
4. 我們可以透過日常接觸，以及對團隊、象徵和機構的認同，而在社團中感到「契合」（世界裡的歸屬）。

歸屬感對我們的心理和生理健康至為重要，如果你感到情緒低落，我建議你自問這四個問題：

- 我上一次在安靜和獨處時，或是在大自然裡、與動物相處時感到快樂，是什麼時候？
- 我上一次與關心的人進行一對一的有意義交流，感覺自己被聽見和被理解，是什麼時候？
- 我上一次與一群人一起慶祝，一起歡笑、唱歌或跳舞，是什麼時候？
- 我上一次感覺自己是更大群體的一部分，置身一個志同道合的社群中，是什麼時候？

　　這些問題分別與四種類型的歸屬感有關，現在我將一一解釋如下。

1. 自然歸屬

　　這種歸屬感是當我們獨自一人、在大自然中、從事靈性活動或與動物連結時的體驗。這是一種很獨特的個人體驗，可能感覺獲得啟發、振奮人心，或深深的孤獨（或兩者兼有）。我是五個孩子的其中一個，因此成長過程中從未真正感到自然歸屬是生活中的一個重要因素，因為我總是被人們包圍。

　　在我學會掌握它之前，獨處的時光對我來說從未感覺舒服，因為這在我成長過程中並非一個舒適區。對我來說，獨處的感覺很孤單，好像有什麼不對勁。在罕見的獨處時刻，我會不斷

去避免不舒服的感覺浮現。我對獨處的本能反應是去見某人、打電話給某人或籌辦社交活動。在沒有清楚的自然歸屬感的情況下，我開始透過其他人的眼光來定義自己：我存在是因為他們讓我成為真實的，或是因為他們愛我，所以我才值得愛。

一直到我搬出家後，才開始經常獨自度過許多時間，儘管我與其他三個人合租了一間房子。後來，我和我（現在的）丈夫開始交往，在我們關係的早期，他的工作繁重，通常要從星期二早上一直忙到星期天晚上，而且是從早忙到晚。他只有星期一休息，而我星期一要工作。這很奇怪，我和同一座城市的人談戀愛，卻感覺更像一段遠距離關係，因為他總是在工作。

這迫使我學會舒服地享受自己的陪伴，最終我學會了喜愛它。我甚至還記得第一次自己去看電影時的情景。這感覺簡直是革命性的。我看的片子是《就像在天堂》（*As It Is in Heaven*），它實在是太精彩了。電影結束時，觀眾甚至起立鼓掌致敬，這是之前從未發生過的事，之後也沒有，而我獨自一人使這一切經歷變得更加深刻。

事實上，在生命中的那段時光被迫獨處，也是我能夠順利完成博士學位的關鍵原因之一。當你花很多時間獨處，就會對自己的熱情和人生目標有十分清楚的認識。此外，你還會有時間去做那些你可能會避免去做的事！

當我獨自一人在寂靜中、在大自然中或遛狗時，越來越能夠體驗到自然歸屬帶來的喜悅。事實上，我最快樂的經驗之一，就是沿著海岸散步、獨自在海中游泳、騎自行車、運動或寫作。

我喜歡倒一杯茶，帶到辦公桌上，一邊工作、一邊喝茶的習慣。我喜歡在車子裡聆聽我最愛的音樂那種感覺。現在，我透過這些簡單的儀式，而不是透過其他人的眼睛，來體驗自然歸屬。

自然歸屬是我們所有關係的基礎。如果我們在獨處時感到安全、滿足，並且有所啟發，就會將這種情感調性帶入其他所有的人際連結中。而如果我們在自己的陪伴下感到焦慮、分心和無聊，那麼我們與他人的連結就會帶有絕望或迫切感。我們將無法辨別自己是因為想和他人在一起而與他們連結，還是因為無法獨處。這可能也會影響我們與他人共事的能力，因為我們可能會因為需要分心，而想要求同事工作得更賣力。在我們與他人之間劃下清楚的界線，意味著我們的自我認同不需要依賴外在的價值與認可。

將自然歸屬想像成我們在長途旅行前可能會準備的背包。如果我們準備充分並儲備了有用的物品，就會對旅程感到更加放鬆和自信。如果我們的背包沒有裝滿必要的物品，我們會覺得缺乏裝備，無法享受這趟旅程。

關於自然歸屬，最後要說的一件事情是，我們沒有太多模範來讓我們學習如何好好做這些事。我們在看電視和電影時，畫面中很少呈現一個角色獨自一人而且很快樂，因為那樣沒有太多戲！而當普通人將自然歸屬做得很好，這種情況也鮮少被談及或見證到，因為這是一種私人的體驗。更重要的是，智慧手機時代意味著我們現在可以用無意識的滑動和瀏覽，填充我們的自然連結時間。我們現在可以追蹤一個人在線上發布的內

容，而不需要實際與他們建立連結。彷彿我們已經對刺激上癮，所以不是在單獨一人的時光獲得滋養，反而只是以造成分心的事物來打發時間。這讓我們變得對於未受干擾地處於當下，感到十分不舒服。我們開始認為這樣的時光很無聊，或是很空虛，或是令人窒息的沉默。

研究顯示，持續分心的副作用，是讓我們在想要或需要深度專注時，卻無法專注。事實上，德州大學奧斯汀分校（University of Texas at Austin）的麥庫姆斯商學院（McCombs School）在 2017 年所做的一項研究發現，僅僅是智慧手機的存在，就降低了我們的認知能力。[16] 在這項研究中，受試者被要求完成一系列需要全神貫注的測驗。那些將手機放在另一個房間的受試者，表現顯著優於那些手機放在桌面上、螢幕朝下且靜音的參與者。因此，領導者有了證據基礎，去鼓勵員工在工作時遠離手機。這也適用於整天都把手機放在口袋裡的學生，儘管他們並不被允許使用手機。如果我們能策略性地好好利用自然歸屬的時間，將讓我們在生活的其他領域發揮更大的創造力、生產力，並增進整體的幸福感。自然歸屬的其他說法，包括獨處、正念（mindfulness）以及有意識的覺察。

關於自然歸屬的問題

· 我在獨處時，會出現什麼感覺？
· 我將哪些經驗與獨處聯想在一起？
· 我什麼時候在自己的陪伴下感到安全和滿足？

- 我喜歡做什麼？
- 我以哪些方式避免跟自己相處？
- 當我獨自一人時，會落入哪些負面的做法或習慣？
- 我居住的地區是否讓我感覺獲得滋養？

採取行動

　　當你刻意去追求自然歸屬時，這種歸屬最能滋養我們。關鍵是成為你自己的一個值得信賴的顧問或朋友。今天或這個星期，你可以在獨處時做的一件滋養自己的事是什麼？你要如何與自己連結，才能反映出那個自己一直想要成為的人？一個指導你日常行動的好問題是：這項工作是帶領我成為想成為的人，還是讓我分心？

2. 與他人的歸屬：親密關係

　　第二個歸屬要素指的是我們與至親之人的一對一關係。至親之人可以是我們的伴侶、子女、孫子女、父母、祖父母、兄弟姊妹、表親堂親、阿姨姑姑叔伯舅舅等家人，以及親密的朋友和導師。這些是我們相處時可以完全做自己的人，通常以親密的身體接觸為特徵，譬如擁抱孩子或握著伴侶的手。相反地，這種關係的負面經驗可能令人痛苦，只要想像與所愛之人吵架或被信任的人背叛的情況就知道了。一份親密關係的消失，例如離婚或死亡，會產生深遠的影響。

法蘭克的歸屬感故事

　　法蘭克已經七十多歲了，妻子瓊安在去年過世。自從瓊安過世後，他便深陷在悲痛情緒和長期的孤獨之中，因為他的妻子通常是負責安排社交活動，並主動打電話給家人的人。他不僅失去了她的愛與陪伴，還覺得自己失去了與社交網絡的連結。法蘭克最近去看了醫師，醫師診斷他罹患了憂鬱症。醫師問他，是否有其他親近的家人。法蘭克回答說，他有一個兒子約翰，但兒子住在另一州。醫師敦促他聯絡約翰，感到脆弱的法蘭克在當天下午打了電話給約翰，而約翰很高興能接到他的電話。約翰教他如何使用視訊通話軟體 FaceTime，這樣他們就可以看見彼此。法蘭克的兩歲孫子哈德森也出現在那裡。法蘭克很開心能看到他，這讓他當晚入睡時感覺好過一些了。

　　第二天，約翰打電話給法蘭克，邀請他前去拜訪一段時間。約翰說，他們家後面有一間公寓，設有床、浴室和廚房。

　　法蘭克感覺自己已經沒有什麼可以失去的，於是同意在隔週去探望約翰和他的家人。法蘭克剛開始抵達時，花了幾天的時間適應，因為離開舒適圈對他來說是很大的震撼。約翰和他的妻子凱拉很和善，卻沒有意識到，離家對法蘭克來說是衝擊很大的一件事，這就像再次失去他的妻子一樣，因為他從未離開她獨自外出。

幾週之後，約翰表示凱拉正在考慮每週工作幾天，詢問法蘭克是否願意在那些日子照顧哈德森。法蘭克一想到這件事便焦慮不已，因為當約翰在哈德森這個年紀時，他也沒有花那麼多時間照顧他！但是他又想，「我還有什麼可以失去的呢？」他同意了，並且開始每週與哈德森共度兩天。法蘭克開始享受他們一起建立起來的例行活動：去海灘、公園、商店，然後回家休息。

　　某天，當法蘭克和哈德森在一起時，遇到了一個老朋友古斯。古斯搬到了約翰所在的城市，而他的妻子也在最近過世了。法蘭克安排時間與古斯見面，現在他們每週都會見面，一起玩牌或下棋，或者去散步。

　　法蘭克現在生活過得非常好。約翰也是，凱拉也是。哈德森也是如此。雖然法蘭克永遠無法忘懷瓊安，但他選擇將重心放在其他的親密關係上。

　　如果我們回到接通不同連結來源的畫面，失去我們至愛的人感覺就像我們的插頭從其電源處被拔掉一樣。想想法蘭克的故事，我們可以想像他的連結需求大部分都由他的妻子來滿足，他有個巨大插頭連結到了她的心。當法蘭克的妻子去世，就好像他的插頭被完全從電源斷開了。雖然法蘭克永遠無法取代他妻子的關係連結，但他藉由將插頭接通新的電源，恢復了連結，也就是他的兒子、兒媳、孫子和朋友。

根據「鄧巴數字」，我們通常會有五到十五個家人和親密朋友，我們會與他們一起體驗這種類型的歸屬感。我們出生時，會首次有意識地與他人發展出依附關係。我們對主要照顧者的這些形成性的歸屬經驗，為我們在**往後的餘生**如何體驗依附，創造了先例。

當我們與他人建立密切關係時，經常會透過交談、簡訊或郵件的交換，來與他們溝通。我們可能與他們同住，或是盡可能經常見面。他們的幸福對我們十分重要，我們對他們的關心至深。

我的研究顯示，人們在選擇建立密切關係的人時，隨著時間的推移，相容性並不是關於化學反應或共通之處，而是關於了解和尊重一個人的連結類型，也就是我所稱的情感棲息地或情感能量的東西。

我們的連結類型指的是：

- 我們需要獨處的時間有多長。
- 我們感到最舒服或最「像自己」的社交環境。
- 我們希望多久出去一次。
- 我們希望多久講一次話。
- 我們喜歡談論什麼。
- 我們說話的速度有多快。
- 我們在表達自己時。有多麼活潑生動。
- 我們如何建立連結。

- 我們每週想固定和多少不同的人及團體社交。
- 我們想花多少時間和家人在一起。
- 我們每週想和多少朋友講話、見面。

　　了解並尊重一個人的這些面向，比起雙方的共同興趣或嗜好更為重要。這就是為何在一些關係裡，我們雖然在表面上並無共通點（沒有共同興趣、嗜好或習慣）卻彼此投緣，能享受這份有意義且帶來滿足的關係。當我們找到與我們的連結類型相容的他人時，就形成了密切人際連結的基礎。

關於與他人的歸屬感之相關問題

- 和這個人在一起時，我能做自己嗎？還是根據他們想要我成為的人物在扮演角色？
- 這份關係在權力上是否平等？
- 這份關係是否以信任和尊重為基礎？
- 這個人的連結是否穩定一致，還是先熱後冷地波動？
- 我們雙方對彼此的承諾是否平等？
- 我們雙方在這份關係中是否覺得受到欣賞？
- 這份關係是否令人愉快？

採取行動

　　在親密關係中找到歸屬感，需要相互的信任與尊重。最成功的友誼和親密關係，是那些雙方都對關係付出相等努力的關

係。這種努力不必是相同類型的：一個人可能會主動打電話和約見面，而另一人可能會在其他方面很周到，例如總是記得生日或積極傾聽。思考以下這兩個問題來協助你引導一份關係：1. 這份連結是否帶領我成為想成為的人，還是遠離我想成為的人？2. 這個人是否為我帶來舒適和喜悅？

3. 社會團體中的歸屬感

團體中的歸屬感，是指在各種社交環境中與他人共處的正面體驗，例如我們的原生家庭、家族、工作上的同事和團隊、朋友、孩子學校的家長會、書籍或健行俱樂部、合唱團或宗教社團等等。這類型歸屬感的定位範圍，可以從慶祝高峰體驗到積極接受，再到社會排斥。思考歸屬感時，可以將其視為從自然歸屬感到一對一的歸屬感，再到社會歸屬感，然後是集體歸屬感，逐步增加動力。應該有一個向上的增長趨勢，也就是隨著我們在獨處中變得更加自在，我們在團體中與他人共處的經驗會被放大。被接受並參與團體慶祝儀式的感覺，能增進我們的身心健康。這就是為何社交孤立如此有害的原因，正如我們在下一個故事中會看到的。

喬的歸屬感故事

幾年前，我剛結束一場關於社會變革的大學講座，一位學生走近我。他說：「嗨，我是喬。我剛從監獄出來，

我需要一些幫助來經營我的生意。」

起初，我感到困惑，這個人是從大約五公里外的那座監獄逃出來的嗎？我回答道：「你是這所大學的學生嗎？」

他笑了。「是的，當然！我在一個月前刑滿釋放，這是我第一次在校園裡上課。我正開始創業，想要幫助更生人，我想知道你是否能幫助我。」

我試著讓自己的口氣聽起來隨意一些，問他：「你在監獄裡待了多久？」

「十年。」喬回答道。

我在腦海中迅速回顧《刑法》，試圖弄清楚哪種罪行會導致這樣的判決。我暗自希望不是因為任何暴力行為。

他顯然讀懂了我的表情，說：「是因為商業毒品供應。」

他的自信和公開分享自己過去的行為，讓我感到震驚。

「你的生意是什麼？」我問。

「我想幫助更生人在離開監獄後找到工作。人們認為更生人會再次犯罪，是因為他們沒有機會改過自新，其實是因為他們找不到工作，找不到可以租屋的地方，也無法結交朋友，因為沒有人想要和前罪犯打交道。你在講座中談到了累犯率，表示監獄顯然不管用。我想有所作為，創辦一家社會企業。」

喬說話的時候，讓我想起了歸屬於社交群體的力量。在古代歷史中，犯罪的人會被放逐，成為流放者，做為一

種懲罰。這被認為是比死亡更嚴厲的懲罰，因為一個人會被驅逐出城鎮或城市，被剝奪社會身分。我在反思，我們社會中的罪犯在刑滿釋放後卻依然受到如此的對待，因為他們被排除在社交群體之外。這強化了他們身為不被社會接受之人的身分。

喬想要幫助他身後的那些人，這件事讓我深受啟發，他正在尋找一種解決這個複雜社會問題的方式。

我告訴他，我會盡力支持他。我回去找當時的上司——蓮安・皮格特（Leeanne Piggott）教授，和她分享了這段對話。她有一個絕妙的主意，把喬的社會企業計畫交給有社會影響力的 MBA 學生，當作他們可以發展的一項計畫。這讓喬獲得了一些來自聰明商業頭腦的指導，提供他發展的建議。喬從此沒有再回頭了。現在，他不但擁有一個企業「康復特」（Confit），也有一個非營利組織「康復特鋪路者」（Confit Pathways）。我很驕傲能夠擔任該非營利組織的董事會成員。透過「康復特鋪路者」，喬獲得了一些資助，讓他在少年司法中心執行計畫。在蓮安・皮格特教授、艾琳・鮑德里（Eileen Baldry）教授和雪梨新南威爾斯大學一些人的協助下，「康復特鋪路者」還籌辦了一個獎學金，供人們從少年司法體系轉入大學。我和喬現在正合作進行一個目標更廣泛的計畫，重新想像我們社會中的監獄。

那些無法找到工作或住所的更生人，其經歷是被排除在社會團體之外的一個極端，但每個人都曾在生活中感受過被排斥在團體或對話之外的痛苦。在社會團體中感受到正面的歸屬感，是我們在心理和身體健康方面所能擁有的最有益體驗之一。如果我們能確切了解自然歸屬的意義，正面的社交連結就會從中浮現。

關於社會團體歸屬的問題

· 我是否與該團體中的大多數人有正面的一對一連結？

· 我在這個團體中可以做自己嗎？還是我必須扮演角色才能融入？

· 對我來說，在這個團體裡是否感到愉快和輕鬆？

· 這個團體是否能在舒適的日常對話和慶祝活動中聚在一起？

· 我們是否在生活的起伏中互相支持，或者我必須有特定的行事方式才能參與？

採取行動

我們會被社會團體所吸引，這些團體強化了我們個人的價值觀，或者代表了我們想成為的樣子。

在第一種情況下，我們可能會加入一個運動團隊，因為它強化了我們對力量和身體健康的價值觀，而工作團隊則強化了我們實現某些事業目標的願望。當我們的價值觀得到強化時，該團體代表了我們最好的一面。

我們會本能地被這些人所吸引，因為他們讓我們感覺良好，而且激發出我們個性中的一些要素。加入這種團體通常很簡單，因為我們有價值觀上的匹配。團體成員在我們身上看到了自己，我們也在他們身上看到了自己。

　　在第二種情況下，我們參與的社會團體中的成員是一種模範，代表了我們想要成為的樣子。我們想要像這些團體的成員一樣，因為他們代表了我們可能成為的最好版本的自己。這可能會讓這類型的團體成員資格變得複雜，因為我們渴望成為團體中其他人的樣子，而非在團體中享受**自己原本的樣子**。丹尼爾・科伊爾（Daniel Coyle）在《高效團隊默默在做的三件事》（*The Culture Code*）中，將這種行為稱為「地位管理」（status management），我們去適應團體，以保持我們做為團體成員的地位，而不是試圖帶領團體，促進變革或將團體引領至新的方向。[17] 一些地位管理是很典型常見的，尤其是當我們身為團體新成員，或是在專業環境裡的時候。當我們不斷地投入地位管理，就無法在團體裡體驗到舒適或慶祝的感覺，因為我們一直在擔心如何保持地位。

　　關鍵是找到一個既能強化我們價值觀，又不要求我們不斷扮演角色的團體。這就解釋了，為何自然歸屬是所有其他歸屬的基礎，因為當我們能尊重自己，便能帶著不同的情感能量來參與團體。我們會帶著正向積極與樂觀快活的能量來參與團體，而不是帶著不安全感。別人會像我們對待自己一樣來對待我們。

4. 世界裡的集體歸屬感

這種歸屬感讓我們對自己住家附近的地區、自己的城市和國家產生強烈的身分認同。在加強我們自我認識的過程中，它發揮了重要的作用，因為我們從居住的地方、如何度過休閒時間，以及日常活動中獲得意義。

我們透過在世界裡的日常連結，來體驗集體歸屬感。我們可以與社交上認識的人，例如孩子的老師或當地的咖啡師等，來體驗這種歸屬感。我們也可以透過與那些僅是點頭之交的人交流，體驗到這類歸屬感，例如超市店員或散步時在路上擦肩而過的人等等。

世界裡的契合例子	世界裡的衝突例子
對陌生人微笑	忽略一個路過的陌生人
在商店裡的愉快閒聊	在商店裡被忽略或被無視
在開車行進中切換車道時，有人讓路，而你揮手致謝。	讓別人插進前方的車陣，或有人超車搶道，但他卻不承認這種舉動，也不揮手致謝。
為別人開門，或在公共交通工具上讓座。	有人在我們排隊時插隊。
為非營利機構當志工，或成為社區團體或以信仰為基礎之社群的一部分。	經過一個乞求幫助的遊民時，繼續往前走。

世界裡的契合例子	世界裡的衝突例子
參加學校籌款活動或參加趣味賽跑。	決定不參與我們的社區活動。
為一支運動團隊歡呼 ☺	我們的運動團隊輸掉比賽 ☹

集體歸屬感可能涉及與店員或健身房接待人員聊天，或者可能來自於你在網路上與志同道合的人建立的連結。一個正向的集體連結，可以是一個陌生人為我們開門，讓我們受寵若驚。有時候，這些小小的舉動可以重新點燃我們對人性的信心。最近，我在停車場等候一輛準備倒車的車子，這時，駕駛人突然停止倒車並走下車。他走向我，所以我搖下車窗，不知道會發生什麼事。這位快活的陌生人說：「喏，你可以拿走我已經付費的票，還有兩小時可以用。」這個體貼和慷慨的舉動，讓我一整天的心情都非常愉快。最近，我又體驗到一個集體歸屬感的例子。當時，我正從一棟辦公大樓離開，前面有位女士的手機從她的包包裡掉出來。當然，我跑去告訴她並撿起手機，就像你也會做的那樣。這就是集體歸屬感，我們都需要這種互相照顧的感覺。

根據世界各地的一系列研究顯示，正向的集體連結（或與我們不認識的人交流），與心理健康的提升和幸福感有關。[18]我們在新冠肺炎（COVID-19）封鎖期間都感到缺乏集體歸屬感。這種感覺讓世界變得更狹小，我們只能接觸到自己認識的

人，這凸顯了集體連結在日常生活中的重要性及其關鍵作用。

尼古拉斯·艾普利（Nicholas Epley）是芝加哥大學布斯商學院（Booth School of Business）的約翰·坦普爾頓·凱勒（John Templeton Keller）行為科學教授。他研究的是社會認知，亦即我們如何思考其他人。這項工作的一部分，涉及我們如何與陌生人互動。他確立了所謂的「反社會悖論」（anti-social paradox），亦即我們一向低估了自己與陌生人交談的樂趣。這一點十分有趣，我們其實並不擅長預測什麼事會讓我們快樂。這項研究發現所保證的一點是，歸屬感和（正向的）連結，總是能讓我們感覺更好。

我們的集體歸屬感，也塑造了我們在世界上的社會身分：我們透過居住地、度過時間的地方，以及支持的團隊來表達自己。身為父母，我可以看到孩子正在透過他們所追蹤的州際和國家運動團隊，以及我們所居住的地區，在塑造自己的身分。當我們出國時，我們的國家認同定義了我們，這是歸屬感的另一個重要面向。

關於集體歸屬的問題

· 我如何與我的社群互動？
· 我對陌生人是否友善並體貼？
· 我是否努力與所在社區的人建立連結？
· 我是否感覺自己是某個比自身更宏大之事物的一部分？

- 我是否支持我所在地或像家一般的所在地的企業和運動隊伍？
- 我是否為來自我所在地區、城市和國家等而感到自豪？

採取行動

　　正如研究所示，社區即是免疫力（community is immunity）。當我們對生活在自己的所在區域感到滿意，並積極參與當地活動時，我們的健康將會蓬勃發展。我知道我對每種歸屬面向都這麼說，因為這是真的，但這是我們的村莊！你可以在本地接觸到的人身上開始付出努力。與陌生人聊天讓我們感覺很好，支持一支本地的運動隊伍或成為社區團體的志工，從小事做起。我居住的地方附近舉辦了一個海洋游泳活動，我今年夏天的目標是要去參加。

● 創造你的歸屬圈

　　我們對四種歸屬要素的體驗，給了我們一個歸屬圈：

◎艾莉迪歸屬圈（The Ality Belonging Circle）

　　你可以根據你在這個圓圈裡每個區塊的滿足程度來填寫，例如，如果你很愛你的朋友，並常常和他們見面，那麼你就會將「朋友」這一區塊完全填滿，但如果你希望你的友誼更豐富，或是希望更常見到你的朋友，那麼或許你可以將該這區塊填滿50%或60%。來到「伴侶」這一區塊時，如果你對自己的親密伴侶感到滿意，或是沒有伴侶卻很快樂，那麼你可以將該區塊完全填滿。如果你在一段感情關係中覺得不快樂，或是正在尋找愛情，那麼你可以根據自己的情況將該區塊部分填滿。完成這項活動，可以顯示出我們需要關注哪些方面，以便改善對歸屬感的體驗。在理想的情況下，圓餅的所有區塊都會被填滿，但我們的歸屬感會根據生活中發生的種種事情而起伏不定，這是正常現象。

歸屬圈也顯示，我們對親密伴侶的需要僅占據歸屬需求的八分之一。我們通常（無意識且不切實際地！）期望戀人來填滿整個歸屬圈，而不是將我們的歸屬來源多樣化。當我們擁有多樣的歸屬來源時，便不會將壓力放在一、兩個人身上，期待他們讓我們感覺獲得滋養。

● 三種孤獨法

　　如同我已經定義出四種不同類型的歸屬（自然、親密、社會和集體），研究人員也定義了三種不同類型的孤獨：親密孤獨、關係孤獨和集體孤獨。[19] **親密孤獨**是對親密伴侶感到渴望。這解釋了為什麼有人擁有一個支持他的家庭、一個美好的朋友網絡和一份很棒的工作，但仍然感到「孤獨」。他們並不是大體上覺得孤獨，而是因為與親密伴侶有特定類型的連結而感到孤獨。了解不同類型的孤獨十分重要，因為這能幫助我們理解（並避免對）我們的感受妄下評斷。

　　第二種孤獨是**關係孤獨**，或渴望高品質的友誼。這些是支持我們整個人生的友誼。哈佛醫學院的「護士健康研究」顯示了友誼的重要性，尤其在我們老年時期。研究顯示，堅固的友誼在女性的一生都能發揮保護效果。該研究發現，「年長女性高功能的強大預測因素，是擁有親密的朋友和親戚，以及有一個知心朋友。」[20] 研究人員得出結論，缺乏親密朋友或知心朋友所帶來的影響，相當於大量吸菸或肥胖對健康的影響。

若我們以這些角度來看待，不禁讓我認為，培養友誼這件事應該由醫師開處方！

第三種孤獨是**集體孤獨**：我們感受到建立更廣泛社交網絡的動力。[21] 這與我們在社會團體中感受到的歸屬感互有關聯，等同於社會和集體歸屬的體驗。我在生第一個孩子時，體驗到了親密人際連結的超載（與我們的寶寶、我丈夫和我母親）。表面上，我擁有了所需的一切情感支持。然而，在那個時候我也感受到一種奇怪的孤獨感，現在我能夠理解，那是一種關係和集體孤獨的混合。我想念之前與朋友的聯繫方式，也想念與世上人群共享那份集體歸屬感，因為當時我花更多的時間待在家裡。

這就是為什麼改變和過渡期會讓人感到孤獨的原因（也是為何我們傾向於避免改變的原因），因為我們的連結就這樣被打斷了。不同類型的歸屬，以及不同類型的孤獨，也解釋了為何我們與不同的人群有不同的連結模式。我最常聽見的問題，是人們在工作和家庭之間的過渡階段掙扎，亦即當我們從社會和集體歸屬，轉向親密的一對一歸屬時。我們若能從不同歸屬形式的角度來理解，就能明白這種調整的意義。這需要我們的不同部分，就像我們在開車時換檔一樣。在接下來的章節中，你會看到歸屬感與人際連結的層面，比我們意識到的還要更多。

第三章

連結創造新世界

　　我記得自己六歲時在學校操場上的一次經歷。當時，我和一些朋友會在午休時間玩「彩虹仙子」（Rainbow Brite）遊戲，它是從一部 1980 年代的卡通片發展出來的。這個遊戲是我提出的，我愛死這個節目了。做為一個頤指氣使且控制一切的「領導者」，我承擔起彩虹仙子這個角色，其他人則輪流扮演其他各種角色。這就是我六歲時認為的領導者應該要有的樣子。*

　　但生活就是這樣為你上一課。

　　有一天，我興沖沖地跑到操場，準備扮演彩虹仙子的角色。我抵達現場時，發現我的「朋友們」已經開始在沒有我的情況下玩起遊戲了。有人已經在扮演彩虹仙子了。

　　叛變！

　　在我六歲的大腦中，其實有一瞬間的疑惑，納悶著他們怎麼知道如何在缺少我這個領導角色的情況下，玩這個遊戲。在

---

　　* 作者註：是的，我對自己做出這種行為感到十分羞愧，但我是一個高強度連結者，所以我決定將這個令人難堪的行為與世界分享。

深吸一口氣之後（更可能是一連串短促的呼吸），我走向那群朋友，對那個取代我的女孩說出了以下象徵情感成熟的話：「你不能當彩虹仙子，我才是彩虹仙子！」

我的朋友理所當然地轉過身來說：「你不是唯一一個可以扮演彩虹仙子的人。這次你可以當馬！」

我彷彿被搧了一記耳光。

我憤怒難當，曾經很短暫地考慮找一群新朋友。然後我了解到，對我來說，與朋友保持連結，比得到自己想要的更重要。

連結**才是**我想要的。

當然，我屈服了。我扮演了馬的角色。你知道嗎？我還是喜歡這個遊戲！我也記取了教訓，領悟到在學校操場上，民主比獨裁更好。我也學到了一個最終塑造出我的工作的重要功課：當每個人輪流領導時，團體和團隊的效率最高。在那次之後，我們輪流扮演各種角色，這樣每個人都能規律地扮演到彩虹仙子的角色。

這看起來像是一個無關緊要的操場故事，但這樣的遭遇為我們構成一種基礎，讓我們能透過與他人的連結，學會在世界中生存。即使當時我只有六歲，仍在那一刻學會了與他人共處、合作，並為了團體的更高利益，而放棄自己的欲望。我們將所有這些身分認同，帶入所參與的每個團體互動中，並且不斷地調整我們是誰。我們都有能力改變我們的歸屬和連結的方式，因為它始於我們的心態。真正的歸屬必須涉及每個人的參與，因此當我們邀請他人將真實的自己帶入空間中，它才會蓬勃發

展。我們必須知道自己持續不斷地受到連結的塑造。

> **我們的性格是黏土，**
> **人際連結塑造出我們會成為的樣子。**

　　我對連結類型的模型及其相關研究十分熱衷，現在，我將大部分的時間用在向組織機構提供團隊動態與身心健康相關的諮詢服務。在這項工作中，我遇到許多人際連結塑造出我們的現實的例子。在世界各地，歸屬感與人際連結的火花，主導著每一個家庭、工作場所、學校、社群團體和運動隊伍，因為我們都在努力滿足這份無比重要的心理需求。人際連結影響著我們的選擇，從小事（我要打電話給誰？），到大規模的政治決定（我們是否想和這個國家進行自由貿易？）都受到影響。它是我們生活的核心。以下是人際連結如何發揮深遠影響的一些例子。

● 範例一：會議

　　一個下雨的冬日午後，二十位高級主管走進位於市中心大樓二十樓的會議室，參加一個顧問小組會議。會議桌是橡木飾面，閃耀著光澤，桌上水杯擺放得井然有序。與會者在皮質座椅上坐定，整理面前的隨身物品。有些人在進來時閒聊，有些

人則放聲大笑，還有些人則選擇保持獨處，玩弄他們的手提包或檢查手機。會議的動態在正式業務開始之前就已設定好了。

如果有人對會議之前的社交感到不安，將影響他們的貢獻；他們更可能參與社會心理學家和行為經濟學家所謂的「資訊瀑布」（information cascades），並在決策中屈服於群體思維。這意味著他們會選擇順從他人，並跟隨群體裡的其他人。如果有人在會前便感到自信並人際連結良好，他們更可能展現出正面積極的領導力和溝通能力。公司的運作方式，可能取決於我們的連結類型，以及董事會成員彼此合得來或合不來。這種情況也發生在陪審團中，人們會忽略理性的決策過程，以迎合群體並避開不舒服的對話。

● 範例二：畢業派對

星期五晚上，許多高中畢業生開始抵達一個家庭派對，有些是兩個或四個一組，有些則獨自前來。一名十七歲的男孩走在前院小徑上，他的眼神四處飄移，動作迅速，彷彿在尋找前院裡的狙擊手，迫切渴望找到一個朋友並建立連結，他無法處理社交的不適。他走向房子時，有個男孩對他喊道：「嘿，老兄！我一直在叫你！」被呼喊的男孩似乎不知不覺，直接走進屋內消失了。第二個男孩感到被拒絕和羞辱，擔心其他人看到自己被忽視的樣子。這種輕微的社交拒絕，使他在派對上飲酒過量，以麻痺自己的感覺。這些微小的失連結（disconnection）體驗，

可能會對我們的選擇產生強烈的影響。

　　一位女孩帶著燦爛的笑容走上前院小徑，兩位朋友陪伴在側。她對遇見的每個人都露出燦爛的微笑。她的一位朋友個性害羞，容易羞怯，不確定該看向哪裡比較好，另一位則直視前方，像是走在伸展台上的模特兒一樣大方。在青少年的社交系統裡，權力奠基於吸引力，而他們是「主導者」（alpha）。在任何社交系統中，領導者總是主導者，因為他們在階級系統中擁有最高的地位。因此，主導者總是最能代表該群體所重視的價值，他們體現了群體最高的價值，因此擁有最高的地位。在這群高中畢業生中，每個人都重視對他人的吸引力：「歸屬感」和「被接受感」獲得高度讚揚。這些女孩決定誰被接受、誰被排擠，這給了她們相當大的權力，即使這種權力是有毒的。這解釋了為什麼有些領導者會玩弄有毒的力量，因為他們給予自己決定誰進誰出的權力。他們是歸屬感的裁決者。

● 範例三：幼兒園教室

　　幼兒園的學生們在教室裡咯咯地笑著，老師正在為他們讀一本寫著許多笑話的書。孩子們非常開心，而當老師說出「屁股」這個詞時，有些孩子搗住嘴巴，而有些孩子則像一顆充飽氣的氣球突然洩氣一樣，放聲大笑。有個孩子站起來，模仿書中的角色，做了一個傻呼呼的舞蹈動作。老師露出苦笑，戲劇性地翻過書頁，享受著她與聽眾的互動。這位老師的教學方式

像是在嬉戲、充滿表演性，她並未意識到自己造成了深遠的影響。她在教導這些孩子，學習是令人興奮的、與人關係密切的，並給予他們一份禮物，亦即幽默是幸福健康的關鍵要素。這些孩子將終生汲取這些教誨。

● 範例四：足球比賽

足球員在走道裡集合，準備衝進球場。有些人在原地慢跑，有些人將目光放在地面上，有些人則緊張地聊天和笑著，打發時間。廣播的聲音念出了他們隊伍的名稱。隊長開始鼓掌並召集整個隊伍：「就是現在。這是我們的比賽，我們的機會。我們走吧！」隊長其實無需在此時發言，可以直接帶領隊伍出場，但這就是他成為隊長的原因。他剛剛將一群個體轉化為一個集體的力量。球隊獲勝了。

在世界的每一個角落、每一個時刻，人們要不是在利用，就是在阻礙歸屬感和連結的力量，而這股力量正是推動世界運轉的動力。微笑、開放的肢體語言和歡迎的目光等微小姿態和微妙交流，都能產生巨大的影響力。

● 我們在關係裡所做的選擇

‧ 你是否曾經有過一段你無法理解的關係？

- 你是否曾經歷過雲霄飛車般的關係，或曾有過讓你心碎、無論你多麼努力都無法挽回的關係？
- 或者你是否曾經感受過一份你以為永遠不會結束的愛或友誼的喜悅，但最終卻沒有任何解釋地消逝？

　　如果針對上述任何一個（或全部）的問題，你的回答是肯定的，那麼歡迎加入人類的行列！如果你對上述問題的回答是否定的，那麼能在兩歲以下讀這本書，真是令人驚訝！

　　有一些簡單的方法可以改善我們與他人的人際連結，也有一些明確的原因能解釋為何我們最初會與某些人合得來，而與另一些人合不來。我刻意說「最初合得來」，是因為我認為隨著時間的推移，我們可以與大多數人建立豐富的經驗，無論我們最初是合得來或是合不來。

　　在我開始研究人際連結與文化之前，我相信關於關係的兩個關鍵概念：

> 我相信連結是一種為了讓其他人看見我們是否喜歡彼此而做的表演。而且我相信我們在連結中的選擇，包括是否說實話、是否展露真正的自我或隱藏自我，或是否說出我們真正的想法或保持沉默等，在大局中並不是很重要。我認為，我們與一個人是否契合，已經有一個奠基於性格的預定結論。

現在我知道：

> 連結創造了新世界。當我們與他人連結時，便創造了一個新的現實。重點不在於我們是否喜歡他們，或他們是否喜歡我們，而是關乎我們在連結中的感受。而且我們在連結中的選擇很重要，因為這將在家庭、團體和組織機構中，產生連鎖反應，並改變世界。

透過我的研究和經驗，我領悟到，即使我每天都在建立並利用連結，卻不了解連結如何運作的基本原理。我希望在我年輕時、戀愛時、選擇工作和大學課程時，以及第一次交朋友時，就知道我現在對連結類型所知道的一切知識。如果當時我知道愛情或工作的蓬勃發展，歸根究柢就在於我們的連結類型，我會節省許許多多的時間和精力。從健康的角度來看，當我們與人合得來時，會感受到歸屬感，而當我們與人合不來，會感受到情感壓力。所以，如果合得來對我們如此有益，也是我們快樂幸福的關鍵，那麼有個大問題是：我們如何與人感到契合？

如果你尚未這麼做，請進行評估！你可以利用手機掃描第23頁的 QR 碼來取得評估內容。

現在，該來談談我們與誰合得來或與誰合不來了。

Part Two

找出你的
連結類型
與連結環境

第四章

與你連結是什麼感覺？

　　與你見面、交談和相愛是什麼感覺？與你一起工作又是什麼感覺？知道這些問題的答案（從而了解他人如何看待我們），就是所謂的「外在自我覺察」[22]。要達到準確的外在自我覺察很難，因為幾乎不可能清楚知道他人對我們有何真實感受。我們的至親好友是否能給我們切合實際的觀點？即便他們可以，是否也只是基於他們當天的心情？社群媒體上的點讚和追蹤，能提供關於我們是什麼樣的人的洞見嗎？或者僅是反映了我們所投射的形象？假如有人不喜歡我們，他們會讓我們知道嗎？

　　為了協助處理所有人可能產生的複雜狀況，「艾莉迪連結類型」模型解釋了我們在關係和團隊中，與人連結時所扮演的角色，以及攜帶的情感能量。你的連結類型會確認你需要什麼樣的連結環境，才能體驗到歸屬感並避免孤獨。我們的連結環境與以下因素有關：

- ・ 我們想要與他人的身體距離有多近，例如他們是在同一個房間裡，還是同一棟建築裡。
- ・ 我們每天希望進行的對話次數。

- 我們喜歡在這些對話中討論的話題，是天氣這類不涉及個人的話題，還是人生目標這類的深度個人話題。
- 我們需要多久的時間，才能向一個人敞開心扉或信任一個人。
- 當我們感到脆弱時的反應如何。
- 我們面臨的最大挑戰。
- 我們在小組中是否會主動發起討論。
- 我們在小組環境中，什麼時候覺得受到最大支持。
- 我們在溝通時，使用什麼類型的手勢會覺得自在，以及我們在溝通時有多麼生動活潑。

　　了解我們需要從環境獲得什麼，能讓我們做出人生決定，並規畫有利於發揮我們最佳特質的活動。一旦我們了解自己最佳的連結環境，就找到了自己的連結類型。

　　「艾莉迪連結類型」模型提供的洞見，指出了我們需要什麼樣的情境來與他人連結，以及我們在建立歸屬感和關係方面的偏好。這個模型揭示了我們的溝通和領導方式，提供一種共通的語言來解釋我們的偏好。確定我們偏好的連結環境，能協助我們在與他人的情感能量比較之後，對自己的情感能量做出結論，並理解人們何以對我們做出某種反應。它使我們能夠解讀並領導團隊（如果我們有這個願望），因此在這方面，這個模型是一個同理心工具。我的願景是讓人們使用這個模型，來理解工作團隊、運動團隊、教室、家庭和人我關係。

● 艾莉迪連結類型

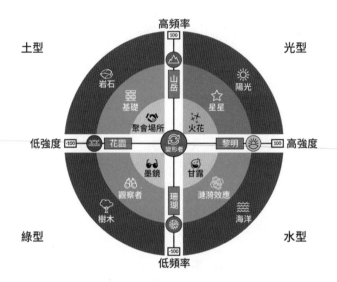

本書的模型圖表之中，有一個屬於你的連結類型。與他人一起討論連結類型，以及這對他們的關係和職業生涯代表什麼意義，一直是我在這世界上最喜歡做的事之一。你可以看到這個模型包含了四個象限，還有兩條軸線，能以兩種方式來測量我們的社交環境：

1. 垂直軸上的**人際連結頻率**：你需要和想要多少人際連結，亦即能為你帶來舒適和滿足感的連結分量。

2. 水平軸上的**人際連結強度**：你需要和想要的連結和契合類型，亦即能為你帶來喜悅並讓你感到生氣蓬勃的連結。

接著，這些測量結果會綜合起來，以確定個人在不同社交情境中的理想角色，例如在關係和團隊中，以及做為領導者的角色。

　　我要你想像，你擁有的每一個連結，就像是你站在桌上足球機前，將兩手放在兩根操縱桿上。你所移動的兩根操縱桿是：

- **頻率**：你談話的頻率、速度，以及你為了茁壯成長所需要的連結量。

- **強度**：你偏好的話題、手勢的性質、向他人敞開心扉所需的時間、你自我表露的性質、你吸收他人情感時的傾向，以及你處理所有這些情感訊息的方式。

　　我們的頻率代表我們對連結的渴望，當這種飢渴得到滿足，我們便覺得舒服。我們的強度則代表理想狀態下，為我們帶來快樂和輕鬆心情的連結類型與溫度。這兩根操縱桿刻畫出我們要在世界上體驗歸屬感所需的社交環境。

　　在「艾莉迪連結類型」模型中，總共有十七種連結類型，每一種類型都與一些其他特定類型兼容。在這個模型中，你會在四個象限中看見四種主要類型（光、水、綠、土），以及五個「邊界類型」（Boundary Type）：黎明、珊瑚、花園和山岳，模型中央是變形者。你可以免費進行這項評估來找出你的連結類型（請掃描第 23 頁的 QR 碼即可造訪網頁）。

　　模型右側的類型，都被視為連結方式上具有高強度的類型，這表示他們尋求動態與外向表達的環境，因此，我以自然界中

同樣具有動態和外向表達的部分來為它們命名，例如火花、陽光和海洋等。這些類型是有起有落的，具有明顯的循環，就像曙光乍現和星星在夜晚出現一樣。火花就像蠟燭一樣，會閃耀並綻放美麗，然後漸漸消失，直到被一個令其滿足的連結「重新點燃」為止。

相反地，模型左側的類型是低強度的。這表示他們尋求更穩定、可預測和內向處理的環境。舉例來說，花園、樹木和土類型都是充滿生命力的，但它們在地表下茁壯成長。對肉眼而言，它們的連結是隱藏的，但是可預測的。

接下來的章節將探討頻率和強度這兩個核心概念，以幫助你了解自己連結類型的基礎。

第五章

⌘

頻率：你喜歡多常與人連結？

　　我們的頻率分數指出了我們在與人連結方面偏好低頻率、中頻率或高頻率的環境，因此，它描述了我們偏好**多常**與他人接近和交談；我們的連結頻率指的是我們喜歡多常和他人在一起（亦即一直，經常，偶爾，很少或從來不）。它衡量了我們對人際連結的渴望。

　　頻率包含了以下幾個組成部分：

1. 我們希望與他人**接近**的頻率，例如，在屋子裡、辦公室或咖啡館裡，與他人接近但不交談。
2. 我們希望與他人**處於交談狀態**的頻率。
3. 我們喜歡**積極參與交談**的頻率。
4. 我們在談話中的**說話速度**，即說話的步調。

　　低頻率的結果，表示我們偏好每天有超過十二小時的時間獨處（或置身自己的世界裡）。低頻率連結者可能是個鋼琴家或游泳運動員，樂於每天練習六個小時或更多時間。或者可能是個律師，樂於每天獨自工作至少十二個小時。「艾莉迪連結

類型」模型中得到最低頻率分數（接近負 100）之人的連結需求，會透過非人類的來源獲得滿足，例如獨立工作、動物、大自然、釣魚、園藝、拼圖和填字遊戲、樂器、反思、書籍、音樂、電視和科技設備等。

中頻率的結果，表示你在與他人共處和獨處的時間方面偏好取得平衡。想像一位小學老師，每天至少處於活躍的連結狀態六到八小時，下班後去健身房，然後回家享受安靜時光。分數接近中間（約 0），代表你偏好與他人連結 50% 的時間，其餘時間則撤退到獨處狀態。

高頻率意味著你偏好每天與他人相處十二個小時以上。想像一個銷售員的狀況，他們白天花了很多時間在交談，晚上還要參加雞尾酒會；或是一個活動策畫人，整個白天甚至一直到晚上都在社交，十分活躍。獲得非常高頻率分數（接近 100）的人，會在大部分的清醒時間尋求人際連結，包括利用面對面、電話、電子郵件或簡訊等方式。當然，我們的連結頻率不會每天都一樣，它會隨著我們的能量水準而增減，但是隨著時間的推移，會有一個一致的內向或外向模式。問問自己：我什麼時候感覺最「自在」或最像自己？我期待什麼：獨處還是社交呢？當我獨處或與他人在一起時，我感覺最像自己嗎？還是每次都不一樣？如果我能設計一個完美的週末，它會包含超過 50% 的獨處時間，還是超過 50% 的社交時間？

沒有所謂對的或錯的頻率，也沒有好的或壞的頻率，純粹只是偏好的不同。到了某個年齡，我們通常已經很熟悉自己需

要多少連結。這個連結模型提供了一些洞見，指出你在這份「內向－外向」量表的確切位置。接下來的三個部分，我將細分高頻率、中頻率和低頻率個體的主要特徵。

● 高頻率連結

　　請見第 84 頁模型圖。水平軸線以上的所有類型，都可視為在高頻率環境中蓬勃發展：包括聚會場所、基礎、岩石、山岳、火花、星星和陽光型。這些類型的人能從人際連結獲得充電，當他們與別人在一起時，感覺**最像自己**。當他們能在多種關係間游刃有餘，並成為不同群體的一分子，從中感受到強烈歸屬感時，他們便能夠茁壯成長。這可以是一種優勢，因為並非每個人都能舒服地同時處理多個連結。那些尋求高頻率環境的人，被稱為外向型。

　　高頻率類型的人在將超過 50% 的時間投入積極的人際連結時，感到最舒適，這意味著，社交、協作工作和活躍的家庭連結，對他們比對低頻率連結者來說更自然（因此也更容易）。然而，這個現象的反面也是高頻率類型的脆弱點。如果一個人沒有意識到周遭之人的頻率偏好，那麼當他的親人、朋友或同事偏好較少在一起的時間時，他們可能會覺得受傷。在親密關係中，尤其重要的是，高頻率類型必須知道，當他人需要退避時，不要解讀為針對你個人。這不是針對你，這與他們的連結舒適區有關。

若能了解這一點，便有能力轉化高頻率與低頻率連結者之間的關係。想像一下，如果你最親密的朋友想和你在一起的時間，只有你想要的一半，那不是因為他們不愛你，而是和你比較起來，因為他們天生追求的連結就比較少。想像一下，他們想分享的電話、簡訊、咖啡約會、週末旅行或社交活動，只有你想要的一半。如果你挑戰這些界限，你的朋友會感到不知所措並需要退避，即使你完全不知不覺，還樂不思蜀。

　　對高頻率連結者來說，最重要的是尊重那些連結渴望較小之人的需求。如果他們給予這種尊重，低頻率夥伴將會以煥然一新的狀態回到連結中，也會感到感激和被理解，從而使彼此的連結達到新高度。而相反地，強迫連結會導致對方感到不滿，生起防衛心。許多高頻率連結者之所以失去一段關係或破壞了愛的機會，單純是因為他們無法識別或理解親人和同事的低頻率需求。

　　同樣重要的是，高頻率連結者必須了解並承認自己的需求。記住，高頻率者是從人際連結中重新獲得能量的。他們需要花大量時間與他人在一起，才會感到獲得滋養。滿足這些需求的最佳策略（不跨越他人的界限），是將他們的連結多樣化。高頻率連結者應避免將所有時間投資在少數幾個人身上。相反地，他們的目標應該是每個角落都有一個朋友！如此一來，當他們生活中的低頻率連結者需要退避時，還有其他人可以聯絡。高頻率的人在天性使然之下，通常會有一個可以利用的大社交網絡。如果沒有，他們要建立一個也不會花太久的時間，因為建

立新連結對他們來說是很自然的一件事。相較之下，低頻率類型的人喜歡將他們的網絡保持在更受控的狀態。

● 中頻率連結

請見第84頁模型圖，查看一下模型。位於水平軸上的分數，花園、變形者和黎明型位於頻率尺度的中間。中頻率連結者在他們理想的社交環境中，將大約一半的時間花在與人相處上，另一半時間則享受自己的空間。中頻率連結者也被稱為「雙向性格者」（ambiverts），因為他們在連結行為上呈現出內向和外向的平衡，而這通常是對環境之要求的回應，而非一種主動的偏好。中頻率連結者需要與他人設定明確的界限。若沒有界限，在那條被人們充電和被人們耗盡之間的平衡鋼索上，他們就會有跌落的風險。

中頻率連結者的一個良好起點，是對他們感覺失衡的跡象加以觀察和記錄。了解過多或過少連結的相關情緒反應，對於有效管理時間，以及與他人溝通自己的需求來說，相當重要。以下是一些例子：

· 感覺精疲力竭，以至於與他人的互動必須很費勁。這是連結過多的跡象。

· 感覺不安、自我懷疑和過度思考，這些是連結不足的跡象。

中頻率連結者應練習並習慣於說「不」。開誠布公地談論

我們的連結風格和需要充電的需求，有助於在對他人說「不」時，他人較不會將它視為針對個人。最後，在那些寶貴的自然歸屬時間裡，中頻率連結者必須有意識地行事。他們應留意要讓自己參與那些給予能量的活動，並避免讓自己麻木的行為，譬如飲酒過量、無意識地不停滑手機或瘋狂追劇等。對於花園、變形者和黎明型的人來說，在閒散的獨處時間裡感到不知所措，是很常見的現象，其中的陷阱就是只做一些打發時間的事來回應。與其如此，中頻率連結者更該做的是，花點時間了解自己在這段時間裡需要做些什麼，才能讓自己重新恢復活力。清楚了解這一點後，他們會發現獨處時間成為一個令人感到充實的避風港。

● 低頻率連結

你若查看模型圖，會看到位於中線以下的低頻率連結者或內向者。他們包括水型（甘露、漣漪效應、海洋），綠型（墨鏡、觀察者、樹木）和珊瑚類型。這些類型的頻率分數低於零，追求的主要是大部分時間能夠獨處的社交環境，只會偶爾覺得需要與他人連結。我在本章的開頭提過，低頻率個體在與非人類來源連結時感到最舒服。注意，這並非反映他們對至親好友缺乏興趣或熱情，這只是他們補充能量，並和自己的情感棲息地連結的一種方式。

雖然低頻率個體會避開大型人群，並偏好較輕的社交行程，

他們仍然可以成為強大的表現者和領導者。不過，要在這些環境中表現出色，有賴於謹慎對待休養期。那些需要高自信心或展現外向、直言無諱性格的經驗，必須匹配著足夠的、遠離他人的休養時間。低頻率類型的人在這些環境中會消耗大量的能量，因此若缺乏個人時間來恢復，必定會累垮。即使只需要管理與少數人的連結，低頻率連結者也需要時間和空間來撤退到他們的棲息地（無論那是哪裡），才能讓自己反思並恢復活力。

但讓我們實際一點，生活中的許多連結無法說斷就斷。家庭、工作、朋友和我們的社群，有時可能需要我們持續的努力和關注。若缺乏開誠布公的溝通，低頻率類型的人可能會感到不知所措，尤其當他們的至親好友是高頻率類型時。針對連結頻率進行誠實的對話，有助於各方了解彼此的差異並非個人問題，而是因為對連結有不同需求所造成。要注意，不要批評那些高頻率的人，例如不經意地說「能不能閉嘴？」或「你過頭了！」，並沒有所謂的「正確」頻率高低，我們必須尊重每個人的偏好。

對連結渴望較小一事，也會體現在個人的社交網絡大小上。低頻率連結者沒興趣和每個人成為朋友。他們滿足於一個小而緊密的網絡。在他們看來，質重於量。

第六章

強度：你如何建立連結？

前幾天，我和妹妹及一位朋友聊天。我和妹妹聊得很起勁，一陣子之後，那位朋友突然說：「好了，分享夠了。」

我和妹妹笑了，馬上意識到我們直言不諱、毫無保留的對話，讓朋友感到不舒服。

這對她來說太**強烈**了。

「強度」衡量的是我們在社交環境中喜歡體驗的連結風格或性質。這是我們覺得最舒服的連結「溫度」，我們可以根據自己的偏好調高或調低這個溫度。在我和丈夫的第一次約會中，他問我是否可以談談「星期天晚上的話題，輕鬆簡單的事」。這個要求是對連結強度的回應，這是他降低強度的方式。

我們也可能在剛認識一個人的時候試圖調高強度，藉由提問更深入了解對方。「你在哪裡長大的？」「你是做什麼工作的？」這些問題的目的是從非個人話題轉向個人話題，它們其實是在說：「我想進一步認識你，更了解你，知道你是怎樣的人。」

強度是我們情感透明度的衡量標準，描述我們與他人分享情感能量的開放程度，以及我們吸收他人情感能量的準備程度。

我將低強度的連結者比喻為遮光窗簾，它們不能被透視，因此掩蓋了內部情況。我將高強度的連結者比喻為薄紗窗簾，它們是透明的，能顯示內部發生的情況。我衷心希望低強度和高強度的語言能受到廣泛理解，就像內向和外向的語言一樣，如此才能幫助人們認識並尊重他們的情感需求。

低強度連結者	中強度連結者	高強度連結者
交流時較為保留；專注於連結的一致性而非強度；專注於行動勝於言語。	健談且友好。	表達能力強且情感豐富。
偏好基於日積月累之共同正面經驗，而非談話的人際連結。	偏好綜合共同的正面經驗與有趣、輕鬆之談話的人際連結。	偏好基於引人入勝且有意義之談話的人際連結。
封閉的身體語言，最少的手勢。	中性、隨意的身體語言，手勢在身體腰部與大腿之間。	表現型的身體語言，手勢在身體腰部以上。
慢慢建立信任，需要幾年時間建立信任。	需要幾個月建立信任。	在數週內建立信任。

　　我們經常對別人發出信號來告訴他們，他們的連結強度對我們來說太高或太低。我們可能會將視線轉開，避免與他們眼神接觸，或是改變話題，以避開高強度的話題。想像一下母女

之間的連結，女兒是高強度，想透過與母親進行深度對話來建立聯繫。而較低強度的母親可能會在這些對話中做出迴避、打斷或滑手機的行為，以此向女兒傳達其聯繫方式讓母親感到不舒服，女兒應該降低強度。這種衝突可以藉由讓母親了解女兒的需求來克服，以讓母親在對話中容許更多的深度，或者如果這對母親來說挑戰性太高，可以讓女兒接觸與她「同頻率」的人，好讓這些對話有地方可進行，也尊重孩子的需求。第一步永遠是辨識出我們對歸屬感的需求，然後是適應他人的需求。

當我們測量連結環境的強度時，會檢視以下因素：

1. 情感能量、語氣和交談的話題

低強度連結者有著封閉的肢體語言，表達情感的力度較小。高強度連結者在溝通和肢體語言方面是開放的，會生動且強烈地表達情感。低、中和高強度連結者都可以用正面或負面的語氣進行溝通，如下表所示。

低強度連結者	中強度連結者	高強度連結者
正面表達：	正面表達：	正面表達：
自在	友善	熱心
放鬆	開放	興奮
平靜	面帶微笑、喜歡聊天	生動活潑
隨和	健談	非常健談
有幽默感	喜歡說話	咧嘴而笑，放聲大笑
面帶微笑	心情愉快	愛開玩笑

低強度連結者	中強度連結者	高強度連結者
負面表達：	負面表達：	負面表達：
退縮	分心	攻擊性或消極抵抗
保守	脫離	敵對或悲傷
沮喪	對話時不專心	對抗、憤世嫉俗、諷
厭惡	強裝不在乎	刺、消極
脆弱的表現是迴避	話較少	辱罵或自我懷疑
冷漠地問：「這有	轉移問題或話題	脆弱的表現是發洩或
什麼意義？」		責怪他人
無聊的，漫不經心的		挑釁

　　低強度連結者偏好在可以透過共同經歷逐漸建立信任的社交環境中。他們的對話通常集中在公共的、較非個人的話題上，例如天氣、運動和日常事件等。相反地，高強度連結者會透過談話和分享來建立聯繫，所以他們更喜歡討論個人的話題，例如情感挑戰、人際關係、新的想法和脆弱性等。

　　記住，這取決於個人偏好。中強度連結者喜歡針對低強度話題（如運動和政治）進行高強度對話，譬如我有一個曾是職業運動員而現在是職業教練的朋友。他說，在他的成長過程中，家人會針對運動進行高強度對話。當然，我們可以針對運動、政治和日常事件進行高強度對話。是對話的性質在決定連結的強度。

　　低強度類型的人在對話中是保守、不帶情感的，中強度連

結者在對話中是開放、友好的，而高強度的人則重視真相，會藉由敞開心扉談論自己的感受和了解別人的感受來建立聯繫。低強度連結者認為這樣的對話太令人無法招架，而且可能侵犯到他的情感界限。

判斷社交環境強度的問題包括：

- 你需要透過說話來融入或表現得像其他人一樣嗎？
- 人們的對話是否帶有情感或個人色彩？
- 人們是否在談論自己的想法和感受？
- 人們在分享自己的想法和感受時，是否親身參與？
- 當你在這種環境中時，是否能在身體上感受到那份連結，譬如是否心跳加速或腎上腺素激增？
- 說話聲音是否提高（在負面連結中）或變得生動（在正面連結中）？
- 人們是否使用熱情的手勢？

如果你對這些問題的大多數回答是肯定的，那麼你所處的社交環境便是高強度的。如果你對這些問題的大多數回答是否定的，那麼該連結就是低強度的。如果強度不匹配，便會導致不適和衝突，可能有一方的聲音生動、語言表達和手勢都很豐富，而另一方卻表情平淡、手插在口袋裡。對話結束後，雙方對這種連結的體驗都不會太好。

2. 聯繫模式

低強度類型的人透過長時間相處並分享正面經歷，來建立聯繫和感情。高強度類型的人透過談話和分享深刻的、充滿情感的對話，來建立聯繫和感情。中強度連結者則偏好結合談話和分享經歷。一個低強度連結者可能會邀請對方去不需要太多談話的約會活動，例如看電影或聽音樂會，而高強度連結者則需要透過談話來建立聯繫和感情，會更偏好共進晚餐或喝咖啡。

3. 自我揭露：你需要多長的時間才能敞開心扉

低強度類型的人通常比較保守，可能需要多年時間才能真正了解他們（慢慢剝開他們是怎樣的人與真實感受的層層面紗）。高強度類型的人則像一本公開的書，在不到一小時的對話裡，就能感受到與他人的連結。在接下來的三個部分，我將分解高強度、中強度和低強度個體的主要特徵。在對話中，高強度的人會自在地將對話提升到熱情的層次和熱門話題，而低強度的人則會藉由轉向較冷淡、較不具挑戰性的話題來回應。低強度類型的人經常會用幽默的方式，來轉移高強度對話。

● 高強度連結

你是否曾覺得自己對他人來說太過火？或者覺得自己的感受比其他認識的人更深？身為一個高強度連結者，你需要做大

量的情感工作來過濾自己的強烈情感，讓它們在典型的社交互動中變得可以被人接受。

高強度的人尋求深刻而強烈的人際連結。他們會迅速對他人敞開心扉，提出重要問題，並坦然公開自己的心情和意見，無論話題是什麼皆然。對高強度類型的人來說，他們的情感滿溢，**需要**以某種形式表達出來，如果不表達，他們高強度的思緒和感受會開始讓自己難以承受，彷彿最終會導致內在的爆炸。

高強度的人可以是高頻率、中頻率或低頻率者（外向者、雙向者或內向者），他們都位於連結類型模型的右側。光型和黎明型的人尋求人際連結，以便在對話和共同能量中表達自己的情感。水型的人會將情感導向獨處時間，或與少數至親好友在一起。高強度類型的人感受深刻，並將這些情感導入他們的關係之中。他們對自己的感受高度敏感，會花大量時間和精力思考其他人，像是他們說了什麼、覺得如何、為何會有某種行為，以及他們接下來可能會做什麼。

高強度的人在只有討論平凡乏味的話題時會感到沮喪，對過多的寒暄閒聊感到不耐煩。高強度的人唯有在他能明顯感知且流暢的討論時，才會覺得與人有所連結。這類型的互動能為尋求高強度情感的人灌注能量，讓他們感到生氣勃勃。

正如高強度類型的人會沉浸在共通的情感體驗中，他們也需要對自己從事的工作感興趣。如果高強度類型的人不喜歡自己的工作，或在一段關係中感受不到「被點亮」的感覺，這種缺乏連結的現象會深深影響他們。他們不僅僅是會討厭一份工

作，而是會憎恨它。他們不會僅僅對某人失去愛意，而是會覺得與對方在一起簡直難以忍受。某些時刻會深深影響著他們，變成一種消耗身心且改變人生的經驗。

正如高頻率類型的人需要了解低頻率人的需求，高強度類型的人也需要欣賞其他性格沒那麼強烈的人。培養這種意識的第一步，是在與低強度連結者對話時，學習他們的語言和非語言暗示：

語言暗示	非語言暗示
積極參與對話。 以真誠的語氣說出如「是的」和「喔，真的嗎？」這類回應詞。 發出表示參與的聲音，如「嗯」和「喔」。	微笑。 點頭。 臉部表情。 眼神的直接接觸。

第二步是練習適應。與其期待他人與自己深度連結，高強度連結者應該利用他們對語言和非語言暗示的觀察，動態地降低自己的強度，或在情況需要時收斂地踩一下剎車。

● 中強度連結

中強度連結者在互動中具有極佳的範圍和靈活性。他們位於「艾莉迪連結類型」模型的縱軸上，從繁忙的工作場合到派

對，再到一對一的交流，他們在各式各樣的情境下都能適應良好。話雖如此，中強度類型的人對高強度情感的對話有一個臨界點。一旦跨越這個臨界點，他們通常需要藉由運動等身體釋放的方式，重新讓天平回歸平衡。接近零的得分表示中等強度，顯示這類人在大多數的情境中都能感到自在。他們可以在一次對話裡，從閒聊無縫接軌地轉為傾聽深刻的想法和情感。他們能帶著深刻的情感「設身處地」支持另一個人，但通常不會是主動發起的人。

中強度的連結模式融合了「低強度類型的共同經驗風格」和「高強度類型的對話與個人風格」，這種適應能力使他們在團隊環境中表現優異，因為他們不會糾結於情感，但是在情感生起時能敏銳察覺並反思。這反過來又培養了他們的韌性，以及將自己與他人的情感強度分開的能力。他們可以愉快地與飛機上的陌生人聊天，而不會覺得尷尬或有負擔。同樣地，他們也能在一次激烈的會議、晚餐或派對後回家，而不會過度分析當時的動態。他們享受人際連結，但不會在其中迷失。這是一種天賦。

● 低強度（穩定性）連結

相反地，負的強度得分（介於負 1 到負 100 之間）表示這類人最好是透過簡單地與他人在一起來建立連結，對話並非必要！低強度類型的人位於模型的左側，主要是透過共同經驗來

建立聯繫。如果你更偏愛採取行動而非訴諸言語，並重視連結的**穩定性**而非強度，那麼你就是低強度類型。

對於低強度類型的人來說，少即是多。他們更偏好透過經歷來建立聯繫，而非個人或情感層面上的互動。這些人傾向於與他人接觸後迅速移開，好比一陣微風吹拂過樹木。

他們在涉及深刻個人或情感話題的近距離互動中，可能會覺得不自在。當他們覺得被困在過於強烈的互動裡時，會以明顯但潛意識的方式表達不適，像是坐立難安、目光游移、無精打采，對話簡短且安靜。或者，如果可能，他們會在物理上遠離這種互動。對於低強度連結者來說，最好能意識到那些與他們進行強烈互動的人通常只是想建立連結，而非試圖衝擊他們、針對他們或讓他們感到不舒服。

低強度的人避免不適的一個常見策略，是將對話轉回到更輕鬆的話題，例如時事或有趣的故事。然而，低強度的人必須注意到，對一個敞開心扉和脆弱的人來說，這種行為可能會被解讀為冷淡、漠視或沒有人情味。這正是低強度和高強度類型之間在舒適度上的權衡妥協。儘管如此，低強度連結者的一個優勢，是他們不會糾結於社交處境。他們可以直接出去與人建立連結，不會在事前浪費精力為所有可能性做準備，也不會在事後過度分析他們的互動。儘管低強度類型的人並不傾向於吸收他人的情感能量，但人生中還是會有一些時候需要具備處理自己情感的工具和技巧。這種情感素養，亦即理解並解讀自己和他人情感的能力，是一種寶貴的生活技能。

第七章

分析你的連結類型結果

● 你當前的類型與偏好的類型

當你進行評估時，模型上會顯示兩個點做為你的結果，一個是紅點，表示你當前的連結方式；另一個是綠點，表示你偏好的連結方式。你當前的和偏好的類型，代表你在當前環境中所處的連結類型。

我經常被問到，我們是否會在一天內、一個星期內，或與不同人相處時改變連結類型，答案是肯定的，但並非總是如此。有些人的紅點和綠點在同一個位置，而有些人的兩者之間有顯著的差距。紅點（當前的連結）通常表示你在群體和外面世界中的連結方式，而綠點（偏好的連結）則表示你在一對一的互信連結和自然歸屬中的連結方式。

我們當前和偏好的類型之間的距離，指出我們在不同關係之間移動時，連結方式的變化程度。我將這種當前和偏好類型之間的距離，稱為我們的「軌道」。因此，如果你的當前類型是基礎型，而你的偏好類型是山岳型，表示你的連結是在基礎

型和山岳型之間移動，這就是你的連結軌道。紅點和綠點之間的距離（即你當前連結方式與偏好連結方式之間的距離）表示你需要適應環境的程度。

如果你當前和偏好的類型重疊，這意味著你的環境符合你的歸屬需求；但如果你的紅點和綠點之間差距很大，這表示你需要付出大量的心理和情感能量來適應環境。當前和偏好環境之間的差距，可能會造成壓力，因為你迫使自己以一種感覺不自然的方式來連結，如以下的例子所示。

● 工作中的契合或衝突

個案研究 1：兩位公司高級主管

最近我與兩位完成「艾莉迪連結類型」評估的男性公司高級主管合作。第一位主管的結果顯示，他的當前類型是土型（岩石型）連結者（位於模型的左上角），而他偏好的類型是珊瑚連結者（位於模型的底部中線軸），這兩者之間呈現極大的差距。第二位主管的結果顯示，他當前和偏好的類型之間差距很小，都是星星連結者型。

我與那位有大差距的主管交談時，他反映說自己在工作時，「必須成為一個和我在下班後想要的樣子不一致的人。在我的工作場所裡，我不確定是否能輕易改變自己的行為並保持成功。也許這就是我會有高血壓的原因。」這

位主管在工作環境裡感受到的是衝突，而不是契合。儘管他非常成功，但是他的歸屬需求並沒有被工作環境滿足；他與工作環境產生了衝突。

另一位主管在同一行業裡擁有很長的職業生涯，而且身體健康。他沒有經歷同樣的壓力。他的連結偏好與日常環境一致，因此他是在自己的情感棲息地上運作。這位主管在工作環境中感受到的是契合。這清楚反映了我們的歸屬感與我們身心健康之間的關聯。

個案研究 2：一個企業團隊

當我與一個企業團隊合作時，對我來說最令人著迷（又具有啟發性！）的是比較每個人當前的連結類型和偏好的連結類型的位置。我在新冠疫情封鎖期間執行的一次評估中，團隊成員都在家工作，這使得他們難以實現偏好的高頻率和高強度連結。審視評估這些結果，能讓管理者辨認出當前和偏好連結之間差距最大的人，並針對其文化來介入，以創造更多的團隊連結機會。我們最近都學到的一件事情是：網路的線上連結，永遠無法完全取代面對面的連結。

● 我們的連結類型是怎麼來的？

想像一下，我們出生時就像是一顆被種在地下的種子。這顆種子代表我們核心的性格特質。它被種在特定的環境條件裡，這些條件代表我們的家庭系統和文化，並影響著我們的成長。隨著時間的推移，種子與它所植入的環境條件變得分不開了，好比一個人無法與其成長環境分開一樣。種子的生長和它是否能茁壯，取決於生態系統。它長成的花朵或樹木不再僅僅是一顆種子；它成為了一朵盛開的水仙或一棵強壯的桉樹。然後，花朵或樹木在其生態系統和環境中遭遇到各種經歷，可能遭遇乾旱或洪水，也可能在溫暖的微風和充足的陽光中成長茁壯。就像我們無法預測植物可能經歷過的條件一樣，我們的性格隨著時間過去，因應著我們的家庭系統而形成，終至我們無法將此人與其早期的環境分開。

這就是發生在我們身上的情況。我們都帶著性格特質出生，並在家庭系統（無論是遺傳的還是收養的）中由主要照顧者養育成人，他們會創造出一種特定的文化，進一步塑造出我們的身分認同。隨著成長，我們還會受到社會環境的影響。我們原始的性格特質會被植入家庭系統，然後在我們的文化環境中成長。正如花朵學會向光生長，或樹木可能會在根部儲存水分一樣，我們適應了我們的家庭系統。

透過成為家庭和文化系統一部分的過程，我們不一定會學到我們偏好的連結類型；我們學到的是為了能夠從周遭的人獲

得正面回饋（亦即愛、尊重、讚美等）的最佳連結方式。我們會調整自己的性格，以便能在環境中生存。我們會計算出照顧者是喜歡談論感受，還是更喜歡讓我們自己處理感受。我們得知照顧者是喜歡藉由談話來連結，還是藉由一起完成任務（如烹飪或游泳）來連結。我們學會了透過大聲說話或安靜、直言不諱或含蓄、勇於表達或冷漠超然，來獲得更多的愛。

我們會根據環境而發展出偏好，並學會管理我們的情感能量。這就是為什麼了解你在當前的連結方式，以及在理想世界中偏好的連結方式，是如此重要的原因。

如果我們由多位照顧者養育長大，我的假設是，我們偏好的連結類型會坐落在主要照顧者在「艾莉迪連結類型」模型上的位置附近。和他們一起查看一下吧！

● 我們能改變自己的連結類型嗎？

可以也不可以。我們的連結類型大概在七到十歲時就已經確立，之後會隨著不同的環境逐漸調整。例如，我的研究顯示，隨著年齡增長，我們的頻率會下降，我想沒有人會對此感到驚訝，因為只要比較一下你在孩童時期與成人時期所尋求的人際連結數量就會明白。不過，變化並沒有你想像的那麼大。我們依然保持在同一個區段或類型之內，只是在該類型內的頻率會逐漸降低。有很多人在八十多歲時依然像隻社交花蝴蝶，正如有些孩子喜歡花很多時間獨處一樣。我們的連結類型是性格的

核心部分，它結合了遺傳與早期環境的薰陶而固定下來。回到種子的譬喻，一朵水仙花永遠不會變成完全不同種類的植物，就像我們永遠不會在根本上改變我們的本性。

　　儘管我們不會劇烈改變我們的連結類型，但我曾與數百名因工作受傷而改變其連結方式的人合作過。這是有道理的，因為像受傷、生病或親人過世這種無法預測的人生事件，會讓我們感到極為脆弱，因而改變我們所尋求的社交環境。就像一棵樹可能在暴風雨中失去葉子或枝幹，或是一朵花可能在陽光下被灼傷一樣，我們也會根據生活經歷來調整連結方式。然而，我的研究顯示，這種改變只是暫時的，而且我們可以在挫折之後恢復我們的連結類型。表面上看來，那個之前很活潑的社交達人，現在可能變得退縮和保守，但這是康復過程的一部分，而不是長期的改變。

　　我記得，有一次在向一群受傷工人介紹他們的連結類型時，一位美麗的女士在會後走過來，淚流滿面地告訴我：「我曾經是陽光型，現在卻變成了綠色觀察者型。我以前總是出去玩，是派對的靈魂。現在我甚至連去商店都覺得不舒服。」這是我經常從受傷或罹患重病的人那裡聽到的故事，這兩種重大的生活事件當然會改變我們覺得舒適的社交環境。那些經歷過創傷性傷害或疾病的人在談到連結時會說：

- 不想成為親人的負擔。
- 不想因為談論自己的痛苦而「讓任何人感到沮喪」。
- 不想被人認為自己等同於傷病。

對於任何目前感覺「不是自己」或「不是從前的自己」的人，請了解，這種感覺不會永遠持續下去。你並未經歷不可逆的改變。我曾與許多人合作過，透過一點一滴地重建歸屬感、連結感，以及其他提升幸福感的步驟，將他們的連結類型恢復到重大人生事件發生前的狀態，或是調整到新的偏好。在某些情況下，他們可能不會恢復到原來的狀態，因為他們在康復過程中對自己偏好的連結類型變得非常清楚。

　　最重要的是：在很大程度上，我們的連結類型就像我們的性格，是透過遺傳與早期環境的結合而固定下來的。但是，就像我們的性格一樣：

· 它會隨著時間的推移而變得和緩。

· 它會因重大人生事件而中斷。

· 它可以透過有意識的意圖和行動來調整。

　　自從我開發出這個模型以來，便積極調整我的高強度連結類型，使其更靠近中間。我的家人和我搬到了另一個地區，這讓我與環境產生了更強的連結感和更高的自然歸屬感。我開始專注發展自己的事業，與各種客戶打交道，並且有意識地努力為我的社區做貢獻，特別是透過我兒子的學校來進行。這一切都是為了滿足我最大的心理需求：歸屬感。我希望能幫助你發現自己最終的歸屬感與連結環境名稱，因為這會讓你連結的最佳版本浮現出來。

● 連結的舒適區：研究的結論

在一份針對在 2018 年至 2021 年間完成「艾莉迪連結類型」評估的五千人的研究中，我的團隊發現了人際連結的「舒適區」，即大多數人喜歡的連結方式。

大多數的紅點集中在中心附近，偏向黃色區域。這表示大多數人偏好以中頻率、中強度的方式連結，偶爾會有高強度的爆發。這一點可以由連結類型的分布位置獲得佐證，因為最常見的類型是變形者，其次是星星，然後是觀察者。海洋和土型是最不常見的類型。

如果你的類型接近模型的中心，那麼你在與他人連結方面範圍很廣。如果你的類型位於邊緣，當涉及到與大多數人連結時，你是一個異類，但這也讓你擁有其他的優勢，例如，有遠見的思維、勇氣、同理心和毅力等。

這項研究發現了一些有趣的連結現象。

1. 男性在統計數據上更有可能是綠型、土型和花園型，而女性更有可能是光型、水型和黎明型。三十五歲以下的人比較有可能是水型。年長者（1955 年之前出生）較可能是綠型。如果你的年齡介於四十五至五十五歲之間，較有可能是光型。這些世代的趨勢可能與過去以來不同的教育和育兒風格變化有關。我會在介紹每種類型的內容中更深入探討這一點。

2. 在我與各行業的團隊一起工作時，人們一致地報告說，他們更喜歡在三到五人的小組中建立連結。這可能代表了另一種連結

的舒適區，這樣的群體小到足以管理群體動態，同時創造心理安全感，但又大到能提供一些連結的多樣性。有令人信服的證據指出，功能性最高和最高效的團隊，通常由三到五名成員組成。這對於家庭計畫也可能有幫助，因為絕大部分的人更喜歡小群體中的連結。

我最偏好的連結形式

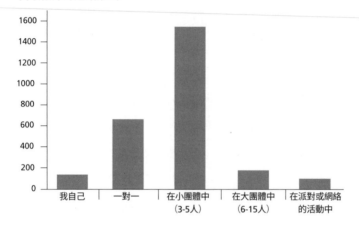

3. 大多數受訪者表示，相較於那些只透過極少或偶爾互動即可獲得滿足的人，他們更喜歡在有時候或經常與他人交談。這個發現可以幫助領導者了解，人們在工作中希望至少有一半的時間能參與積極的聯繫。你可以利用這項研究來為團隊規畫時間表，包括半天的會議時間或面對面交流，另一半的時間則專注於特定工作。

4. 參與者報告說，他們偏好有大約一半的時間與他人在一起，或經常能這麼做。這與研究結果一致，即歸屬感與正面的身

心健康相關，即與人相處會使我們更強壯。只有極少數的人報告說，他們喜歡盡量少與他人在一起。從孤獨的角度來看，這十分有趣，因為當我們了解自己喜歡與他人相處的頻率（即使不說話），便可以創造自己需要的社會環境來體驗歸屬感。僅僅是有其他人在同一間房子或公寓裡，沒有與他們交談的壓力，就能帶來安慰，而這是一種被我們低估的親密形式。這應該被納入政策的制定中，以此規畫學生和老年人的住房問題。當我們與他人靠近時，就能茁壯成長。

5. 當人們感到脆弱或壓力重重時，多數人報告自己會出現如下行為：

　　・向他們信任的人表達情感。
　　・故作堅強，假裝一切都好。

面對壓力和脆弱的健康反應是什麼？我們從研究中發現，並非所有人在應付焦慮或壓力時都有一套正面的模式。大多數受訪者稱自己「向信任的人表達情感」，但其他受訪者則稱他們：

　　・故作堅強，假裝我很好。
　　・分散自己的注意力，尋找逃避方式。
　　・退縮並關閉自己。
　　・覺得被情感淹沒。

有少數人報告說，自己「變得防衛心很重且大發脾氣」，

這表示有一部分的人在感到脆弱時，可能覺得自己遭到很大的誤解，因為他們的行為表現與感受相反。這些對脆弱的反社會反應，甚至可能會導致吸毒和暴力等行為，以此做為逃避痛苦情緒的一種方式。

　　這部分的內容提供了「艾莉迪連結類型」模型及其相關研究的背景。對於由頻率和強度來塑造我們的歸屬感及尋求的連結環境這個概念，我希望你現在已經感到越來越熟悉與習慣了。現在，我們已經準備好要更深入了解所有的十七種連結類型。

Part Three

十七種
連結類型

現在，該來仔細檢視構成模型的十七種「艾莉迪連結類型」了。當你讀完本書的這個部分，將能夠辨認出你所愛過、結交過、共事過，以及衝突過之人的行為！而我希望你也能夠了解，是什麼讓人們如此契合。

　　現在你應該已經有了一份連結類型評估結果。這些結果將告訴你，你屬於哪種連結類型，但是學習其他類型也是值得做的一件事，如此你才能以最佳方式建立有意義的關係，並與周圍的人交流。

　　這部分內容涵蓋了每種連結類型的關鍵特徵、溝通方式、領導風格以及面臨的挑戰。

第八章

∞

光型：火花、星星與陽光

特徵	增進關係的工具
・高頻率：熱情、社交、外向 ・高強度：情感表達豐富；透過談話建立連結。 ・當與各式各樣的人和群體建立連結時，感覺最像自己。 ・熱情洋溢，滿懷熱心。 ・點亮、溫暖或「炒熱」整間屋子。 ・善變、有活力且無所不包的情感能量。 ・核心價值：真相與高能量。	・學習在尋求與他人連結之前處理自己的情感，以避免情感糾纏和激烈情緒。 ・理解自然歸屬感是其他所有連結的基礎。 ・感到脆弱時，要對自己保持好奇和溫柔，而不是亂發脾氣；衝突不需要是爆炸性的，最好在進行情緒高漲的交流之前，先給自己一些反思的時間。 ・合作；為他人創造貢獻的機會。 ・展現積極傾聽的態度；不要只是等著說話，或擔心自己會如何被看待。

● 光型人的特徵

　　光型人偏好高頻率和高強度的人際連結。經常與他人連結讓你感到最舒服，並希望這些連結能基於有意義且令人滿足的對話。你重視誠實、真實，並在交談時展現高程度的語言和肢體能量。你希望他人透過談話分享真實的自己，就像你願意分享真實的自己一樣。

　　光型以各種光體命名：火花、星星和陽光。這是因為你的情感能量溫暖且引人注目。它也會隨著日子和時間而變化，就像你的類型在現實生活中所做的那樣：在我們眼前迸發火光，直到燃燒殆盡並需要重新點燃為止；星星若不是照亮夜空，就是被雲層或城市的燈光遮蔽；陽光可以是溫暖、誘人的，也可以是令人無法抵抗、具破壞性的。同理，光型是極端的連結者，既能鼓舞人心，也能擊倒對方。

● 三種光型人

1. 火花型

　　當我們看到天空中綻放的煙火或蠟燭被點燃，會被那些閃爍的光亮所迷住。時間暫停了，我們沉浸在色彩和運動之中。同樣地，火花型為人際連結帶來溫暖和愉悅。你以積極樂觀的存在感提升他人，為群體帶來熱情。你能夠因應周圍的人來調整你的連結風格，並掌握連結的通用形式，像是說故事、幽默、笑聲和謙虛。火花型最接近中心，所以它的「光」特質不如星

星和陽光型那麼明顯，後者更極端且離中心更遠。

2. 星星型

　　數千年來，人們一直仰望夜空尋找靈感、獲得導航。同樣地，星星型連結者能為群體提供靈感與導航。你的連結類型能為他人指引方向，透過自信且似乎毫不費力的社交本性，在所到之處發揮影響力。處於最佳狀態時，你能夠表現得生動活潑而不過分，讓他人感受到自己被重視。你是一位迷人的表演者，所到之處都散發著難以言喻的獨特魅力。

3. 陽光型

　　陽光可以照亮、溫暖或加熱，陽光型擁有所有這些潛能，在任何群體中都是一股強大的力量。你是群體的定調者和真相揭示者。處於最佳狀態時，你是團體中一位無畏的領導者，具備高瞻遠矚的思維能力。你的連結類型使你充滿激情、情緒飽滿。當你能夠將這份強度轉化為遠見時，便能為他人照亮道路。

● 光型人的溝通風格

　　光型人藉由專注於願景和策略來領導。光型人認為，若人們覺得受到激勵並充滿能量，他們的表現最好。你會用熱情和激情來鼓勵他人。

　　你開闢一條道路並鼓勵人們加入你。你會優先考慮前進的

動力，並為團隊或組織「照亮」前方的路。你的方法特徵是點燃人們的熱情。

你通常具備慷慨的精神，並會花時間與家人或團隊建立關係。你也認同集體或組織，所以家庭的成功就是你的成功，團隊的成功也是你的成功。雖然光型領導者一般擅長向上和向下管理，但你在同儕合作方面還需要下工夫，因為這將會在組織內部創造一種領導文化。這表示你可能需要犧牲一些願景或策略，才能更有效地與你的同級（或其他團隊的管理者）合作，而不是堅持你的策略。

光型人通常是大型組織機構的領導者，因為你通常是房間裡最自信或最熱情的人。你會自然地尋求人際連結，所以對擔任領導職位感到舒適。你注重創意，能夠提出創造性的方法來解決問題。在最佳狀態下，你能夠整合在場每個人的貢獻，將其轉化為一個連貫的敘述。變革和創新能激發出你的熱情。

這種領導方式的陰暗面是，光型人可能會把人們拋在後面。並非每個人都喜歡不斷地溝通、改變和創新。並非每個人都會受到遠大想法的激勵。有些人可能會覺得你的方式令人筋疲力竭。與光型衝突的人，可能會覺得這種領導風格很蠻橫或多管閒事。如果團隊無法有同樣的動力，光型領導者有時可能會導致團隊成員精疲力竭。

光型人也可能在沒有先諮詢團隊其他成員的情況下，突生靈感並走上一條受啟發的道路。這可能會傳達出一種自我中心的感覺，但情況不見得是如此，通常是因為光型人對計畫太過

興奮，因此迫不及待想要開始。光型人可以藉由在計畫中加入與每個團隊成員的諮詢意見，來提升領導能力，同時優先考慮與每個成員一對一聯繫，而不僅限於和那些與你自然契合的高強度類型者聯繫。要確保你能利用回饋做為指導的機會，因為比起團隊的短期表現，你的領導所產生的人際連結是一個更重要的指標。

● 光型人面臨的挑戰

糾纏與外向處理

對光型人來說，高頻率和高強度並不像是一種選擇或偏好，他們尋求人際連結做為情感釋放的形式。你是人際連結中的拉布拉多犬，喜歡社交、活潑、興奮。外向對你來說是一種必需品，是一種情感氧氣。對光型人來說，這既是祝福也是詛咒，因為人同時是你的力量和脆弱性。當你利用他人來處理自己的情感，而不是在與他人交流之前，先花時間自己處理情感，就可能會出問題。

在貝爾・胡克斯（bell hooks）的《關於愛：新視野》（*All about Love: New Visions*）一書中，作者寫道：

> 有許多人追求社群，只是為了逃避對孤獨的恐懼。學會如何獨處，是愛的藝術之核心。若我們能夠獨處，

便可以在與他人在一起時，不利用他們做為逃避的
手段。[23]

　　當你利用人際連結做為自己情感處理的替代品，就會
模糊了你與他人之間的界限。你的情感體驗會與他們的糾纏
（enmeshment，或過度捲入）在一起，你會無法區分他們的故
事和你的故事。這會導致倦怠過勞和相互依存的關係，因為你
在心中累積了來自他人的殘留情感，毫無疑問地，他們也累積
了你自己殘留的情感。一段時間過去後，這些殘留物會堆積，
讓連結超載，就像一根被太多電源插座使用的保險絲。結果是
你會耗盡這段關係，覺得必須結束關係，而不是花時間處理，
以一種能夠長久持續的方式回到這份連結。

　　糾纏的關係也會在你藉由他人處理情感時，引發戲劇性事
件，因為這可能是易變且不可預測的：我們都傾向於過度分享
和被過度分享。我們不知道在交流過程中會產生哪些情緒（對
自己或他人），這種情緒的雲霄飛車變成了一種刺激：「會發
生什麼事？他們會出現什麼樣的情緒？見到他們之後，我會有
什麼感覺？」連結取決於雙方以一種原始且沒有顧忌的方式分
享彼此的情感，結果是，低強度的連結對光型人來說會變得「無
聊」。

情感過勞

　　身為熱情的人際連結者，光型人經常尋求連結的機會，即使你沒有時間或精力時也是如此。因此，情感過勞（burnout）對光型人來說是一個週期性問題。即使你疲憊不堪、工作過度，還是經常選擇人際連結。這種連結的欲望，需要與自我照顧來取得平衡；光型人需要明白自己每天的優先事項，亦即我需要去喝杯咖啡還是打掃屋子？即使我精疲力盡，而且明天還要工作，我還是要留在這個派對上嗎？即使我完成手上既有的案子已經有困難，還要答應一個我喜愛的團隊提出的新案子嗎？

　　每天、每週，這些問題的答案都不一樣，但學會說「不」對光型人來說，能獲得能量和成就感上的重要提升。重要的是要記住，如果你有所規畫，亦即有意圖地選擇何時、何地與他人建立連結，就會更加享受人際連結。若你和對方都又忙又累，為了聯繫而聯繫往往無法帶來滿足。經驗和反覆試驗能教會你如何自我調節，何時選擇休息而不是連結。

　　注意，我以身為光型人的經驗寫下這些，因為我在花了多年的時間選擇連結而非休息之後，才領悟到這無法讓我呈現最好的一面！光型人可以問問自己的一個實用問題是：「我希望在一天結束時感覺如何？」這會讓我們轉移焦點，從而對正確的事情說「是」。

傾聽與包容

　　光型人在與他人說話時，必須注意練習積極傾聽。當你熱情洋溢、有很多話要說時，會很想打斷他人說話，但如果你學會傾聽，而非只是在等待讓你插話的空檔，你會成為更出色的人際連結者。給予一個人無條件、專心的關注，是我們能給予的最珍貴禮物。

　　你的幽默感和自信的溝通風格，偶爾可能會讓低頻率連結者（如綠型或水型）感到壓迫。你認為有趣的事情，可能實際上會冒犯他人。當你在一個群體中過於舒適，可能會對你的領導者角色感到自滿，進而利用它。這對經常在群體中擔任領導者角色的光型人來說，是一個重要課題。有鑑於此，你的核心挑戰是為所有連結類型樹立展現包容與慈悲心的榜樣，不讓任何人相形見絀、受到忽視。你需要尊重他人與你不同。有人不說話，不代表他們沒有話要說。

衝突

　　身為高強度的連結者，你對衝突的處理方式可能也是高強度且高度語言化的。你經常說出或做出一些你並非有意如此的話或行為，然後在事後後悔。有些人可能會認為你的舉止是挑釁或好辯的，但是在你看來，你只是在進行一場有趣、強烈且迷人的對話。光型人的情緒感受非常強烈。這意味著你對情感衝突非常敏感，情感能量的級別可能在短時間內從十分之一飆

升到十分之十五。克服這一點的方法，是採取反直覺做法，也就是學習好好地獨處。如此當你與他人接觸時，就不會那麼容易出現情緒化反應，也更能調節自己的情緒。並非每一個問題都需要公開廣播和處理；有些對話最好不要開始！

在衝突和矛盾中，你對被動攻擊或冷戰無法做出良好反應，因為這會關閉連結，造成你的火花黯然失色，或形同拉上窗簾遮住陽光。與其試圖在爭辯中「獲勝」，更有益的做法是探究自己在衝突中的角色，視之為獲得更多洞見與親密感的機會。學習一些面對衝突的咒語很有幫助，因為在對衝突情況做出反應之前，你不太可能停下來反思自己的情緒。雖然在情緒激動的時刻說出「我覺得我們都需要時間來思考這件事」或「我現在覺得很沮喪，需要一點空間」這樣的話感覺不太可信，尤其是當你已經習慣勇於表達自己時，但我保證，這會改變你與周遭之人的互動方式。

每個人在涉入的每次衝突中都負有一半的責任，了解這一點會很有幫助。問問自己：

- 我是如何促成這次衝突的，即使我只是疏忽或無能力行動？
- 我是否誠懇地努力從對方的角度來看待這件事？
- 這次意見分歧的最好結果是什麼？
- 我們是否都準備好要冷靜且建設性地交談，或者我們是否該先停下來反思片刻？
- 我是否承認並尊重我們在溝通方式上的差異？

唯有當情緒的激烈反應從當下的情況中移除，衝突才能真正得到解決。如果你與低強度連結者產生衝突，這可能是你的一個正面機會，讓你利用衝突帶來的暫停問問自己：我想從這次的衝突達到什麼目的？我如何利用這次衝突來創造更健康的連結？這種憤怒是舊的還是新？舊的憤怒是來自過去經驗的壓抑情感，而新的憤怒是針對當下情況的健康而即時的反應。

脆弱面

對於光型人來說，經歷脆弱、羞愧、悲傷或憂鬱，會感覺像是被一朵雲遮住了你的光芒。你會覺得黯淡，就像晴朗的藍天與陰天之間的差別。當你的身分認同從典型的社交自我轉移開來，你的頻率和強度會出現波動。你可能因為「不覺得自己像自己」而缺乏與人連結的動力，並從積極的社交生活退縮。或者，即使在脆弱時刻，你仍會繼續與人交流，卻可能變得暴躁易怒、分心、咄咄逼人且過度敏感。

在這些時期，你需要向內連結。你可能會抗拒這件事，想利用狂刷社群媒體或利用電視、電影、上網或派對，來分散自己的注意力，拚命尋找分散注意力的方法。但這些令人麻木的行為，不太可能重新點燃你的火花。你必須學會向內尋求，並培養出感到脆弱時的正面應對機制。想像你的脆弱感是一個小孩子在要求你的注意力。做那些令人麻木的行為，等同於忽視這個孩子，假裝他不存在，而靜心冥想和正念等於是轉向面對這個孩子，與他交流。培養每日的靜思與正念修習，能為你建

立起內在的連結。儘管你是依賴人際連結獲得滋養的，但如果你有能力向內尋求，會發現自己的人際互動更讓你心滿意足。

光型人尤其需要在獨處時從事滋養身心的習慣性活動，否則你可能會崩潰。如果你是光型人，而且對這種經驗有共鳴，那麼現在就列一份清單（在你的手機上，我知道你把它放在附近，以防有人聯絡你），列出所有你在獨處時可以享受的事。例如：

- 讀一本書，請列出你想讀的書單。
- 烹煮一道你喜愛的菜餚。
- 聆聽或演奏音樂。
- 購物或逛市場。
- 沿著海灘或自然景點散步。
- 從事創意活動，例如寫作或繪畫。
- 去健身房或參加健身課程。

若沒有這份潛在活動的清單在手，光型人在獨處時可能會驚慌失措，然後不自覺地尋找一些事物來填補空虛。

* * *

現在讓我們來詳細探索這三種光型：火花、星星與陽光。

● 火花型

　　火花型接近模型的中心位置，強度和頻率都處於低範圍。火花是普遍的溝通者。這類型的人通常是：

- 在群體中閃耀，具有健談與愛好社交的連結風格。
- 是個迷人且熱情的連結者。
- 擁有廣泛的社交網絡。
- 善於交際且平易近人。
- 喜歡與人為伴而非獨處。
- 以溫暖且靈活多變的方式與人相處。
- 樂於成為目光焦點並享受說故事。
- 藉由人際連結成長茁壯。
- 透過創建計畫並激勵他人跟隨自己來領導。

特徵

　　火花是高頻率連結者，得分在 0 到 100 之間。這代表你**大部分**的時間（55-60%）喜歡與他人為伴。不過，這代表你也享受與自己為伴的時間（40-45%）。火花也是高強度的連結者，得分在 0 到 100 之間。靠近模型中心，意味著這種類型在各種情境中與不同的人交流都很有自信。

　　火花型人藉由人際連結來補充能量，當你與他人為伴時感覺最自然。你享受人際關係帶來的交流與互動。雖然你可能覺得這理所當然，但這是你的一項優勢，因為不是每個人都像高

頻率連結者一樣，能頻繁透過關係而成長茁壯。與他人在一起對火花型人來說十分自然，因此比起低頻率連結者，社交、忙碌的工作環境和家庭時間，對你來說更加輕鬆。然而，其不利的一面是，身為高頻率類型，你必須確保的是，當他人對你們彼此的連結需求比你少時，你不會將它視為針對你個人而感到受傷。如果有人需要撤退到他們的內在世界，這反映的不是你或這份關係的問題，而只是他們的連結需求不同罷了。

身為火花型連結者，你能夠照亮整個房間，人們會被你的溫暖所吸引。你就像人群中的一根蠟燭，有你在團體裡，人們會感到安心，因為他們知道你會主導對話並維持積極樂觀的氛圍。就像蠟燭一樣，你也能夠很溫和，透過柔和的溫暖營造出正面氛圍。與人建立連結，對你來說十分容易且愉快。普遍的人際連結形式（幽默、說故事、歡慶、歡樂和真誠等）是你性格的自然延伸。因此，人際連結是你的一部分。基於這個原因，你看起來總是很「幸運」和「受歡迎」，彷彿人我關係對你來說毫不費力，無論事實是否如此。你似乎經常出現在有趣好玩的地方，說故事、制定計畫，或與他人一起歡笑。你透過生動的對話與他人建立聯繫，並對各式各樣的連結方式都感到自在，包括面對面、電話、簡訊和網路上等（視你的偏好而定）。你是一個溫暖而迷人的連結者，你對連結天生的親和力，使人們喜歡有你在身邊。

身為光型的一種，表示你是一個自信的語言連結者，喜歡成為鎂光燈的焦點，即使有時候這個焦點僅僅是你在說故事時，

伴侶或幾個朋友的全神貫注。你對任何群體來說都是資產，經常尋求（或接受）領導角色，無論是在你的家庭、運動、工作團隊還是朋友群中。你在領導職位上能蓬勃發展，因為你善於和大眾溝通，能縱觀全局並了解你所領導的人。你也有勇氣引入新想法。火花型人以願景和熱情來引領，用你的吸引力和美麗，說服他人相信你的方式是最好的方式。

接下來該怎麼做？

你擁有促進任何群體或團隊包容性的洞察力與社交技能。你能夠洞察在場的人，了解人們需要什麼才能感受到歸屬感。你透過與朋友和家人社交來補充能量，因此需要每天或每週都將此做為優先事項。

你體現了光明，你的陪伴能為他人帶來激勵。並非每個人都有你這種凝聚人心並滿足他人需求的能力。如果你能策畫讓人們聚在一起的機會，就會感到心滿意足。你喜歡為他人創造對話和樂趣。充實的社交行程是你的舒適區。你可以藉由自問：「今天我如何讓別人感受到他們的歸屬感？」來改變他人的生活。即使你在與他人相處時很溫暖並善於社交，也可以將你的慷慨延伸出去，確保每個人都被包括進去。

法里德的故事

　　法里德是火花型人，我採訪他時，他說過以下的話：
「如果我和一群朋友在一起，就會像一個在玩具店裡的孩子。沒有人會讓我感到厭煩。當他們和你在同一個頻道上，說故事、開玩笑等等，我覺得這是群體環境最好的部分。你覺得每個人都和你在同一條船上，你對事情的態度會更正面。」他告訴我的下面這段話，凸顯了他的火花本性：「我有八個從幼兒園就認識的朋友，我們每年見一次面，我是主要的籌畫者。我喜歡籌畫讓大家聚在一起的活動。我與人保持密切聯繫，譬如打個電話給他們，講講廢話之類的。密切的聯繫讓你能分享情感，而不是把它們憋在心裡。很多人沒有那種宣洩情感或壓力的出口。我喜歡表達我的感受和情緒。我是一個大塊頭，但內心很柔軟。」

　　你可以培養每天靜心冥想和正念練習的習慣，以建立內在的連結。雖然你依靠人際連結來滋養自己，但如果你也具備向內看的能力，就會發現你的互動更有意義。

　　火花型人透過指導、挑戰和領導的角色來學習及成長。如果你想要發展，找一個你尊敬的導師或教練，讓他們為你設定目標和挑戰。你需要不斷地被推到舒適區之外，持續往更高層次前進。你也會在啟發和激勵他人的機會之中蓬勃發展。如果

你能將啟發他人融入你的例行活動，能讓你以正面的方式引導你的強烈熱情。要確保你保持動力，以發揮最高潛能，並讓你內心的火花持續閃耀。

● 星星型

星星型是高強度和高頻率的連結者，通常是：

- 在與他人連結時煥發光采。
- 具有健談與愛好社交的風格。
- 散發溫暖，為屋子、舞台或餐桌帶來獨特魅力。
- 所到之處都閃耀光芒，好像有聚光燈照著他們。
- 以自己的意見影響他人，人們希望跟隨他們的腳步，僅僅是因為他們那引人注目且自信的風格。
- 推動人們進行高強度的對話，而非僅是閒聊。
- 喜歡與他人為伴，而非獨處。
- 受歡迎，擁有廣泛的社交網絡。
- 通常處於行動的中心或「在正確的時間出現在正確的地方」，但這不是運氣，而是他們引人注目的連結風格所導致，所以他們創造了該行動。
- 適合擔任領導角色，透過願景、魅力和靈感來領導。

特徵

　　身為星星型連結者，你可能在自己的專業領域或社交圈中具有影響力，並且習慣成為眾人矚目的焦點。連結對你來說似乎毫不費力，人們對你的溫暖感到驚歎。

　　天空中的星星藉由自身的引力聚合在一起。同樣地，你自信且能夠自我掌控，由自己的欲望所支配，而不會從眾，隨波逐流。然而，這種特質也可能讓人感覺你難以接近、無法理解或具有威嚇感。嚴格來說，這並不是因為你做了什麼事。人們與你的連結是複雜的；一方面，他們想要在遠處觀察你，為你著迷。另一方面，他們也想要與你建立親密的連結。要同時進行這兩者是困難的，所以你可能覺得需要經常管理這種緊張感。

　　這也解釋了你的核心挑戰，也就是要對他人感興趣，就像他們對你感興趣一樣。你將在一生中不斷尋找觀眾或一個群體，以某種形式領導他們，否則你會感到缺乏目標。這不是你內在的缺陷或一種自戀跡象，只是身為星星型的一個事實。雖然你有磁鐵般的存在，吸引著人們向你靠近，但你通常不像其他人需要你的方式那樣需要他們。

　　表演者和觀眾之間的區別能提供最佳解釋。表演者將身心完全融入表演，傾盡所有，而觀眾只是單純地觀看，目光緊盯著舞台。一旦表演結束，觀眾想要得到一些表演者的魔力，但表演者卻沒有足夠的魔力可以分配給每個人。這就是你連結風格的一個縮影。你通常會讓其他人想要更多。

你是高強度類型，這意味著你會透過深刻和刺激的對話來建立聯繫。當你能夠坦率分享自己的情感時，就會覺得與他人親近，但只有少數幾個人能夠真正讓你坦誠相待。

身為星星型，意味著你是一個自信的言語連結者，享受成為焦點。你也能夠自信地在團體中引導對話。你對任何群體都是資產，經常尋求（或接受）領導角色，無論是在你的家庭、運動團隊、工作團隊還是朋友群當中都是如此。你在領導職位上能夠蓬勃發展，因為你對溝通感到得心應手，並且擁有「星星」的視角，能縱觀全局並理解你所領導的人。你也有勇氣引入新的想法。星星型人從高處領導；他們用願景和魅力說服他人，讓他們相信自己的方式是最好的。

接下來該怎麼做？

你充滿自信的連結類型使你對他人具有吸引力，但你的人生中會有一個時刻，需要在沒有群體、公司或團隊的認同和回饋下，建立起對自己的認識。最強大的星星類型，是那些成為自己參考點的人，他們不需要外部的認可，能夠基於一個目標來領導，而非基於尋求贊同。最完滿和強大的星星型人，將根據自己的價值觀而非自己受歡迎的程度來領導。

當你是一個自信的表演者時，很容易迷失在他人眼裡的角色中。不要陷入為了取悅群眾而失去自我連結的陷阱；要與最真實的自己保持連結。群眾之所以被你吸引，是因為你擁有強烈的自我認知與明確的方向。而且，你渴望與他人同行，因為

你在連結之中能夠成長茁壯，只是要確保你在這個過程中不要迷失自己。

你是個天生的領導者。星星型人會透過指導、挑戰和領導職位來學習及成長。當你獲得激勵和啟發他人的機會，並成為為群體或團隊指引方向的人時，就會蓬勃發展。當你代表團隊在你關心的領域工作時，你是最開心的。這可能意味著計畫令人興奮的活動，例如假期或派對，為你的工作團隊制定戰略計畫，或以你的正面能量讓某人的一天變得更美好等等。你熱愛新計畫與積極正面的連結。

吸引著群眾、天生的領導者，加上高強度與情感感受深刻的組合，可能會讓星星類型的人感到被人際連結所淹沒。壓力過大的跡象是過度思考和分析你的人際關係。這個問題的解藥，在於重新連結上自己的內在，並保持動力，好讓你內在的星星保持閃耀。讓以下問題的回答指引自己：

- 接下來在呼喚我的是什麼？（人、計畫、想法）
- 這能讓我感到喜悅嗎？
- 我目前在生活中重視的是什麼？
- 我什麼時候感覺最像自己？
- 我自己的哪些特質能讓我保持動力？

你也會在激勵他人的機會中成長茁壯。如果你能將激勵他人融入日常活動中，將能夠以正面積極的方式引導你的熱情。

● 陽光型

陽光型位於高強度和高頻率的極端範圍內。這類型的人通常是：

- 有著不同的連結模式，根據他們的心情變化，這些模式可能發揮照亮、溫暖或過熱的效果。
- 擁有啟發他人的願景和洞察力。
- 讓真相引導他們，就算真相讓人聽了不舒服；他們通常是團體中說真話的人。
- 照亮道路並引領他人前進；他們的領導風格強大，常常成為群體、團隊或關係的指南針，但他們必須從遠處領導，因為他們的連結風格太過強烈，近距離領導會令人無法招架。
- 需要管理他們的強度，因為它可能變得太過強大；他們的挑戰是將心智和心靈的強度，轉化為照亮他人的光。

特徵

你是人類版本的陽光。這是一種超能力，但如同所有的超能力，它也帶來了巨大的力量和挑戰。就像太陽本身具有三個主要功能（照亮、加熱、提供能量），陽光型人也是如此。因此，身為陽光型，你總是在為他人提供能量。這種能量讓人際關係**亮起來**、**暖起來**或**熱起來**。

在以下情況裡，陽光是一種正面的自然力量：我們可以引導它的力量來照亮世界；我們可以利用它來測量時間和空間，

以便理解方向、成長、動力與視角;它標示著新的一天,讓我們看清楚前進的方向;如果我們遵循它的週期,它能使人類、動物和植物維持生命;當我們為它做好保護自己的準備,穿上 T 恤、戴上帽子、太陽鏡,塗上防曬霜時;當我們躲在陽傘或樹蔭下時;當我們在泳池或海洋中游泳,炙熱得到紓解時。

然而,陽光也能夠:將溫度提高到令人不適的程度;灼傷我們的眼睛和皮膚;使我們出汗和過熱;將生物體的水分烘乾;在過熱而缺乏充足雨水時造成乾旱,導致生態系統失衡。

從人際連結的角度來看,陽光型人在下列情況中能成為一種積極正面的力量,亦即當他們:

- 將光和強度引導為洞察力、願景和力量。
- 提供新的視角和看法。
- 為他人照亮道路,做為人類指南針。
- 與那些能夠抵禦陽光力量,甚至享受日曬的人建立關係。
- 處於群體之中,其強度與低強度類型的人互補,而後者能以幽默和輕鬆態度來化解他們的強度。

然而,我們知道,陽光型人也會:

- 分享原始情感和未經過濾的情緒,因而震驚甚或冒犯他人。
- 提出令人不安的發言,無視他人會如何反應。
- 將對話或關係加熱到不舒服的強度和波動程度。
- 使他人感受到威脅或不安。
- 引發不必要的衝突或戲劇性事件。

如果你是陽光型人，若能正面引導你的情感能量，將能帶來願景與洞察力，激勵他人。在這種模式下，你可能會**充滿激情，熾烈燃燒**。然而，如果你的陽光強度沒有出口，它便可能會過熱而內爆。在這種模式下，你可能會引發情感火災，燒斷情感保險絲。當你處於這種狀態時，人們在與你連結就會像吃到辣椒一樣。有些人喜歡在所有食物上加辣椒，而有些人一吃辣椒就會流淚，需要一段時間才能恢復。這就是當你的能量沒有正面出口時，你對他人造成的情感影響。

相較於其他連結類型，陽光型人更需要將他們的強度引導至建設性的追求，否則這種強大的能量會形成一種心理壓力鍋，溢出到你與他人的連結中。因此，你的挑戰是避免被自己的思想力量所淹沒，才能將你的強度轉化為照亮他人的光明。

你常常能設定房間的氣氛。如果你感覺正向積極，對所有人都是一種極其愉快的經驗，但是如果你感覺很低落，那壓倒性的能量會把大家的情緒都拉低，成為一種沉重的負擔。如果你周圍的人依賴你的領導或激勵，這可能會讓你感到壓力重重。

陽光型人會很快地對他人敞開心扉，以「完全坦露」為基本準則。你用自己的心情和意見，來與他人建立連結，而如果有人問你感覺如何，他們不應該期待一個「我很好，謝謝」這樣的簡單回答。他們應該期待一個透過聲音、臉部表情和肢體語言所傳達的誠實回答。

在與他人連結時，你能處理的強度事實上可能會讓對方感到無法招架、被控制或被忽視。並不是每個人都想要進行深刻

而有意義的對話，或想要持續不斷的言語交流。這對經常在群體動態中設定基調和氛圍的陽光型人來說，是一個強而有力的教訓。基於這個原因，你的挑戰是讓動態自行運作，你不需要在與他人相處時總是在說話；你不需要控制一段關係才能讓它運作。你需要的是尊重其他人不同的連結需求。這個挑戰可能簡單如邀請他人決定你們要去哪裡、做什麼和談論什麼話題，也可能複雜如學會自我調節控制動態的需求，並在這方面練習克制。

當你感到脆弱、羞愧、悲傷或憂鬱時，可能會覺得有一片雲遮住了你的陽光。陽光型人通常在獨處時會感到脆弱，因為他們面對的是自己強烈的思緒與感受。由於你是一個高頻率和高強度的連結者，獨處時會讓你感覺頭腦裡的噪音升高到無法忍受的音量。

其他類型的人感到脆弱時，大多會降低自己的頻率，因為他們缺乏人際連結的能量，因此會退出社交生活。但你不會！你的頻率可能會增加，強度也可能會增加。

陽光型人的脆弱很難察覺，因為它通常看起來像是行為失控和發脾氣。當陽光型人感到脆弱或焦慮時，通常會在外面待得更晚、喝更多的酒、參加更多的派對，或者用挑釁和攻擊性的言論對親人發脾氣。你在感到脆弱時會繼續與他人交流，但更可能變得暴躁和過度敏感。陽光型人會和所愛的人及幾乎不認識的人進行熱烈的情感討論。你會深入探討自己的思想和情感，並渴望對方也能以同樣的方式與你分享。

雖然你偶爾……呃……經常會有打斷別人的罪過，但你通常會想聽取他人的意見，就像你想被聽到一樣熱切。這些打斷並非故意冒犯，只是反映出陽光型人在對話中的熱情，你只是太急於表達自己。你想充分吸收所有人際連結所能提供的東西。對高強度的人來說，情感就像是一種需要交換的、強烈到無法抵抗的能量。

事實上，陽光型人經常會被情感充沛的對話所帶動，捲入一種情緒飽滿的狀態。只有在對話結束後，陽光型人才會意識到，自己在那種狀態下所說的話，其實大多是對自己真實想法和感受的誇大。如果你是陽光型人，而且發現自己陷入這種情況，例如可能正在與別人爭論一些你並不是特別在意的事情，那麼你需要暫時離開這個情境，直到你回到真實的自己。

就是在這種狀態下，其他類型的人會在陽光型人的連結中枯萎或凋謝。這種能量實在太令人無法忍受和畏懼，就像走進了火之中。

接下來該怎麼做？

陽光型人藉由超乎尋常的挑戰和高瞻遠矚的領導職位來學習及成長。你會對伴侶、導師、教練或團隊的激勵反應良好，這些人可以激發你實現最高潛能，並讓你內在的陽光保持閃耀，更好的是，讓你學會激勵自己！

若要引導你的強度和願景，你需要不斷創造新事物，然後分享它們來激勵和連結他人。你需要各種讓你感到安全的社會

群體，並在其中說出你（那強烈）的真相。有創造力的出口是關鍵，因為它能讓你在紙上、畫布上或音樂中，表達你思緒中的所有強度。你可以嘗試建立自己的播客（padcast），從事各種形式的藝術創作，與他人一起參加舞蹈或音樂課程，或在你熱衷的領域裡演講。你會喜歡為自己工作，或在具有高度自主權的組織中工作。

你藉由與他人相處而獲得歸屬感（並賺到你的連結金），因此這通常是你最自然的棲息地。然而，如果你能學會獨處，並透過冥想和正念等靜心修習，來馴服你的強烈思想，這將是你生命中最重要的勝利，這也會為你的人際連結帶來更好的情感調節與豐富性。

總結一下重點：你的連結有點像一匹野馬。你可以選擇永遠保持野性，根據自己當下的感覺，隨心所欲地與他人建立連結。你也可以選擇調節自己的情緒，學會讀懂他人，並將你的力量和能量引導至能帶來正面回報的追求中。你也可以選擇兩者兼顧。最終，你希望被人群圍繞，因為這讓你感到安全和快樂，而讓關係保持健康的關鍵，是強而有力的溝通與相互尊重。你可以保有一點野性，同時擁有和諧的關係。你需要找到一些喜歡接受挑戰的人！

第九章

🔗

水型：甘露、漣漪效應與海洋

特徵	增進關係的工具
· 低頻率：在獨處、一對一或小群體中，感到最放鬆。 · 高強度：情緒感受深刻，情感表達豐富；在心理上覺得安全時，透過談話建立聯繫。 · 核心價值觀：覺察與同理心。 · 真誠關懷並具有直覺力。 · 優秀的問題解決者。	· 人際連結不需要感覺像是艱難的工作。即使你有能力治癒他人，那也不是你的責任。你也可以擁有有趣且輕鬆的連結，首先要將你給予他人的愛與能量同樣地給予自己。 · 情感界限將讓你獲得自由。你的挑戰是同時體驗有意義的連結，並保持自我感。

● 水型人的特徵

水型偏好低頻率與高強度的人際連結。你在以下情況感到最舒適：

· 獨處

- 一對一
- 小群體中

　　當連結是基於有意義與充實的對話時，你會煥發光采。你重視心理安全、真誠的連結與帶來滋養的情感能量。身為水型，你在獨處時感到的快樂，可能和與他人相處時一樣（甚至更快樂）。彷彿你生活在水底下，活在自己情感處理的內在世界中。當你浮出水面與人連結時，你希望這是與少數精選之人的豐富連結，你重質而不重量。

　　水類型是以水體來命名的，這是因為你的情感能量是吸收性和包容性的。它也像海洋一樣，每天都隨著時間的推移而變化。對於水型人來說，人際連結感覺就像有人剛剛和你一起進入游泳池，你的「情感水域」會受到互動的影響，你必須去適應。如果我們想像自己沉入水體時的情景，會看到水適應我們，並在我們周圍重新安頓下來。這正是水型人在與他人連結時的適應方式。

　　水型不同於土型和樹木這樣總是固定不動的連結類型，水會改變其路徑並包圍它接觸到的任何東西。水型人在與他人連結時，採取的這種不斷感知和適應的做法，可能會耗盡他們的能量，這就是為什麼他們會透過低頻率來恢復能量。水型好比潮汐，水型會連結，然後撤退，以此恢復自己的能量和流動。

● 三種水型人

1. 甘露型

　　甘露是神話中一種可以治療疾病並賦予永生的治療液體。甘露連結者能透過他們的存在，轉變他人的情感體驗。甘露型人最接近中心，因此比起離中心更遠、更極端的水型人，他們典型的「藍色、水」特質較不顯著。

2. 漣漪效應型

　　當一個最初的行動或事件向外流動，影響到最初互動的人之外時，就會發生漣漪效應。同樣地，漣漪效應型連結者透過他們的創作和關係，產生強大的影響力，即使他們不像其他人那樣，在交流中如此顯眼、公開或音量大。

3. 海洋型

　　海洋可以是最具恢復效果、吸引力和回春效果的力量。它也可以是致命的、無情的，人類想征服其力量是無能為力的。同樣地，海洋型是極端的連結者，要不是治癒人，就是讓人覆沒。即使人類生活在陸地上，海洋其實覆蓋了地球約 70% 的面積。這說明了水型的力量有多大，因為即使海洋看似對我們的日常生活的影響不如土型那麼強大，卻是自然界中最普遍的力量。這些水型人也擁有這種低調的力量。

● 水型人的溝通風格

　　水型給人的感覺是溫暖、真誠和友善。若每個人在連結時感到心理安全和快樂，你就滿足了。因此，你會花時間觀察互動狀態，確保每個人都感到舒適。如果你覺察到有人在對話中並未充分參與或缺乏自信，你會對那個人提出一個問題，讓他們加入對話，因此你成了群體中任何光型支配力量的制衡力量。

　　或者，水型會轉移不舒服的話題，以防止衝突。你往往非常敏銳，甚至有些神祕，因為你善於解讀人類行為，但不覺得有必要參與互動。每個人都希望水型人待在房間裡，但是在對話結束後，人們離開時，會發現水型人幾乎沒有說話，讓每個人不禁思考他們在想什麼。就是如此，水型人很謙遜，樂於給其他人發言的時間，這就是這種類型的力量。你透過引領和引導對話來交流。你藉由將每個人（也許除了你自己！）帶入對話中，來創造包容性。

　　水型人會承擔房間裡每個人的感受，這就是為什麼連結對你來說可能是無法招架的。你希望其他人相處融洽而且很愉快，當你對人際連結的享受，取決於屋裡每個人的體驗時，這可能會帶來很大的壓力。

● 水型人的領導風格

　　水型是強大的領導者，但不是典型意義上的那種。這些類

型的人以執行製作人的方式來領導，表示你會提出明智的建言，來與少數選定的人商議，以便更廣泛地傳播你的想法。電視節目中，執行製作人是在主持人耳邊說話的聲音。主持人時刻帶著耳機連結到導播室，而執行製作人就是那個提示並引導他們的人（觀眾顯然聽不到）。同樣地，你是人們腦子裡傾聽到的、尊敬的並內化的聲音。你給予建議，低聲對你所領導的人耳語。這會建立起信任，最終使你的追隨者將你的想法內化，並實施你的方法。

你不是那種會放大聲量或咄咄逼人的領導者，實際上更喜歡遠離聚光燈，但你對自己創造的成果，產生了強大的影響。你明白，人們通常在幕後擁有更多的權力，並不會渴望在謀畫策略時成為他人關注的焦點。儘管更高頻率的光型人或土型人可能是電視上的焦點人物，你卻是那個決定人們要聽什麼故事、分享哪些觀點的人。這種領導方式讓人聯想到老子的名言：「太上，不知有之⋯⋯。功成事遂，百姓皆謂我自然。」（一個最優秀的領導者讓人們幾乎不知道他的存在⋯⋯。而當他的工作完成，目標達成，人們會說：我們靠自己做到了。）

水型人在直覺上明白，如果人們在團隊中感受到歸屬感並受到尊重，就會表現得更好（即更有生產力、更專注、更高效）。因此，水型人需要確保每個人在實際工作開始之前都感到舒適。你會透過與團隊中的每個人建立有意義的一對一關係，來做到這一點。這是你領導力的堅實基礎，因為你創造了信任、忠誠和歸屬感的基礎；你讓人們感覺像是家庭的一分子。你的優勢

在於建立關係，並藉由你的團隊傳遞你的想法。你不會忽略任何人，無論是利害關係人還是直接下屬。

　　你的領導風格之缺點，在於你往往只聘用高頻率連結者，身邊也多半都是這種人，例如光型人和土型人。你這麼做是為了彌補你的低頻率，並讓團隊代替你傳遞訊息（就像執行製片人利用電視節目主持人來傳達節目的訊息）。因此，你需要確保你的高頻率團隊從你這裡獲得足夠的連結；每週一次的會議可能對你來說已經夠了，對他們來說卻不夠。另外，如果你有低強度的團隊成員，你建立關係的一對一方式，對他們來說可能太過直接和強烈，因為他們更喜歡團隊環境。要克服這些挑戰，你可以：

1. 嘗試安排更多機會，讓你的團隊整體或成員彼此之間進行連結。他們需要與彼此建立關係，而不只是與你。
2. 主動聘用所有連結類型的人，而非只是那些會傳遞你訊息的高頻率類型。這能在你的團隊中建立多樣化的連結。

　　最後，你的致命弱點是過度承諾；你可以看到所有需要完成的事情，通常會親自完成大部分的事。你要避免「今天我原本應該要……」的敘述，取而代之的是「明天我會……」。

　　身為一個高強度的領導者，你需要一種強烈的方式來恢復你的能量。安排每天的運動和每週放鬆及寵愛自己的時間，以確保你的身心健康得到照顧。由於你總是對外給予，因此需要一個能量源來讓你重獲新生。

● 水型人的挑戰

界限

　　由於水型人在連結時會吸收他人的情感，因此通常你和所連結的人之間沒有明確的界限。如果你沒有學會如何管理這一點，可能會經常在情感上覺得受到擺布，人際連結會感覺像是在一個大風大浪的海洋中游泳。

　　在建立健康的界限時，有一條金科玉律，就是在與他人連結之前，先釐清自己的感受，然後再看看連結後有何感受。每一次的情感交換都涉及付出與接受，而水型天生是個慷慨的連結者。你付出療癒與善解人意的能量，並接受對方回饋的能量。如果對方散發出正面與活潑的能量，你會接收到，並感覺自己的歸屬感增強了。

　　如果你在與他人連結後，經常感到精疲力盡，那麼你有兩個選擇：一是安排更多的時間給自己，一是建立一個健全的系統，來梳理出哪些情感屬於自己、哪些情感屬於他人，或是兩者兼有。

　　在與某人連結後，問自己：

· 這種情感是屬於我的嗎？如果是，我要如何處理並療癒它。
· 如果這種情感不屬於我，我想保留它還是釋放它？如果你想釋放它，可以想像一個磁鐵在你身體上方，吸走你累積的所有情感殘留，或是使用瑜伽裡的獅子呼吸式，深深地呼氣並盡量用力伸出舌頭。

設定情感界限的是水型人面臨的主要挑戰，這將在很大程度上決定你對人際連結的體驗。

過度思考和過度感受

高強度連結者的另一個挑戰是過度思考。擁有高強度分數意味著關係和群體動態對你的影響很大。高強度連結者往往會將情感放在放大鏡下，進行深層的處理。與低強度連結者相比，高強度連結者處理情感並從該體驗中恢復過來，需要比較久的時間。這可能會表現為失眠或焦慮症狀，讓你感到「被困在腦袋裡」。

研究顯示，識別情感或情緒的出現，有助於讓我們更有效地處理它們。如果你發現自己陷入負面思考的循環裡，只需對自己說「我在過度思考」或「我在擔心一些可能不會發生的事」。這種有意識的覺察行為，能削弱負面模式的力量，讓你對自己的思緒握有更多的控制權。

我高中時期最要好的朋友曾經隨意地把手機留在車裡過夜，當時我們還是青少年。我不敢相信地問：「如果有人想聯絡你呢？」她嘲笑我並回答：「你總是認為如果不能馬上和某人說話，天就會塌下來。大多數的事情明天都可以解決。」

這已經成為我的一種修練。身為一個典型的光型人，我很習慣在他人的陪伴下處理我的情感，我一直在努力降低連結的強度。現在我領悟到，不是每一種情感都需要在當下原地馬上處理或討論。大多數的情感或情緒就像漂浮在天空中的雲朵，

我們不需要把每一朵雲都拉近來感受它，大多數都可以讓它隨風飄走。對我來說，這是一種情感上的革命。

　　我有個多年的朋友是水型人。她教會了我，即使不見面或不說話，也可以體驗並保持連結。這是一種直覺的連結，即使在沒有身體接觸的情況下，也能感受到親密。如果你所愛的人不需要像你希望的那樣花那麼多時間在一起，他們的頻率就是比你低。他們對你感受到的，可能是較高的直覺連結，因此需要的實際相處時間比較少。

衝突

　　身為一個高強度的連結者，你處理衝突的方式也可能是高強度的。水型人在衝突中可能會表現出被動攻擊或冷暴力；你會深度處理與他人的分歧，並需要一些時間才能讓你的反應浮出水面。在衝突中，你連結的清澈水域會變得波濤洶湧，彷彿海上的風暴。你原本輕柔拍打岸邊的海浪，會變成激烈沖刷的滔滔白浪。你會透過身體語言將它表現出來，例如轉身離開他人，至於臉部表情，你會避開視線，或者怒目而視。你也會在決定如何反應之前，先離開衝突現場。爭吵後，你可能需要相當長的時間才能重新浮現。

脆弱面

　　當你感到脆弱、羞愧、悲傷或憂鬱時，可能會覺得被情感和情緒「淹沒」，好像自己可能會溺死在自己的感受裡。我是

刻意用這些詞彙來描述甘露、漣漪效應和海洋型之人的經歷。

　　脆弱時，你的頻率會降低，而強度會增加。你會缺乏人際連結的動力，因為你「不像自己」，你會從社交生活中撤退。你會避免與他人接觸和交流，如果被迫連結，你可能會變得暴躁易怒、心不在焉且過於敏感。如果你能在這些時刻，找到一個能讓你恢復自我、帶來療癒的方法或地方，便能夠轉化你與自己的關係，從而轉化你與他人的關係。

＊　＊　＊

　　讓我們更詳細地探討三種水型人：甘露、漣漪效應和海洋。

● 甘露型

　　與甘露類型連結就像在海岸邊散步，或在清澈的水池中涉水。甘露類型接近模型的中心，處於高強度和低頻率的低範圍。他們通常是：

- · 同時為他人供給能量與平靜，就像在溫暖的水中游泳一樣。
- · 喜歡與少數幾個人建立親密關係，並偏好一對一或小團體的時間。
- · 喜歡與他人連結，但會被持續的社交活動壓垮；他們需要時間來反思，並撤退到自己的內心世界。
- · 遵循一個連結與撤退的節奏，就像海洋的潮浪一樣。
- · 在深層情感的對話中感到自在；甘露型人可以與大多數人建

立關係，但偏好避免閒聊。

· 在情感界限上傾向於面臨挑戰，不知道自己的情感結束之
  處，他人的情感起始之處。

· 會擔憂並內化他們的恐懼。

特徵

你的連結感覺就像柔和的波浪拍打著沙灘，既能讓人感到
充滿活力，又能同時帶來平靜的影響。

海岸的力量在於它能同時讓我們感到充滿活力、平靜、煥
然一新和療癒。波浪的催眠節奏非常強大，因而能改變我們的
心態，並調整我們的生活觀。這就是與甘露型人連結的感覺。
人們在與你連結後會感到煥然一新、思路清楚，並擁有嶄新的
觀點。你的連結不會對他人提出要求；就像在海灘上散步，人
們可以自由地把腳浸在水中或停留在沙灘上。

當你與他人連結時，只是單純地邀請他們沐浴在你的連結
裡。這表現為你對他人脆弱面的接受，以及你不妄加評斷的傾
向。你建立連結的主要目的，是讓人平靜、恢復活力並獲得療
癒。你為他人創造了一個安全的連結空間。

你的連結強項也是你所面臨的挑戰。你表達自己，並確保
每個人都感到舒適。你傾向於深刻地感受情感並容易吸收情感，
因此你可能會發現很難分辨你感受到的情感是屬於自己的，還
是剛剛與他人連結後的情感。若能了解每次情感交流中的這種
界限，會成為水型連結者的超能力。

由於你靠近模型的中心，可能具有很多變形者型的特質，並經常發現自己在適應他人。若能回到你自己的偏好和情感，可能會讓你生起一種自由的開闊感。由於你的連結是水循環的反映，你可能從與水有關的治療儀式中獲益，無論是你每天的淋浴或泡澡，還是游泳池、湖泊或海洋中的游泳，或僅僅是洗臉。當你將自己浸入水中時的感覺，就像你與他人連結時帶給他們的感覺。

　　人們將你視為一個真誠且富有同理心的聆聽者。你能敏銳感知到他人的感受，並在與他人交談時使用溫暖和關懷的語調。你的包容性強，而且會非常注意自己周遭之人的感受，包括在家裡和工作中。這可能會轉化為你在說話和行動時的自我意識；因為你總是想讓他人覺得受到歡迎和接受，更注重他人的舒適，而非自己的。這讓我想起了派對上的主人和客人之間的差異。主人總是在想著客人是否舒適，是否有足夠的食物和飲料。主人是來歡迎客人的。而你往往是人際連結中的「情感主人」；你可能不會每次都說出來，但始終在關注周遭的人。這解釋了為何你需要定期退避，重新與自己和自己的需求連結上。

　　你需要與至親好友溝通，讓他們知道你需要獨處的時間來重新整合、重新調整，才能回到自己的內心和感受。開放式辦公室和持續的線上交流（如群聊和社群媒體），會讓你感到不堪重負，你會需要定期安排一些休息時間。無論你是否意識到這一點，無論是在工作中還是在家裡，無論你是否與對方有關係，你都無法避免地會吸收到他人的情感能量。

人們會被你所吸引，你就像一塊情感磁鐵，因此你必須保護自己的情感能量，才能保持在最佳狀態。如果你只專注在讓其他人快樂並滿足他們的需求，你會精疲力竭，甚至關閉自己，導致需要被迫獨處才能恢復。這可能是你一直以來都有的感覺，但從未能夠明確識別，因為你總是試圖適應他人，並適應你所處的社會環境。

接下來該怎麼做？

你自然而然地會被滋養他人、激勵他人所吸引，因為這是你主要的連結方式。你會將其他人的感受放在心上，而這可能會變成一種沉重的負擔。關鍵是，你也要滋養自己，而這最好透過恢復活力來辦到。任何形式的治療都會讓你恢復活力，例如按摩或水療。永遠要安排假期，並且每天運動來清除任何精神上的殘留。如果你在人際連結方面感到超載，只要你刻意安排獨處時間，就能恢復情感能量。不要只是屈服於麻木的感覺，光是躺在床上、看電視或滑手機。積極滋養自己；什麼事能讓你充滿活力？寵物、烹飪、園藝、音樂、自我照顧？

與最親近的人溝通自己的連結需求，十分重要。在家裡和工作中，向他人清楚說明你的運作方式，可能會對你很有幫助。這使你能夠管理人際關係而不會冒犯他人。我曾共事過的甘露型人通常會開玩笑說：「我已經達到極限，需要按下彈出按鈕了。」這能表達出你需要撤退的需求，並避免冒犯或侮辱到任何人。有孩子的甘露型人需要積極安排時間給自己，因為照顧

他人的需求會非常強烈。或者，甘露型父母可能會發現自己的育兒過程是以投入和撤退的波浪呈現的，可能是為了專注於工作或自我照顧。

甘露型人通常會透過發展深刻且有意義的關係，來學習和成長。你在滋養他人中找到意義。身為領導者，你需要與所領導的人發展基於信任、忠誠和誠實的情感關係。

如果你能圍繞著連結和撤退的節奏，來建構自己的時間，便能成長茁壯。要確保你能持續與內在節奏保持連結，並了解支撐你的內在流動狀態。如果你能連結到這種流動狀態，就更能夠在為他人帶來滋養的深刻連結中吸收他人。

● 漣漪效應型

漣漪效應型人是高強度、低頻率的連結者。

· 他們讓他人感到煥然一新、獲得蛻變，像是清新的海中游泳。
· 他們會製造強大的漣漪效應，通常在他們的人際關係或專業領域中，具有相當的影響力。
· 他們擁有親密而熱情的關係，但也能愉快地忍受與所愛之人的長時間分離。
· 他們最能受益於和少數幾個人親密相處，偶爾才會喜歡參加大型團體活動。
· 他們像海潮一樣，遵循連結和撤退的節奏。
· 他們喜歡透過深刻的情感對話來連結。

- 他們常常在情感界限上遇到挑戰，不知道自己的情感在哪裡結束，別人的情感在哪裡開始。
- 他們會擔心並內化自己的恐懼。

特徵

　　你是一個連結的矛盾體。你是人際取向的，但同時又是內向的。你熱情、真誠，並且對他人感興趣，但同時又渴望安靜的獨處時光。你喜愛人，但並不需要人。這是一種迷人且誘人的組合。你珍惜與他人在一起的時光，但是你的連結中並沒有絕望感。你總是讓人們想要更多，這種矛盾可能在其他性格分析中未被察覺，因為你的內向性與人際取向的混合似乎是對立的。

　　我曾與一位漣漪效應型人共事過，她用「耳目一新」來形容自己的「艾莉迪連結類型」。她說，其他性格分析無法解釋為什麼她有時能夠並且享受高強度的體驗（例如教學和公開演講），但之後她會感到精疲力盡，需要恢復能量。她喜歡人，但只能承受小而強烈的連結期，再來便需要撤退了。一般來說，性格分析會將人際取向的內向者，歸類為順從、取悅人與渴望認可的人。而相反地，漣漪效應型是多面的。就像海洋一樣，你給他人的印象或是你的「海岸線」是誘人且平易近人的，但你海面上的波浪有著令人畏懼的深度。

　　伴隨著你內心世界對獨處的渴望而來的，是對安全感和接受感的深層需求。你的自給自足，實際上隱藏了你對連結中不

舒服面向的恐懼，亦即衝突與分歧。不過這對其他人來說並不明顯，他們只看到你冷淡超然且獨立。

當你「來到岸邊」與他人連結時，這種體驗對他們來說就像在完美的水溫下潛入海洋。他們感到煥然一新，而且獲得滋養。他們不希望這種感覺結束。他們喜歡乘著你的對話波浪，隨著你的潮起潮落而起伏。他們在重新浮出水面時會覺得自己變得不一樣了。你的連結就像海洋，是全方位且帶來能量的，但無法被擁有或駕馭。你從連結的人那裡獲得尊重。

身為漣漪效應型，你的影響力超越了你與他人的即時連結。你能透過你提供的連結，對他人產生深遠的影響。人們在你離開後仍會思考你說過、做過的事。他們之所以採納你的觀點和看法，不是因為你要求他們這樣做，而是因為你平靜而清晰地表達了自己的信念。你讓別人覺得你深度思考了自己所關心的問題。你說話深思熟慮，態度溫和，會花時間進行眼神交流。你全心參與，但不會過分激動，因此不會讓人覺得你在主導連結。你是連結的一個忠實寫照，因為你善於讀懂他人的需求。就像你在人們所在之處與他們相遇，然後溫柔地鼓勵他們再深入一點，以便在你所在之處與你相遇。

接下來該怎麼做？

身為漣漪效應型連結者，你需要意識到，不必成為高頻率連結者，也能發揮你與生俱來的影響力。你並非唯一一個負責傳達訊息的人，你可以依賴核心圈子的人來為你傳播訊息。只

需要做自己，然後耐心等待，看看你的影響力能達到多遠。

如果你能將時間安排在連結和撤退至庇護所的節奏中，就會受益最多。確保你與內在節奏保持一致，並了解那支持自己的內在流動狀態為何。若你能與這種流動相連，就更能夠吸收他人的情感，並進行深層且帶來滋養的連結。務必保護自己的情感能量，如此當你與他人連結時，才能全心全意投入。

如果你學會如何從自己的深度中躍升，就會達到最高潛能。漣漪效應型人可能會因過度思考和過度感受而感到迷失，你需要一個每日的例行儀式來幫助你浮上水面，例如運動、靜心冥想、舞蹈或瑜伽等動態練習。關鍵是走出腦中世界，進入身體，讓你的情感獲得處理和釋放。

即使你能讀懂他人的情感，也不代表你有責任去解決他們的問題，或讓他們感覺更好一些。這種模式可能會讓你陷入相互依存的關係中，成為救援者。身為一個人，你有權享受回報豐厚且令人愉快的連結。如果你覺得自己總是在維持關係上耗費大量精力，這種做法並無法帶來快樂。健康的關係是基於雙方在平等的立足點上連結，為雙方都帶來快樂。如果你在每段關係或每個團體中總是得扮演感同身受的救援者，你會覺得人際連結變得很沉重。

我最初撰寫這部分關於漣漪效應類型的內容時，原本是建議：可以對關係建立新的信念，來療癒這種救援模式，也就是以新的方式對待連結。但我現在發覺，這個建議是無用的，因為它鼓勵漣漪效應型人違背基本性格。我認為，更強大的方法

反而是將他人的傷痛視為集體的，而非個人的。集體傷痛之所以產生，是因為它們是許多生活在同一個文化中的人所共同經歷的。例如，自我價值感的缺乏、以自負的成就來掩蓋不足、因過度刺激而產生的焦慮、尋求認可、害怕被拋棄，以及無法信任等。這些傷痛會以不同方式呈現，卻是許多人的共同經歷。

如果你感覺到另一個人的不適或緊張，或許可以將其視為需要療癒的集體傷痛，而不是需要緩解的個人痛苦。從這個角度，你可以將自己視為集體痛苦的治療師，就像海洋具有療癒的力量。在你與對方分開後，問問自己以下的問題或許有幫助：

· 此人觸發了我什麼樣的痛苦？
· 我在身體的哪個部位感覺到這份痛苦？
· 這是什麼樣的感覺？
· 它需要的是什麼？

這種「將痛苦視為集體」的呼籲，並無意讓你感到不堪負荷；相反地，承認我們不必為治癒他人負責，反而會讓人感到自由，因為那是他們的工作。這個方法只是讓你用來處理從他人身上吸收到的痛苦或負面情緒，避免你認同這些情緒。

你擁有巨大的潛力來引領人們，引領組織與文化，因此我們需要讓你超越那些讓你陷入救援狀態的模式。我們需要你來引領我們，而非拯救我們。

● 海洋型

海洋類型處於高強度和低頻率的極端。你是很罕見的類型，在「艾莉迪連結類型」評估中，只有少數人顯示為海洋型。除了漣漪效應的主要特徵之外，海洋型人通常是：

- 擁有探索未知情感領域的勇氣和熱情。
- 發現稀少卻深刻而強烈的人際連結十分有益。
- 吸引人們並讓他們感覺被看見。
- 展現出超脫世俗的特質。
- 擁有療癒與撫慰人心的連結。
- 具有強烈的獨立性與自我控制。
- 喜歡獨自工作或在小團隊中工作。
- 對與他人的連結非常敏感。
- 喜歡在與他人分享之前，先處理自己的想法和情感。
- 在情感上花一些時間「潛水」之後，為團體帶來清新的觀點。
- 成為團體的道德良心領袖：人們會轉向海洋型詢問：「你會怎麼做？」或「你怎麼看？」

特徵

海洋型是最稀有的連結類型之一。你處於高強度的極端，被深刻而強烈的情感體驗所吸引。你不會害怕最真實的情感，實際上你還會追尋它，你在任何一天都寧願選擇真相，而非偽善的禮貌。你那能夠深切感受的能力，結合了強烈的獨立性，

使你成為一股令人生畏的力量，並贏得他人深深的尊敬，就像海洋一樣。

海洋可以產生巨大而一致的海浪，晶瑩剔透而溫和的波浪，或是猛烈撞擊的海浪，以及帶有強勁暗流的激流。就像海洋並不會刻意決定每天會製造什麼樣的波浪，這是多種變數決定的，包括潮汐、洋流、風、天氣和季節等，身為海洋型連結者，你也會感受到沒有過濾的情感之完整光譜。你的心是野性的，或許你從來不會知道早上會有什麼感覺，就像我們從來不會知道明天的海浪會帶來什麼，我們只能嘗試預測。

儘管你偶爾會渴望一種情感體驗較為簡單的生活，但我邀請你去愛自己這樣的特質。你就像海洋一樣，可以根據社交情境改變自己的形式，而你要去愛這個事實。在風暴般的連結中，你可能會用強勁和猛烈的波浪（強烈、果斷的言語和指揮型的肢體語言）來連結，而在陽光明媚的連結中，你可能會使用溫和的波浪（輕鬆愉快的對話和放鬆的肢體語言）。一如任何力量，這種連結對他人來說可能是有魅力的，也可能具有威脅性的。人們必須能夠讀懂海洋，並自信地泅泳或航行其中，才能與你深度連結。

在人際連結方面，你的棲息地是深海水域，在遙遠的海上。這意味著你在探索人類思想和情感的遠處疆界中找到意義。偶爾你可能會覺得自己在內心世界中耗費過多時間，失去了看見對岸的視野，但隨後你會浮上水面，藉由進入關係和社群的公眾世界來找到方向。

現在，你應該已經了解到自己不會在任何條件下尋求人際連結。你喜歡高度策畫且有意義的連結，否則你寧願獨自流動。因此，你透過邀請他人「游泳」，來進入你豐富的內心世界，以此與他人建立關係。

由於你的情感強度高，你與他人的關係往往是複雜的。你會和那些最能理解、欣賞（甚至欽佩）你情感深度的人建立關係。然而，有一些人會因無法匹配你的強度，而和你產生衝突。他們不是你的人，你的人是那些熱愛海洋的人，他們每天都走向水邊，期待著海洋會帶來些什麼，準備好迎接海洋可能的任何心情。這些人利用海洋來喚醒自己、鍛鍊自己，或做為他們的娛樂和享受。

你樂於探索自己的情感，或引導他人穿越他們的情感領地。你不畏懼真實原始的情感。你的連結富有療癒力與熱情。你對人有深刻的洞察力，直觀地了解他們的需求。基於這個原因，與你這種海洋型人建立連結，就像在大海上航行，人們會在與你連結之後有所轉變。

為了與他人連結，你若不是帶著他們深入你的情感深處，就是浮出水面與他們連結。你更喜歡帶著他人進入你的高強度棲息地，如此一來，當他們進入你的世界時，你便能與他們建立聯繫。你可能更容易與那些能與你的高強度匹配的人（如星星、陽光或黎明型）連結，或至少在高強度的環境中與人連結，譬如在創作藝術或治療專業裡。當你與他人連結時，會邀請他們「游泳」進入你的連結中。這可以解讀為你對他人脆弱性的

接受，以及你的溫柔。

海洋型連結者擁有力量，但也會面臨挑戰。儘管人們喜歡被你的連結吸引，這也是你的天性，但你必須在連結之後有意識地撤退，才能補充能量。如此，你才能比照海洋的潮汐，連結、吸收、撤退。我不需要提醒你這一點，因為如果你受到過多的人際連結轟炸，在情感上就會開始覺得無法呼吸。

你是一個嫻熟的連結者，因為你擁有敏感度、覺察力和洞察力，知道其他人需要什麼。但另一方面，你的棲息地裡連結者不多，所以你可能很難遇到可以輕鬆連結的人，畢竟，外面的深海並不擁擠。基於這個理由，你可能最終會為了體驗他人的陪伴，而在親密連結上做出妥協。你的伴侶可能會覺得你令人心醉神迷，而沒有意識到你在幕後努力呈現一個統一的自我形象。

接下來該怎麼做？

你在具有無限自由的關係中最能受益並成長茁壯。你尋找的是那些能夠匹配你的強度，而不試圖控制或改變你的人。

你是任何群體中的道德良心領袖。你擁有一個強烈的道德指南針，人們會向你尋求正確的前進方向。你不會依賴他人的良好評價來定義自己，因此你受人尊敬。

身為海洋型連結者，你必須承認，你不需要頻繁的連結就能發揮影響力。只需做你自己，並耐心等待，看看你的影響力能遍及到多遠。如果你圍繞著連結和撤退至自身庇護所的節奏

來安排時間，將能夠成長茁壯。要確保你與內在節奏保持連結，並了解那支持自己的內在流動狀態為何。如果你連結到這種流動，將更能夠在你帶來滋養的深刻連結裡，與對方建立深厚的連結。

你將大部分的心理能量耗費在海洋的深處。若你找到能與你在那裡相遇的人，會是一種可喜的解脫，但你已經習慣於獨自居住在未知的水域，儘管尋求不間斷的社交機會對你來說是不自然的，但是知道你可以依靠一些可預測的人際連結，會令你感到鎮靜與振奮。你是天生的撫育者，所以很樂於照顧你的至親好友。事實上，你會將生命奉獻給他們。找到有創意的出口來釋放你的強度：藝術、寫作、詩歌、烹飪、雕塑、園藝或音樂等，都能為你帶來養分。

第十章

🔗

綠型：墨鏡、觀察者與樹木

特徵	增進關係的工具
· 低頻率：你在獨自一人進行感興趣或讓你放鬆的活動時，感到最舒適。你樂於和你在乎的人連結，但對你而言，質重於量。 · 低強度：你透過長期正面的共同經歷與他人建立聯繫，例如「我們上同一所大學」或「我們一起在警隊服務」。你偏好避免談論自己的感受。 · 你是一個有耐心且含蓄的連結者。你重視連結和群體中的舒適度與尊重。	· 清楚表達你在與他人連結方面的需求。和許多與你連結的人比起來，你可能是個低頻率連結者，所以你需要向親人和同事解釋你希望與他們相處的頻率。 · 要讓你的至親好友明白，儘管你可能不像他們那樣，需要那麼多相處時間，但你依然重視與他們的關係並關心他們。許多人會用一起度過的優質時段來衡量愛情，所以他們可能會將你偏好獨處的習性視為針對他們個人。

特徵	增進關係的工具
・你欣賞「切中要點」的溝通。你注重細節與邏輯，因此喜歡從這個角度去了解決策的基礎。 ・你在任何群體中，都是穩定性與一致性的代表。 ・當你感到脆弱時，會喜歡獨處。	・提出問題，以表達對談話對象的興趣。 ・你可能不喜歡談論自己的情感，但你在乎的人可能需要你這麼做。揭開自己的脆弱面，可以讓你與他人更親近，也可能會讓你的情緒放鬆一些。

● 綠型人的特徵

有一次，我和一群綠型人進行工作坊。我將重點放在這些類型的人身上，好讓這個工作坊對他們具有意義。有一次我停下來，問其中一位參加者：「綠型人實際上像什麼樣子？這和我的類型正好相反。」

他笑著說：「非常平和。你應該試試看。」

對綠型人來說，與他人連結是一個經過考慮的選擇，而不是一種強迫行為。這是一種非常強大的連結方式，因為你不需要從彼此的關係中獲得什麼。當你與他人為伴時，樂於只是單純地觀察，而且會在你樂意時參與其中。你沒有什麼要證明的，因為你的連結杯子已經滿了。多麼自由啊！你對人際連結沒有期望，因為那不是你最大的連結來源。

你的連結需求主要是由非人類來源獲得滿足。這表示當你置身自己的連結棲息地時，會感到連結感（而且最有活力），無論那是創意、音樂、烹飪、自然、拼圖、科技設備，或某種完全不同的東西。許多綠型人樂於長時間獨處，因此，你看起來通常像個人際連結的觀察者，而非活躍的參與者。你樂於「不與人交際」並「繼續如此」。由於你是低強度和低頻率的，因此對於和你連結的人，你沒有很多要求。

當你參與人際連結，你的一部分心思仍停留在你的棲息地。音樂家仍在演奏音樂，廚師仍在烹飪，軟體開發者仍在寫程式，企業家仍在制定策略，投資者仍在觀察市場，修補者仍在修補，電視觀眾仍夢想著坐在沙發上。

這就是為什麼你在與他人連結時，看起來有種矜持的態度。人們可能會覺得你是一個矜持、冷漠或非言語型的交流者。你通常只在覺得有必要時才說話。或者，你可能可以和他人進行熱烈互動，然後便需要退回到自己的世界。你對熱烈對話的容忍度是有限度的。

當你與其他類型的人連結時，可能會面臨挑戰，覺得惱火、無聊或不堪負荷。高強度類型（光、黎明和水型）是透過談話和情感層面上的連結來建立聯繫的，他們想要從你身上獲取的，可能比你能夠或願意給予的更多。他們也可能覺得你的連結無法預測（「但你昨天那麼活潑？」）。和你相比，高頻率類型（土、花園、變形者、光、黎明和山岳型）通常會希望更頻繁地連結，因此，你可能經常感到在人際連結方面沒有足夠的精

力給予他人。或者，你可能覺得他人向你索要的，經常比你願意給予的更多。

如同我在「Part One」所解釋的，我們每天都必須賺一百美元的連結金，才能感受到滋養並避免孤獨。它不會自然增長，因此你必須每二十四小時便賺到這些連結金。其他類型的人會透過與人相處或交談來賺得，而你則希望從非人類來源賺得連結金，例如透過自然歸屬感（孤獨中的平靜）。這種偏好的差異會讓其他類型的人覺得，你不像他們在乎你的連結那樣，在乎他們的連結，因此你可能經常覺得自己讓他們失望了。綠型人應對這種情況的方式，通常是讓自己被一小群精選的人包圍，他們是：

· 同為綠型的人。
· 低強度的土型或花園型。
· 中至低頻率的水型、黎明或珊瑚型。

這些是能夠與你契合的人。這些類型的連結者對你在時間或強度方面的期望不高。你的挑戰是與他人妥協，並在連結中冒險，例如在談話或關係中建立起信任。雖然你在人際連結中較不那麼感情奔放、精力充沛，但更有可能在連結中表現出可靠、忠誠和穩定。你藉由慷慨的行動和照顧他人，來展現你的愛與關懷。你會默默地去工作或洗碗，不大張旗鼓也不抱怨。至於關係，你重視行動甚於對話。

你可能強度很低，但有高度的一致性

當你與他人連結時，他們就像坐在樹蔭底下。氣氛是平靜、涼爽和寧靜的。你的連結讓人感覺像是暫時逃離外在世界的煩擾。樹木透過蒸散作用來冷卻空氣，你的連結也產生了類似的效果，你的情感能量「冷卻」了群體動態。這讓高強度連結者感到平靜，你的存在也為其他在場者帶來一種舒緩的感覺。

然而，如果你的直率或沉默造成尷尬，這種涼爽也可能讓團體產生寒意。你通常是個敏銳的觀察者，而且是個機智的冷面笑匠。你能夠坐著聆聽一場長時間的對話，然後偶爾說出一句話，總結整個討論，讓人經常對你的深度洞察感到震驚。

● 三種綠型人

1. 墨鏡型

墨鏡型是策略性連結者。在任何情況下，他們可能會決定戴上「眼鏡」，然後悄然遠離連結，或者他們走進光明中並參與。墨鏡型可以活潑、也可以內向，依他們的連結能量而定。

2. 觀察者型

觀察者型通常會先透過觀察來與他人連結，然後再決定是否互動。他們有著矜持內斂和策略性的風格。他神祕莫測，讓人猜不透。

3. 樹木型

樹木型是所有連結類型中頻率最低和強度最低的。他們是所有人際連結者中最獨立、最自給自足的。我遇見過的少數樹木型人，都很高興獨自生活並獨自工作。

● 綠型人的溝通風格

綠型溝通的主導面向，是你是否選擇溝通。你擅長在對話中保持內斂和非口頭的狀態。你會傾聽、偶爾點頭和微笑，來表示你的參與。

如果你決定參與口頭溝通，就會「切中要點」。你的談話會保持在正軌上，而且用詞簡略。隨著對話的進行，你的聲音和能量是經過衡量與良好調節的。你說出必要的話來傳達觀點。你的語速不快，聲音的強度、語調和音高都不會變化太大。你偶爾會進行眼神接觸，但不喜歡長時間直視他人，因為你認為這是對抗性的。你通常不使用手勢，或者手勢會在腰部以下。你可能會將手放在背後、口袋裡或在胸前交叉。

綠型人喜歡在對話中把細節弄對。你做事有條不紊，依賴過去成功的方式。對於那些想要講述大局和情感故事的同事或夥伴，你會感到不知所措和惱火。你不會根據情感做決定。你更喜歡使用事實和數據，這確保了決策是基於證據的。

● 綠型人的領導風格

你可能不認為自己是一個領導者，因為你不像流行文化中的傳統領導者那樣健談或擅長社交。我們對領導的傳統觀念，是透過勵志的演講和激勵性的活動，來鼓舞、影響並啟發他人。這不是你的風格。儘管如此，你的領導風格仍非常強而有力，因為你以身作則。你會和他人並肩工作，你的方式是：「我不會告訴你該做什麼；我會示範怎麼做，我們一起做。」這其實是一種高明的指導和才能發展方式，你可以在和對方一起工作時，以支援方式糾正錯誤。你向他人展示你希望他們如何做。

身為綠型領導者的另一個有趣面向是，你通常是一個技術專家，譬如，可以想想一個領導太空探索計畫的人。綠型人專注於任務，對不具備技術專長的領導者反應不佳。因此，綠型的你們很少會尋求領導職位，除非你是團隊中技術能力最強的人。解決問題和訓練，就是綠型人對領導的期望。因此，這也是綠型領導者所提供的。剛開始的時候，你所領導的人可能會因為他們想獲得更多指示或回饋而感到掙扎，但隨著時間過去，他們會變得尊重和信任你的穩定、可靠及勤勉的工作方式。

領導也是依情境而定的。在我與軍事組織合作的過程中，發現到在置身潛艦上或長時間巡迴任務等這類情境下，會尋求綠型的領導方式。一位代表評論道：「沒有人希望潛艦上有一個滔滔不絕的光型領導者。你需要的是知道自己在做什麼、知道如何操作潛艦，而且不會干擾你的人。」

要當一名成功的綠型領導者，關鍵是：

- **技術能力**：你能像團隊裡的其他任何人一樣完成工作，因此你能為他人提供方向和指導。
- **以身作則**：你給出明確的指示，然後在同事進行任務時糾正錯誤。

綠型領導者相信，當你給予人們明確的指示，再讓他們去完成工作時，他們能將工作做到最好。由於你如此專注於任務，可能需要召集一個人際取向的專業團隊，來照顧團隊組建的人際關係方面。

● 綠型人的挑戰

自我表達與脆弱面

如前所述，人際連結並不是你偏好的舒適區，因此，人際關係和親密關係裡的脆弱面，對你來說感覺很不自然。例如，一位水型女性嫁給一位綠型男性，她在工作出差一週後回家，她的綠型丈夫顯得很矜持，對她的回家沒有太大的情緒反應。當天在吃晚餐時，他說：「很高興妳回來了。」而在那之前，她覺得丈夫並不在乎她是否和他在一起，沒有任何情感的表露。

同樣的，有個女兒曾要求她的父親完成「艾莉迪連結類型」評估，結果顯示她的父親是綠型觀察者。這位女兒在閱讀了關於她父親的描述後，告訴我，她感動得流下了眼淚。她一直認

為她的父親沒能以她能了解的方式愛她，因為他想與她說話或相處的時間，遠不及她想要的。看完綠型人的描述後，她領悟到人際連結並不是他的舒適區，而他與她相處的時間，對他來說是優質時光，是他愛她的表現。綠型人傾向於透過慷慨的行動和照顧所愛的人，來表達他們的愛。

雖然綠型人依賴非口語的溝通甚於說話，但有清楚的方法可以分辨出快樂綠型和脆弱綠型的差異。

快樂的綠型人	脆弱的綠型人
與他人連結時感到平靜。	抗拒大部分甚至所有與他人的連結。
與自己為伍時感到滿足。	即使與自己為伍也感到不安。
在團體中樂於觀察和傾聽。	會避免參加社會團體。
使用點頭和微笑等非口語交流來表達興趣。	非口語的交流是關閉的，例如雙臂交叉，不進行眼神接觸，不微笑也不點頭。
透過慷慨的行動和照顧所愛的人，來表達愛與關心。	在對話中顯得疏遠和不感興趣。與其他類型相比，較少透過慷慨的行動照顧所愛的人。

有趣的是，我的研究顯示，男性在統計上更可能屬於低強度（綠型、土型和花園型），而女性在統計上更可能是屬於高

強度。此外，六十五歲以上的人更可能是綠型。這些綠型人的連結與 1955 年至 1957 年前出生的男性有相互關聯。這些數據讓我去思考這些世代的育兒風格與家庭動態，那是我們連結類型的來源。我們因為做出了主要照顧者希望助長的行為而得到正面關注，也因為做出了主要照顧者希望抑制的行為，而得到負面關注或沒有關注。

直到最近，我們才邀請並鼓勵各年齡層的男性分享他們的感受，關注他們的情感經歷。歷史上，男性的情感多半遭到壓抑，他們的任務是保護女性和小孩的安全。小男孩在成長過程中被灌輸要保持堅強，要忽略或麻痺任何脆弱的一面，被灌輸「男孩不能哭；小孩應被看見，而非被聽見；男人是供養者，而女人要待在家裡」這樣的訊息。在這種環境的熏陶下，較年長男性的連結風格被定型為更「切中要點」並較少訴諸情感，因此我們可能有更多的綠型連結者是年長男性。

這進一步顯示出，一個人可能會因為其制約和社會化而呈現為某種類型，但這種類型也許未能真實反映出他們偏好的連結環境。這就是為什麼「艾莉迪連結類型」評估的性質如此重要，因為每個問題都是詢問你當前的狀況，接著問你偏好的狀況。你當前的和偏好的類型之間的差距，代表了「真正的你」和「環境希望或曾期望你去成為的你」之間的差距。

我堅信人們可以適應新的環境。我仍在學習適應並調節自己的連結類型。我們需要為人們創造空間，才能讓他們以最舒適的方式進行連結，並尊重他們的連結類型。儘管如此，如果

你是綠型連結者，你的關係會因為你打開心扉並表達情感而更加成長茁壯。這可能意味著在見到家人和朋友時擁抱他們，或在對話時多提出一個問題，以表達你對對方所說內容的興趣。你可以與朋友安排一次騎自行車的活動，或是一起去看電影，因為有意義的連結不一定需要言語。你可以慢慢增加與他人相處的時間，而不需要要求自己有任何貢獻。你可能還會發現，與一個網路上的社群連結，對你來說也是行得通的。

綠型人像一棵高大樹木的枝幹一樣固著、穩定。雖然這對於一個群體或家庭來說，是一個強大的貢獻，但其他連結類型可能需要你展現更多溫柔、更常表達自己。打個比喻來說，你的情感能量不僅僅是體現為樹幹，你也可以運用樹枝。讓你的「樹枝」朝著他人彎曲和搖擺。

當你覺得自己的情感被暴露時，會感到更具挑戰性。你可能覺得你的樹枝一直掉到地上，你的根部無法提供所需的營養。而你的本能是前往地下更深的地方。你的頻率會降低，你會缺乏與人際連結的燃料，因為你「感覺不像自己」，因此會從社交生活中撤退。你會避免與他人接觸或交流，變得難以接近。如果可以，請與你所愛的人分享你更敏感的一面，因為它和你的其他方面一樣，都是你的一部分。雖然樹木的枝幹是固定的，但是樹枝可以彎曲。你可以同時堅強和溫柔。不要退縮到地底太深的地方，以至於錯過了讓人際連結的光映照在你臉龐的機會。在我與綠型人的訪談中，有些人表示很遺憾，沒有把他們的感受告訴所愛的人。如果你在讀這段文字，表示你有機會讓他們知道。

衝突

你偏好避免情感衝突，而你保守的溝通風格支持了這一點。由於你是一個非侵略性的溝通者，除非你親近的人熱情地要求你多說話、多表現並分享你的感受，否則你很少會激發他人的侵略性。如果你被迫參與一場爭論，你會在一段時間內消極抵抗，然後會撤退。你有能力使用「冷戰」戰術，並持續一段你認為必要的時間。

如果你百分之百必須進行一場困難的對話，就會坦率表明你的立場，然後讓對方發言，之後你會想要走開，再也不討論這個議題。如果你鼓起勇氣參與這些困難且不舒服的對話，它們最終可以成為連結的來源，並讓你與所愛的人更加親近。

* * *

讓我們更詳盡地探討三種綠型：墨鏡、觀察者和樹木。

● 墨鏡型

墨鏡型是策略性連結者。在任何情況下，你都可能決定戴上你的「眼鏡」而退縮不連結，或者摘下眼鏡，走進光中並參與連結。墨鏡型人的強度和頻率都處於較低的範圍，通常是：

· 摘下眼鏡並參與連結時，是溫暖且平易近人的。
· 戴上眼鏡時，會變得矜持而冷淡；他們的情感可能會隱形。
· 在深層的情感對話中感到不舒服。

- 對於人類行為是非常敏銳的觀察者。
- 與非人類來源的連結體驗最強，這些來源包括：音樂和樂器、烹飪和食物、動物、大自然裡的活動（如衝浪、叢林健行、釣魚）、電視、電影、科技設備、股市、沉思、閱讀、拼圖、修理，以及各種形式的創造力。
- 是個省話的人；他們偏好只說必要的話，偶爾可能會顯得太唐突，甚至不夠敏感。
- 在與少數幾個人的密切關係中最能成長茁壯。他們透過長時間的共同經歷來與人建立聯繫，對於親密關係，他們的態度是「不要告訴我，讓我看到」，也就是透過行動而不是言語來表達愛意。
- 以身作則。
- 在自己的陪伴中最舒適；墨鏡型的一大挑戰是與他人分享他們的真實自我，但如果不這麼做，他們將錯失連結的豐富性。

特徵

　　身為墨鏡型，你是一個策略性的連結者。你可以選擇戴上眼鏡退回到自己的世界，也可以選擇摘下眼鏡與人互動。你處於靠近模型中心的位置，意味著你可以選擇參與或撤退。其他綠型人（觀察者和樹木型）則不會有意識地選擇參與或撤退，因為他們明顯偏好撤退。

　　當你真的敞開心胸與人連結時，可以變得活潑、機智，是團體中一個活躍的參與者。這就是為什麼你的連結方式對他人

來說難以捉摸，因為他們很難預測你何時會敞開，何時會退縮。你對人際連結的熱情是有時間限制的，所以熟悉你的人能夠預測你何時會達到忍受的極限，需要退出（派對、對話或會議）。

　　這就是為什麼你應該採取策略性做法，因為你需要計畫如何「投資」你的時間和精力在人際連結上。與你不熟的人可能會覺得被針對，認為你不願意維持與他們的連結，或是覺得你忽冷忽熱。當然，這並不是針對他們個人，這只是你情感能量的性質。

　　我在大學時期曾經和一個墨鏡型人談過戀愛。身為光型人，我想要每天都與他說話，每隔幾天就見面；而身為墨鏡型的他，每週和我交談幾次就很高興了。我把他的缺乏連結動力，理解為對這段關係缺乏興趣。有很多次，我建議我們結束關係，因為我覺得他不是那麼在乎我（我覺得我是在給他退出的機會）。不過他堅持說他在乎我，而且他已經盡心盡力付出。他還堅持說，他也沒有與其他人連結。

　　真希望我當時能了解這個模型！

　　不用說，這段戀情沒有成功，但回想起來，我了解到是我將他的連結風格視為針對我個人。他的連結需求比我少，而且永遠會比我少。有趣的是，我們分手後不久，我在一次夜晚外出時巧遇他最好的朋友，有了一次讓我茅塞頓開的對話。他的朋友告訴我：「你們的戀情是不可能成功的。他是個很樂於在家裡看好幾個小時電視的人，而妳是個社交蝴蝶。他需要一個不會對他要求太多的人。」

這就是為什麼綠型人通常更喜歡與其他低頻或至少中頻的人相處。他們理解你的需求，給予你自由去追求你的連結舒適區，而不會覺得你無法滿足他們的需求。你與他人建立親密關係的基礎，是隨著時間累積的一致性與共享的正面經驗。你不喜歡透過高度激烈的對話或分享情感真相來連結。

當你摘下墨鏡時，為團體帶來的能量是充滿幽默感和敏銳度的。而當你戴上墨鏡時，就會變得矜持、分心，可能會看手機或擺弄物品，而不是交談。

在工作中，你以任務為重心，而且大部分時間喜歡獨自工作。你樂於與他人合作，直到需要分享技術細節的程度，但之後，你希望能自由分配時間並保持自主。積極參與對話對你來說會耗費大量的能量，所以你學會透過撤退、委派或外包的做法，來節省能量。例如，如果你在會議中感到精疲力竭，就會撤回眼神接觸和身體語言，更頻繁地查看手機或電腦，或乾脆宣布你需要離開。

你會贏得同事的尊敬，因為你全心投入完成工作，並且會一直工作，直到任務完成。只要是需要你完成任務，你都樂於投入工作。只有在人際連結上，你是有設限的。

你有自然的能力在團體中緩和並化解能量。你不具攻擊性，也不會像許多高強度的人那樣，會利用他人來處理自己的情緒。因此，你是任何團體中那位「冷靜」且緩和氣氛的成員。人們認為你是個頭腦冷靜的人，經常充當理性的聲音。

接下來該怎麼做？

在連結的要素方面，若你有充足的時間可以退回到自己的世界，便能茁壯成長。這是你的避風港，也是你覺得最自在的地方。你也會從一小群了解並尊重你連結方式的人那裡得到滋養。

你不需要對只能維持人際連結一段時間而感到內疚，這是你保持邏輯和冷靜態度的方式，這也是你對人際關係頻率的自然需求。不過，若你能對他人明確解釋自己的連結需求，對你會很有益。功能最高的關係和團隊，不會只包括相同類型的連結者，但是他們能確實意識到每個人在連結中的需求。他們甚至可能會開個小玩笑，說墨鏡型人已經達到談話極限，或是墨鏡型人會想要提前離開派對。重點是，他們不會將這視為針對他們個人的行為。

每個人在對他人敞開心扉與建立連結方面，都有不同的方式。學會識別你生活中的高頻率連結者與高強度連結者（與你相反的風格），試著在中間點相遇，或者至少理解他們的出發點。他們不是試圖用他們的開放與分享壓倒你，只是在試圖與你建立聯繫。

如果你對人際連結能變得更柔和、更開放，就會發現你的親密關係也會因此變得更加柔和。試著調整你對脆弱的回應。如果你和所愛的人分享你的情感，世界並不會崩塌！

若想朝著人際連結的中心移動，你可以試著在每次對話中停留久一點。說出你心裡的想法，把你的感受告訴某人。這種連結方式帶來的美好感覺，會讓你感到驚訝！

你很享受低強度和有趣的活動，例如參與和觀賞體育活動、玩牌和桌遊、去看電影和音樂會，基本上是參與那些如果你不想投入也沒有壓力的活動。

● 觀察者型

觀察者型是低強度和低頻率的連結者，因此當你獨自投入於一項有趣的活動時，會覺得最像真實的自己。觀察者型通常有以下特徵：

- 先觀察他人，然後才決定是否與之互動。
- 其標誌是雙筒望遠鏡，象徵從遠處觀察人際連結；這是指情感上的距離，而非物理上的距離。
- 連結風格是矜持的、務實的、策略性的；他們神祕莫測，讓人猜不透。
- 身體語言是封閉的。
- 不會對與自己連結的人有太多要求；他們對人際連結沒有太多期待，因為這不是他們最主要的連結來源。

特徵

身為觀察者型，你更有可能在遠離他人並處於你的連結棲息地時感到連結，無論那是創意、音樂、烹飪、大自然、拼圖、科技設備，還是與動物相處。因此，當你與他人連結時，似乎會自然保留一點距離。人們可能會認為你是害羞，或是一個不

善言辭的溝通者。

許多觀察者型樂於花長時間獨處，或待在自己的世界裡。因此，你往往更像是一個人際連結的觀察者，而不是積極參與者。你喜歡獨處，我遇過許多觀察者型，他們更喜歡獨自生活，或者，若不是獨居的話，也會選擇住在郊區或鄉村。如果你樂於被人圍繞，那麼你的觀察者本質可能只會表現在你的樂於傾聽，而非積極參與對話。你通常更喜歡節奏較緩慢的人際連結，無論是在說話上，還是體現在你居住的地方。

這並不表示你在工作中需要或想要緩慢的節奏。事實上，許多觀察者型對於任務非常專注，以至於會在高強度和要求很高的行業中工作。我認識一些觀察者型，他們的工作是法官、士兵、消防員、警察和監獄警衛。儘管這些職業的要求很高，但都不涉及與他人進行長時間的情感對話。身為觀察者型，你可以處理高強度的情況，但更偏向避免高強度的關係。

你以條理分明和合乎邏輯的方式處理工作。你會將工作分解成一系列任務，然後高效完成每項任務，直到工作完成。我會希望我的外科醫師是觀察者型，因為我會信任你能在所需的時間內專注於手術，不會因為情感或其他人而分心。你對任務有雷射般聚焦的專注度，這使你非常適合那些需要完全沉浸其中的職位，例如飛行員、工程師和複雜機械的操作員。這種對任務的專注對你的職業生涯非常有利，但可能在你的人際關係領域帶來一些挑戰。

你在人的世界、情感和對話中，無法本能地感到舒適，你

更偏好在自己的條件下與他人互動。你是一個話不多的人，但是當你分享時，人們會聽。我曾經與一個光之星星型人談話，她嫁給了一個綠之觀察者型。她說，他們經常和朋友一起出去吃晚餐，她說的話比較多，因為她的丈夫非常矜持。當她已經為這場對話貢獻了兩個多小時之後，他會用一個簡短的故事或陳述來結束這個晚上，據她說：「這會變成大家一整晚的精華！他會說一件事，然後大家便發出『哇！』、『喔！』等驚歎聲，因為他開口了！」

人們在你說話時認真傾聽的第一個理由是，他們對你要說的話非常感興趣。你在言語溝通上追求的是質而不是量，所以當你一開口，代表你有實質且有意義的內容要貢獻。第二個理由是你傾向於觀察而非說話，這往往使你對情況有敏銳的洞察力。這也是你在高強度情境中如此高效率的原因。當你周遭的每個人都陷入戲劇性和混亂的瘋狂狀態時，你有能力保持冷靜、明智、有條不紊。

你在言語溝通上十分有耐心、有策略，這也使你適合從事情報工作，甚至成為職業撲克牌玩家。我所剖析過的每個卡車司機都是綠型人，而且通常是觀察者型，因為他們能夠忍受漫漫長路上人際連結有限的日子。你的心態總是聚焦在決策所造成的實際影響。

對於和你有戀愛關係的人來說，如果他們懷疑你對他們的愛與情感，那麼你的自立自強和獨立性格，可能會讓他們感到沮喪，因為彼此缺乏定期的優質時間或言語上的傾訴，來讓他

們感覺心有所依。你需要向他們保證，你是透過行動而不是話語來表達愛意的。我認識的一位觀察者型，每天早上都會在妻子起床前為她準備咖啡和報紙。他可能是個話不多的人，但他是一個忠誠的丈夫。要確保你的親人知道你有多關心他們。

接下來該怎麼做？

你本能地享受那些可以獨自進行的低強度活動，例如帶你的狗去散步、釣魚、玩音樂或樂器、烹飪、工作、在棚子裡閒逛、聽有聲書或播客、觀察股市、閱讀，以及在大自然中運動（跑步、衝浪、散步等）。如果你有興趣，可能會參加高爾夫球、保齡球或網球等低強度運動，或者你可以去看電影或聽音樂會。

你透過長期共享正面經歷，來結交朋友、發展戀愛關係。你可能會透過一個經常見面的朋友而認識某人，並逐漸建立起相互尊重的關係。你可能會和一個人共事多年，而隨著時間的過去，你們的友誼會逐漸增長。人們欣賞你不對他們有太多要求，接受他們原本的樣子，並對他們保持耐心。你在關係中不會對他人有太多要求。如果你是父母，你的孩子會感謝你給予他們的情感界限和自由，但如果他們是高頻率和高強度的連結者，可能需要你給予更多言語上的肯定。我也遇過許多女性觀察者型。她們是深受喜愛的妻子和母親，因為她們總是為所愛的人提供支持，但她們在處理關係時是「無需大驚小怪」且實際的。

對你而言，觀察人際連結比參與其中更能讓你放鬆。你可能是家庭、友誼小組或運動團隊的一員，你喜歡參加社交活動，

但你樂於處於邊緣位置，不需要積極參與對話。在我的工作中，我遇見過幾位綠型的女性，她們喜歡成為團體的一分子，但更樂於聆聽、觀察，而不是說話。

若要逐漸移向人際連結的中心，你可以嘗試慢慢增加這種在他人周圍而不要求你有任何貢獻的社交時間。

若要改善與他人的連結，就要努力對他人保持好奇心並提問，認可並感謝他們一直在你身邊支持你。例如，「只要知道你在我需要時會在我身邊，我便有很深的連結感。」

● 樹木型

樹木型人位於低強度和低頻率的極端範圍內，偏好限制與他人相處的時間。除了擁有觀察者型的主要特徵外，樹木型還有以下特點：

· 是所有人際連結者中最自給自足的。
· 他們的連結棲息地是其內在世界；他們從非人類來源獲得最佳的連結體驗。例如，他們的連結對象可能是音樂、樂器、工作任務、動物、大自然（衝浪、叢林健行、釣魚）、任何形式的創作（藝術、舞蹈、寫作）、電視、電影、科技設備、沉思、靜心冥想、瑜伽、程式編碼、閱讀、拼圖，或只是閒逛和修補東西來連結。
· 不覺得需要與各種各樣的人連結，因為他們的需求大部分是從非人類的來源獲得滿足。

- 在連結風格上是矜持和冷淡的；人們猜不透你在想什麼。
- 對自己的陪伴感到舒服自在，因此他們的挑戰是與關心的人交流，並根據他們的條件與所愛的人建立關係；若一直維持矜持狀態，他們可能會錯過人際連結的豐富潛力。
- 對深入的情感對話感到不舒服。
- 在領導和教養方面能以身作則。

特徵

　　樹木型人的連結就像樹根系統一樣，存在於地表下，嵌在土壤中。在人際連結方面，樹木型人首選的棲息地是「地下」或「靠自己」。這使得與樹木型人建立聯繫相當困難，因為他們更偏好與自己為伍，不會主動尋求與他人的連結。

　　因此，與樹木型人建立連結，就像是坐在一根樹幹對面。身為樹木型，你的存在是強大甚至莊嚴的，但你的交流主要是非語言的。你與他人的大部分連結，將始終保持在你的視聽範圍之外，就像是一棵有著深厚複雜根系的樹。

　　身為樹木型，你很滿足於獨居。你與他人的連結是透過長時間的共同經歷而逐漸建立的。當然，你生命中有你愛的、珍惜的人，但是對你來說，質比量更重要。例如，你很滿足於與家人和少數幾個朋友、熟人建立連結。

　　許多樹木型人樂於長時間一個人獨處，或是生活在自己的世界裡。因此，你往往更像是一個人際連結的觀察者或迴避者，而不是積極的參與者。你喜歡獨自一人。

我在工作中遇見過許多樹木型人，他們會說獨居時感到更快樂。但情況並非總是如此。我曾在一次工作坊遇到一位可愛的樹木型人；他是一名農夫，驕傲地告訴我，他最近的鄰居距離他家有六十公里遠。他每天都要處理農場經營相關的工作，對自己的生活非常滿意。這位男士的妻子去世後，他獨自悲傷了幾年，然後透過一位老朋友認識了另一位女士。他將新伴侶帶到了工作坊。

　　我的工作坊結束後，她走過來對我說：「你知道他是什麼樣的人。他是一個美麗又善良的人，我愛上他了，但他是個樹木型人，而我是個相當獨立的人，也有自己的生活，但我還是希望能和我的戀愛對象交流。我該怎麼做呢？」

　　我的建議是，她應該與他達成共識，彼此都要了解到，為了讓這段關係茁壯成長，他們每天需要花一小時的時間相處，並有意識地互動。這可以包括談話或身體接觸，但他需要知道這個小時不能是被動的連結，例如看電視或默默吃飯。要了解別人的連結類型，重點不是改變他們，而是建立人與人之間的橋梁，我們才能發揮彼此的最佳狀態。

　　樹木型人非常自給自足，在過去的時代，這類人會有勇氣成為探險家，啟航探索新大陸，或前進未知領域。而在現今歷史上的這個時間點，你可能有成為太空人的勇氣，或至少了解前往火星需要些什麼。你不會強迫自己以一種可預測和舒適的方式，與其他人連結。這使得你與其他大多數人有所不同，讓你成為一個不凡的人。

身為樹木型，你可能會享受最少的低強度人際連結，然後便撤退到你的棲息地（無論是哪裡）進行反思並恢復活力。樹木型人仍然可以成為領導者；你只需明確知道自己的界限在哪裡，並以這種方式管理你的休養時間，讓你可以與他人保持距離。你可能會有需要展現自信、外向或直言不諱的時刻。無論當下情況有何需要，你都有能力成為那種人，只是這些經歷會消耗你大量的能量，你在那之後會需要獨自恢復。因此，家庭、工作、朋友和社群方面所需的定期連結，對你來說可能常讓你覺得不堪負荷。

接下來該怎麼做？

如果你的生活充滿了一系列可以按照你自己的方式參與的低強度活動，你會感到滿足。你可能是農民、太空人、士兵、全職家長、漁民、分析報告的放射科醫師、電腦程式設計師或卡車司機；你的工作偏好是頻率低且強度低的。你可能樂於獨自生活或工作，並在自己的世界裡度過每一天，只在必要時才與他人連結。你樂於知道在你需要時會有人在，但你不需要很多人際連結來過日子。

你的自給自足使你變得不凡。你有能力探索宇宙那些遙遠的角落，而不需要持續的人際連結。這幾乎讓你在與他人連結方面免疫。對很多的情境和職業來說，「不需要有人相伴」是一種資產。我給你的建議是找到自己的舒適區，並融入日常的例行活動中。

第十一章

土型：聚會場所、基礎與岩石

特徵	增進關係的工具
· 高頻率：歡迎、友好，在團體中感到放鬆，並且屬於多個團體。你會選擇特定團體的人並為他們策畫，喜歡經常見到他們。 · 低強度：透過長時間正面的共同經歷和幽默感來建立聯繫。偏向於避免討論自己的感受。 · 團體的支柱：擅長讓人們聚集起來並保持聯繫。你的核心價值是享受與接受。 · 實際且務實，情感能量穩定可靠。 · 脆弱時喜歡獨處。	· 承認你是個領導者：在團體中積極扮演領導角色並展現力量，對你來說可能感覺不像是在建立連結。你將人們聚集在一起的能力，是優秀領導力的基礎。如果你能擁抱自己的領導特質，將能為團體帶來更大利益。 · 你可能不喜歡談論情感，但你在乎的人可能需要這麼做。表現出脆弱性可以讓你與他人更接近，並讓你的情緒更加放鬆。 · 給新成員一個機會加入你的團體。

● 土型人的特徵

土型人（包括聚會場所、基礎和岩石型）偏好高頻率和低強度的人際連結。這意味著你喜歡與他人頻繁連結，但是希望這些互動是輕鬆愉快的。你在自己選擇的團體中參與幽默、輕鬆的對話時，感到最舒服。

儘管你十分享受經常性的人際連結，但是對於與誰連結，你非常挑剔。你不想隨便與任何人建立聯繫。你有自己精選的團體成員，而且你喜歡與他們相處。

事實上，當你第一次見到某人時，可能會表面上顯得很友好，但其實令人看不透，難以接近。

你會在志同道合的團體中茁壯成長，譬如運動隊伍、朋友群或工作團隊。你可能會在每週與一群人一起運動或玩牌。一旦成為一個群體裡的人，你可能不覺得自己做了什麼特別或不尋常的事，來建立與他人的連結，你只是在做自己，並且在所選擇的團體中感到快樂。但這其實很特別，正如本書前面所述，歸屬於社會團體，可以顯著改善我們的心理和身體健康。社會團體可以是我們的家庭、街坊鄰居、老朋友、同事或社區團體。這份研究對土型連結者來說是一個好消息，因為你們是策畫社會團體的大師！

你在群體、家庭和團隊中的經歷，對你來說很自然，但你不能將之視為理所當然，因為有許多人覺得團體動態是個挑戰，或者會引發焦慮。其他連結類型的人可能會在團體中矯枉過正，

試圖主導，或是因團體動態而完全退出。

對你來說，置身群體中感覺是一種本能，它不會讓你感到焦慮，你也擅長在他人之間創造正面的連結。你沒有要被他人喜歡，或成為注意力焦點的強迫性需求。正因如此，結果你會被人們所喜歡，他們還樂於聆聽你。對許多人來說，建立連結是一種挑戰或努力，但你讓它看起來輕鬆自然。這就是你對待連結的矛盾之處。

如同所有的連結象限，土型人有三個連結層次。

● 三種土型人

1. 聚會場所型

聚會場所是人們可以舒適連結的共同場所，例如公園、咖啡館或海灘。你富有接受性和令人愉快的本質，可為團體帶來這種情感能量。

2. 基礎型

在任何你所選擇歸屬的團體中，你都是其中的基礎和支柱。你有權威感和強烈的是非觀念，而且總是以團體利益為先，這贏得了他人的尊重。

3. 岩石型

你的情感能量就像海邊的懸崖。你讓人們感到可以放心信任你，並且知道你很堅強，能夠支持他們。

● 土型人的溝通風格

土型人在初次見面時很友善且和藹可親。你樂於聊天，並讓他人感到舒適，但在臉部表情方面，你不會流露太多。你的非語言溝通（肢體語言）很難解讀，這意味著你可能有一張撲克臉，一直到你微笑，你的個性才會顯露出來。你的聲音穩定而平靜，你會和溝通對象進行眼神交流，並透過經常點頭，來表達你對他人的興趣和尊重。當你感覺與談話對象有連結時，就會使用手勢。如果你不想連結或對談話內容不感興趣，就會切斷積極的眼神交流，以及所有代表全心參與的積極形式。

你給他人的印象是穩定的，即便你感到緊張、情緒化或不確定。這是你的優勢，也是你的挑戰，因為你的預設狀態是戴上情感盾牌，不讓任何人進入。在一次與土型人的訪談中，對方告訴我：

> 我的撲克臉有時太過完美，這讓我在成長過程中，甚至長大後都能假裝自己有個完美的家庭生活。只有非常了解我的人，才能從我身上探知內情，才能知

> 道我何時只是在假裝。現在也是如此，這就是為什麼我在工作時能夠表現得如此冷靜，但其實我可能汗流浹背，整個人嚇壞了。

一旦你認識某個人，就是個天賦異稟的說故事高手，能以謙遜和幽默吸引任何人的注意力。這經常讓你成為派對的靈魂人物。

● 土型人的領導風格

土型人的領導風格是「隊長兼教練」；你能成為團隊的一分子，同時努力讓團隊發揮最佳表現。土型領導者不發號施令，而是會請他人參與任務。你具有獨特的能力，既能積極參與團隊活動，又能保持縱觀全局的視野，看見團隊接下來的需求。

你會與其他隊員一起在場上，而只有在你對於整個團隊都準備好跟你一起前進的情況懷有信心時，才會邁出下一步。你不覺得需要去證明自己是團隊中表現最傑出的，但你確實感到有責任要讓團隊團結起來，交出好的結果。旁觀者經常不清楚誰是領導者，直到出現問題或危機。

一位土型領導者告訴我：「我總是把任務分配給最擅長做那項任務的人，就算這代表我最後要做很糟糕的工作。比方說，如果我身為領導者，有機會參與工作中的獎勵措施，我還是會

分配給通常負責那個部分的人。我總是從客觀的角度、公平的角度來評估決策。領導者不應該得到特殊待遇。」身為土型領導者，你絕不會要求別人做你自己不願意做的事情。

土型領導者也非常擅長合作，你會提出問題來讓團隊思考和解決。你會提出解決方案，但確保團隊支持這個前進的方向。這是一種建立在信任和尊重的基礎上，非常有效的領導方法。

● 土型人的挑戰

承擔領導責任

儘管土型人的領導方式在實現成果方面非常有效，但你的本能往往是避免正式的領導職位，而是擁抱非正式的領導角色。這是因為你謙遜，對於承擔可能賦予你管轄他人之權的職位，感到不自在。正如一位土型領導者所說的：「我不喜歡領導職位的所有儀式和形式。我喜歡在前線一起完成工作，鼓勵他人，以身作則。」這位土型領導者曾經擔任副手，其任務是使團隊能從內部領導，專注於讓團隊發揮最佳表現：「當我打橄欖球時，更喜歡擔任副隊長，或是負責照顧每個人的資深球員。我更偏好的方式是挑出問題球員，與他們一起下工夫，從而改善團隊的整體狀況。這種方式是一種更審慎低調的領導形式。我喜歡做一個低調的領導者。如果擔任隊長的人是個混蛋，我也會討厭這種情況。我喜歡隊長表現得友善一點，多多鼓勵他人。我一直擔任副隊長或糾儀長（sergeant at arms）的角色，可以

在幕後掌控，而不是成為檯面上的領導者。」但土型領導者最終要了解到，你們需要正式承擔領導責任，並學會如何授權。

你在團結群眾方面的技能，自動賦予了你領導的特質。如果你抗拒正式的領導職位，可能會對那些擔任這些職位並做出與你不同決策的人感到沮喪。如果你能將善於接受與可靠的本質，與推動團隊前進的策略結合起來，將成為一個勢不可擋的領導者。

情感表達與脆弱面

土型人的另一個主要挑戰是你對情感表達的不適感。在與土型人交談時，我得知你只會向信任的夥伴表達真實的情感。對其他人來說，你總是顯得隨和且悠哉，總是用笑話化解不自在的情況，而且似乎對日常生活的問題毫不在意。這對你有好處，因為你能控制自己的情緒，進而控制環境。這也對你周圍的人有好處，你的存在讓他們在心理上感到安全，因為你穩定可靠。然而，一段時間之後，你身邊親近的人可能會質疑你為何不願意與他們分享任何情感或個人的事。在一次與土型人的訪談中，對方告訴我：

> 過去我總是不表露自己，只會稍微掀開窗簾，讓人窺見一點點。如果我向他人坦露自己的脆弱，事後

> 就會後悔。現在我和這個伴侶在一起，這是我第一
> 次完全坦露自己的脆弱，毫無保留。這需要很多的
> 成長，並經歷許多不同的關係。

這位土型人觀察到，她確實更喜歡有一個可以敞開心胸傾訴的人。

我邀請土型人嘗試與信任的朋友或伴侶分享自己的細微感受。在評估你想分享什麼時，可以問自己：這在十年之後對我還重要嗎？如果是，那麼就值得與你信任的人分享。在克服任何的不適感時，我們都需要從覺察開始。讓情感有個見證人，能幫助我們處理它。如果我們沒有勇氣分享及讓它們見光，我們可能會沉淪於某些感受和內心的故事裡，久久無法釋懷。

無法看透，難以親近，直到………

一位土型人告訴我：「我第一次與人見面時，我的友善屬於表面層次，但我真的可以很冷淡。我只會對自己親近的圈子敞開心扉。」你可能顯得無法看透、難以接近，直到有人成為你選擇的圈子裡的一分子。基於這個原因，在工作上或社區中，對新來者稍微開放一些，對你可能會有幫助。他們可能會成為你一輩子的朋友。

* * *

讓我們更詳細地探討三種土型人。

● 聚會場所型

聚會場所型人靠近模型的中心，在低強度和高頻率的低範圍內。模型的中心代表頻率和強度分數均為零，因此你的類型在頻率上高於零，強度上低於零。你的情感能量傳達出很好的幽默感和放鬆感。你的存在散發出自在感，邀請人們以本來的樣子前來。你通常是：

- 穩定、隨和，以友善和健談的方式吸引人。
- 擁有廣泛的社交網絡，很可能屬於幾個不同的社會團體。
- 偏好與他人在一起而非獨處，但也享受獨處時光的放鬆。
- 在人際連結中茁壯成長。
- 不認為自己是個典型的領導者，但擁有強大的領導風格，就像團隊裡的隊長兼教練。

特徵

在任何團體中，你通常都是支柱，你的存在為人們創造了一個邀請大家聚在一起的空間。你的連結類型代表了家庭、社區，以及一個「以本來的樣子前來」的空間，會邀請人們聚在一起。你的連結重點在於把人們團結在一起，你傾向於做一些對團體最好的事。這反映出你隨和且包容的性格。然而，與你

的每次互動都輕鬆愉快，就像沙子從指縫中滑過那樣，僅僅是表面現象。表面底下的情況有所不同。隨著時間過去，與同一個人或同一個團體在一起，這些沙子會固化並變得堅如磐石。你透過一致性和忠誠，建立起牢不可破的聯繫。你重視團體的福祉甚於一切，因此注重穩定性和凝聚力。

做為一個低強度的連結者，你偏好專注於生活中輕鬆的一面，避免情緒上太過強烈或沉重的話題。你不會糾結於情感或被擔憂吞噬，因為這和你所追求的輕鬆幽默的連結價值觀有所衝突。如果團體中有人威脅到這樣的價值觀，你會希望他們離開或被邊緣化。

人際連結的普世形式（幽默、說故事、慶祝、樂趣和真誠）體現在你自然的性格上，這也是你對社交體驗的期望。因此，人際連結是你性格的一部分。你是一個天生且迷人的連結者。你對連結的親和力，意味著人們喜歡有你在身邊。你頭腦冷靜、喜歡玩樂，因此經常被人們包圍。你有一種正面的溝通風格，其表現是開放的肢體語言、利用幽默做為化解或連結的工具。你經常尋求透過樂趣和慶祝來與朋友連結的機會，熱愛派對！

由於你隨和的性格，若承認自己是團體的領導者，會讓你感到不舒服。對於聚會場所型人來說，積極領導和在團體中展現力量，可能感覺像是一件與連結相反的事。雖然你樂於與人分享意見，但是你不喜歡告訴別人該做什麼。你對控制他人沒有興趣。你相信每個人都會依照自己的時間表來開展自我。你相信每個人在團隊中都扮演著重要的角色，而團隊比任何個人

都重要。因此，你的挑戰是如何將你受歡迎和隨和的性格，轉化為一種謙遜的領導形式。你可能會想，「我不是個領導者，只是喜歡參與並成為團隊的一分子。」但實際上，人們會跟隨聚會場所型領導者的方向。聚會場所型領導者會在需要時介入並帶領團隊，就像一隻穩定的手引導船隻前行，因此，請確保在保持謙遜的同時，承認你的領導力量。

事實上，關於領導的最新研究顯示，我們已經從推崇英雄式的領導神話，令人敬畏且掌控型的領導者，轉向能與他人連結的領導者。聚會場所型展現的謙遜領導形式，事實上是一種能夠影響並激勵他人的高深方式。我曾遇過兩位典型的聚會場所型領導者：一位擔任消防部門主管有二十五年之久，另一位則擔任警區指揮官長達三十年。他們都非常盡責、十分賣力、謙遜且備受尊敬。

你穩重、堅定且難以動搖。你堅韌且懂得自制，這些特質在大多數情境下都是一種資產。然而，這種韌性有時也會被視為固執或缺乏彈性。生活中一些比較敏感或強烈的連結者，可能會因而覺得自己受到冒犯（「你真的在乎我嗎？」「你似乎不受影響……」）。你堅持向前並「堅強起來」的能力，可能會被那些高強度的連結者詮釋為「欠缺溫柔」。你這種方式的好處在於，你有相當多精力可以用在人際連結上，因為你不會背負他人的情感能量。你不會吸收他人的感受，而且會在評估他人行為時保持極佳的視角。

但其壞處是，你可能會將脆弱視為弱點，而事實上它只是

人性和力量的表現。你的挑戰是學會如何在關係中退讓、變得柔軟。將你的防備放下，與你信任的人分享情感，對你而言都是正面做法。你可能會發現，當你與他人分享情感時，麻痺自己情感的需求也降低了。

你可以嘗試找到更深層次的方式，來與那些更敏感或更強烈的至親好友連結。不要害怕與你信任的人分享情感，這可以創造更深的連結，並為你帶來解脫。承認你肩負重擔，並不會削弱你的力量；與他人談論你的感受，可以成為一種正面的連結來源。

身為聚會場所型，你所感受到的脆弱，就像腳下的土地不穩定，或即將分崩離析。你會覺得需要將雙腳扎進土裡的更深處，以重新獲得控制感。當你有這種感覺時，經常會在外人面前故作堅強，將自己的情感掃到地毯下深埋。這可能會給他人一種頑固的印象。

這種策略只有在短期內有效，而隨著時間的過去，你壓抑的情感和情緒會變得越來越沉重。你可能會利用某種形式的麻痺來逃避痛苦的情緒，譬如暴飲暴食、過度飲酒或沉迷於看電視等等。你可能表面上會微笑，內心卻迫切地想轉移自己對情感的注意力。

在你最脆弱的時候，會感覺自己正在崩潰且不穩定。你對人際連結的偏好頻率會降低，會缺乏人際連結的動力，因為你「感覺不像自己」，並會退一步遠離你的社交生活。當你見到他人時，會故作堅強；如果被迫進行連結，你可能會心不在焉

或麻痺自己，就像「燈亮著，但沒人在家」。

請在這些時期試著了解自己。與你所愛的人分享自己敏感的一面，因為這一面和你的其他方面一樣，都是你的一部分。雖然土地是堅固的，但它也是可以改變的。它可以變軟，可以移動。你可以既堅強又脆弱，不要讓你的盔甲變成你的皮膚。

你受到團體最佳利益的驅動，因此，只有在衝突能讓團體成長時，你才會參與衝突。你傾向於避免衝突，並會在憤怒時變得消極抵抗。如果你需要進行一次困難的對話，會冷靜且堅定地表達觀點，然後給對方表達意見的機會，但他們的觀點不太可能動搖你。如果你有勇氣面對困難和不舒服的對話，最終它們可以成為一種連結來源，並能讓人們更親近。

接下來該怎麼做？

你天生有讓人們聚在一起並充滿樂趣的能力。想一些與自己的社交網絡交流的方法，因為越多越快樂！成為俱樂部會員或社區團體的成員，定期聚會或參與社交活動，對你也十分有益。對任何有你加入的群體來說，你都是支柱，因此他們很幸運有你參與。

· 你透過團體的領導職位來學習、發展，例如隊長或教練職位，因此，請開始認知到自己是每個團隊都需要的那種領導者。

· 要了解每個人對他人敞開心胸與連結的方式都各自不同。學習如何辨認出低頻率連結者與高強度連結者（風格與你相反的人），然後試著與他們在中間點相遇。

- 在建立歸屬感方面，你不需要再學習，但是確實需要思考該如何對自己更友善、更溫柔一些。如果你更柔和一些，會發現自己的親密關係也跟著變得柔和了。試著調整你對脆弱性的回應；和你所愛的人分享情感，世界不會塌下來！
- 聚會場所型連結者可以在任何時間與任何人連結。那就是歸屬感的關鍵要素，而歸屬感就是幸福的關鍵要素！如果你歸屬於各式各樣的社會團體，就會成長茁壯。你喜歡每一天都認識新團體，因此，如此安排你的生活，然後將行程填滿各種社交活動，因為這樣能將你的開關打開。

● 基礎型

　　基礎型連結者在關係和團體中承載著強大、可靠和堅定的情感能量。正如名稱所暗示的，你是他人的情感基礎。基礎型是高頻率和低強度的連結者。除了擁有聚會場所類型的主要特徵之外，基礎型人通常是：

- 使人們感到安全，彷彿他們能將事情搞定，並確保情況在控制之中。
- 是一個值得信賴並默默保持高度警覺的人，因此非常善於洞察他人。
- 喜歡有規則、有系統地工作，而且有強烈的是非觀念。
- 相信通常有一種「最佳方式」來完成一件事，而那通常是他們的方式。

- 偶爾會固執且直言不諱；他們對大多數的話題都抱持強烈的看法，而且不害怕向他人表達這些觀點。
- 是針對性格的好評判者；人們喜歡知道他們在基礎型那裡的地位，這種特徵使他們獲得高人氣。
- 以強硬和堅定的方式表達他們的觀點：「事情就是這樣」。
- 利用幽默感來轉移高強度連結者的注意力，使之遠離衝突和戲劇化反應。

特徵

我職業生涯的起點是當一名刑事辯護律師。我真希望當時我有這個模型，來幫助我了解為什麼法庭上的高強度和創傷，對我會產生這麼大的影響，以及為什麼我那麼容易吸收受害者的創傷。我參與的最初幾個審判案件之一所涉及的一個被告人，會對法庭上的每個人吼叫，而且將嗓門開到最大，針對性地辱罵。他一開始便對坐在我旁邊的警官大吼，送出死亡威脅。我微微轉頭看看那名警官是否受到被告吼叫的影響，但那名警官向我靠過來說：「我想他是在對你說的。」然後開始咯咯笑著。我不敢相信他竟然能對如此嚴重的情況一笑置之。

後來，團隊在喝咖啡時，我問他為什麼能不受吼叫或死亡威脅的影響，他說：「哦，那是過去的事了。你在這行待久了就會習慣的。」

「是的，我能理解。」我同意道：「但你肯定也是個堅強、有韌性的人。」

「當然，我接受這個說法。」他笑著說。

在我的評估中，這說明了基礎型的典型行為，也就是能夠處理生死攸關情況的第一線應變人員。我覺得非常慶幸，在那個法庭上有他那種堅強且不受影響的存在。

身為基礎型，你對其他人來說代表的是堅實的地基。當人們與你連結時，會感覺受到支持與安全。他們能夠信任你，因為你非常穩定、非常堅定，而你的情緒是可預測的。你講真話，溝通時不會變得情緒化。即使在衝突的情況下，你也能堅定而不具攻擊性。在高壓或情感激烈的情況下，你能保持幽默感。你始終如一，堅守自己的價值觀和態度。你在大多數的話題上都有固定的觀點，並能以清晰有條理的方式，與他人分享這些觀點。與他人聯繫時，你重視誠實與可靠。低強度的連結等同於高度一致性的連結。

你不會被群體動態壓倒，即使在危機或緊急情況下，也能保持腳踏實地。因此，你適合高壓的工作，例如第一線應變人員（警察、醫護人員、急診醫師、護士或消防員），或涉及緊迫期限和緊張環境的工作。關鍵是，你與他人的低強度連結，讓你能在高強度的情況下保持頭腦清楚，這是你的超能力。

與你的連結，就像是倒出混凝土來打造一座建築物的地基。每次互動就像倒出濕的混凝土，而一段時間之後，混凝土會變乾而成為堅固且具有保護性的基礎，可以在其上建造。你用你的穩定和忠誠，打造了難以摧毀的基礎。

基礎型：桑達的故事

我曾與一位從事反恐保護工作的基礎型人桑達，進行過一次資訊量極為豐富、令我大開眼界的訪談。基於這次訪談，以下是我對基礎型連結者的一些見解。

基礎型連結者喜歡仔細選擇他們花時間相處的人，比較喜歡與人接近而不必交談。桑達說：「我最喜歡的人，都是可以與我靜靜坐著的人。沒有人必須打破沉默。我喜歡很多人際連結，但我喜歡決定與誰相處。」

如果每個人都感到舒適，基礎型人喜歡待在團體中。根據桑達的說法：「如果我在一群人當中，會意識到群體的動態。我會努力將志同道合的人聚在一起，讓人們感到舒服。他人的舒適和愉快，對我來說和自己的同樣重要。」

基礎型人會對團體中人們的感受負責，這反映在桑達的經驗中：「我覺得自己對每個人的時間有責任。如果我覺得有人做出混蛋行為或粗暴無禮的評論，我會自己主動去殺殺他們的威風。有時我會避免社交互動，這是因為，要確保每個人都過得愉快，會消耗我大量的精力。」

基礎型人可能表面上看起來冷靜，內心卻很恐慌。桑達說：「在工作中，我們西裝筆挺，但我的西裝底下可能狂冒汗。我的腋下可能濕透了，但表面上我仍泰然自若。」

基礎型人的挑戰可能在於無法改變或應對新的情況。桑達認為，基礎型人在態度上的缺點是：「這就是系統，

這就是規則，這就是流程，這就是規矩。這就是一直以來的做法。」

接下來該怎麼做？

無論你是從後方領導還是在幕後操控，關鍵都是承認你強大的領導角色。有時，非正式領導者比正式領導者或階級上的領導者，更能夠塑造團隊的動態和成功。

- 嘗試柔和處事。在對話中，與其立即形成對某人的看法，不如嘗試問一些問題，例如：「你怎麼看這件事？」「你是怎麼形成這種看法的？」或者，你可以用婉轉、溫和的方式表達意見，例如說：「我對這個情況的感覺是⋯⋯」「我理解的情況是⋯⋯」「我對這件事的反應是⋯⋯」。有時候，這些婉轉的句子就是開啟或關閉與人際連結的差別所在。如果你和某人對話時，一開頭便說：「我們必須做的是⋯⋯」或「情況很明顯是⋯⋯」，基本上就是在告訴他們，他們的觀點或角色是無關緊要的。你的挑戰是清楚知道如何在完成事情，以及與他人相處的願望之間取得平衡。這可以透過軟化你的溝通方式來實現。

- 你需要在社交網絡中擁有穩固的朋友圈，並定期見面。你需要一個固定的運動行程，因為保持強壯對你來說能夠賦予你力量。你喜歡在團體環境中進行低強度的活動，如運動、藝

術和音樂等。參與團隊活動是你連結的關鍵。如果你是基礎型人且感到孤獨，可能是因為你參與的團體不夠多。你可以透過做皮拉提斯或水中有氧運動、騎自行車或打保齡球等，來加入一個團體。你可以為社區組織或非營利機構做志工。你可以定期去同一家咖啡館、餐館或社區中心，透過這種方式建立強大的社交連結。將團體參與納入你的行程安排中，且不容妥協。

● 岩石型

根據我的研究，岩石型是最罕見的連結類型，五千名受訪者中只有八人符合這種類型（0.16％）。這仍然具有統計上的意義，是一種獨特的類型，十分罕見。如果你是岩石型，可以為自己的獨一無二感到自豪！這種連結類型的人處於低強度和高頻率的極端範圍內，這也許能解釋為何你的類型如此稀有。既喜歡社交又偏好非語言交流，是一種很不尋常的組合。岩石型人對人際連結的渴望，表現在需要接近他人，但不一定要交談。

除了擁有基礎型的主要特徵之外，岩石型人通常還有以下特徵：

· 他們會保護並維護對群體重要的東西，是自我任命的群體價值保護者。
· 他們是極端任務取向的人，總是知道需要做什麼，而且會去做。他們喜歡有一系列需要完成的任務，因為這讓他們覺得

自己有用。

- 人們可以信賴岩石型人在一天的每個小時、一週的每一天都保持一致和堅強。他們透過這種方式，以可靠性和堅韌性提供了連續性，讓人們得以堅持、群體得以持續、強大的文化得以形成。

- 岩石型是傳統、系統和法律的守護者。任何他們所關心的事，無論是他們的家庭、工作、國家，還是所有這些的結合，他們都會透過維護和倡議這些人／組織／國家的立場來連結。他們不會偏離自己所結盟的群體的核心原則。

- 在某些方面，他們很難接近或理解。他們屬於高頻率，意味著他們從他人的陪伴中獲得能量。然而，他們的強度極低，因此喜歡與他人進行非語言的連結；他們更偏好分享長時間累積的正面經驗，而非與人進行高強度的對話。他們更可能因為共同的興趣或熱情（如運動或在軍中服役等）與他人建立情誼。這表示，如果不與岩石型人分享興趣，可能很難與他們建立聯繫。岩石型人更容易與願意捲起袖子、和他一起親身經歷的人感到契合，而不是試圖透過對話來與他們連結的人。

- 他們在大多數的話題上都有強烈的信念，很難改變他們的想法。他們的觀點堅定不移。

- 人們依賴岩石型人的一致性；他們知道岩石型人會始終如一地履行承諾。人們會來尋求他們的建議。

- 他們就像牛一般強壯，擁有勇氣和信念。

- 他們喜歡在規則和系統下工作，有強烈的是非感、黑白分明的觀點。
- 他們讓人們感到安全，彷彿他們能將事情搞定，情況在控制之中。

特徵

恭喜你成為最稀有的連結類型！你是土型的極端版本。你的連結代表了最堅實形態之土型的穩定性和安全感：岩石表面和峭壁。你的強度比堅實的地面更強。你這種類型的強度，需要多年才能形成。

身為岩石型，你對他人來說代表著盔甲。如果你是他們的盟友（如家庭成員、朋友或同事），他們會體驗到你的力量是保護性和帶來安慰的。但如果你在與陌生人聯繫或在衝突中反對某人，你的盔甲可能是令人生畏且難以接近的。基於這個原因，人們會希望站在你這一邊。你對事情應該如何有著明確的看法，並了解最佳的前進方向。

你是低強度的，這意味著你能夠處理高強度的情況而不會情緒失控。你非常適合高壓環境，如第一線的應變工作（警察、消防員、急診醫師、護士、醫護人員或軍隊）。想想《魔鬼終結者》（*The Terminator*）中阿諾・史瓦辛格（Arnold Schwarzenegger）的角色，他被設計成不會感覺到痛苦和恐懼。我們會希望在高強度的情況下有這樣的人，想要這樣的人來保護我們。你也適合涉及緊迫期限和緊張環境的工作，例如職業

運動或專業教練。這是你的超能力，因為你與他人的低強度連結，讓你在高強度的情況下依然能保持頭腦清楚。

在團體環境中，你對他人來說象徵著盔甲，這有好處也有壞處。這種盔甲能抵禦外部因素，因此，你樂於投身需要支持和保護的群體，例如保安工作或貴賓的保護工作。這種盔甲能讓群體感覺無敵，彷彿我們已經準備好應付世界可能拋給我們的任何挑戰。你透過你的穩定和忠誠，在他人心中創造這種安全感和保護感。

話雖如此，我希望你最好能參與不需要外部保護的群體。「迫切覺得需要保護他人」與過度警覺有關，這是一種不斷掃描環境，以尋找潛在威脅的心態。做為一個自然的保護者，你有必要花些時間在不包含威脅的環境中。你是低強度連結者，這意味著你喜歡避免討論情感強烈或沉重的話題。你的放鬆將涉及低強度但社交性的活動，例如團體運動、馬拉松和海泳。

你喜歡在有條不紊的環境中進行低強度活動。你可能是某個俱樂部或組織的成員，並很享受參與該機構的活動。你會被有組織的團體吸引，例如運動隊伍、宗教團體、軍隊、機車隊、親密的工作團隊，或緊密的家庭。你喜歡知道自己可以信任周圍的人，並盡可能經常見到和你有緊密聯繫的團體中的人。

接下來該怎麼做？

岩石型連結者能為任何團體形成盔甲。參與具有強烈價值

觀的忠誠團體，是你建立連結的關鍵。

- 你樂於在強大且明確的組織結構中擔任領導角色，而且會無所畏懼地履行你的責任。你是團隊的守護者，會誓死捍衛團隊成員。
- 做為領導者，你會為人們制定明確的目標和期望。那些不遵守指導原則的人，會得到相應的後果。人們在岩石型領導者的帶領下感到安全，因為期望框架和邊界非常清晰。他們明白自己和你在一起的情況，了解你對他們的要求。
- 你可以透過培養靈活性和同理心，讓你的連結風格獲得進化。在所有類型中，岩石型人最有可能在某個問題上堅持己見、一意孤行。這可能對你與他人的連結產生破壞性的影響，因為他們可能會覺得你的觀點是一成不變、寸步不讓的。較為敏感或強度高的連結者，可能會覺得你的連結風格缺乏關懷或太過嚴厲。有一位妻子形容她的岩石型丈夫「脾氣暴躁」，因為當她試圖談論自己的情感時，他會表現得不耐煩且粗魯。一位岩石型母親在她女兒哭泣時經常會說：「打起精神來。」

要確保你有勇氣面對困難和不舒服的對話。這些對話最終可能會成為連結的來源，使人們更親近。不要讓你的岩石本性，在衝突中變得如混凝土般堅硬，因為這會成為連結的障礙。

第十二章

⌘

邊界型：變形者、黎明、山岳、
花園與珊瑚

當你查看「艾莉迪連結類型」模型時，在四個象限的邊緣及中心點，會看到五種額外的類型：變形者、黎明、山岳、花園和珊瑚。這些邊界類型是主要象限類型的組合，他們更可能根據置身的環境來調整自己的連結。本章描述了這些邊界類型，以及他們如何與偏好不同連結頻率及強度的人和睦相處。

● 變形者型：連結的中心

變形者型是通用的人際連結者，能夠適應任何群體或關係的動態。身為中等強度和中等頻率的連結者，他們位於所有象限的中心交會點。變形者是模型中唯一可以與其他每個類型兼容的類型。變形者型通常是：

· 能高度適應新環境，自在地認識新朋友並到新環境旅行。
· 在關係之中具有洞察力且反應靈敏。

- 具有高度同理心，能為群體帶來和諧。
- 傾向避免衝突，總是優先配合他人的需求。
- 透過與他人合作來領導。

特徵

變形者的定義是一個能夠根據需要而任意改變其形式或本質，以適應環境的人或東西。變形者的另一個詞是「變色龍」。身為一個變形者型連結者，你可以根據自身所處的群體改變你的形式或本質。當你進入一個群體環境時，會讀取動態，並找出該群體需要什麼才能達成和諧，然後你會成為那個東西，也就是表達出該群體需要的情感能量。

變形者型位於「艾莉迪連結類型」模型的中心。這意味著你是一個通用的人際連結者，因為你能夠適應自己與任何人或群體的連結。你是真人版的通用變壓器，可以被帶到另一個國家，在新環境裡提供電力和連結。這也使你成為一個優秀的旅行者，你很容易結交新朋友、適應新環境，並迅速建立融洽關係。

成為一個變形者，必須對人類的行為具有深刻的洞察力。你不斷在觀察並評估群體動態，以確定自己需要做些什麼，才能創造平衡與和諧。其他所有的連結類型，傾向於將他們的連結風格強加在群體上，以形成群體動態。相反地，你能觀察動態，然後再添加所需的元素。你可以讀取動態，然後連結該動態內的人。

你很容易察覺到面前的人或群體想要的連結類型，憑著直覺了解他們的連結偏好。接著，你才會決定要成為他們連結風格的反映，還是與他們互補。人們可能經常評論說你跟他們很相似，但這不見得是事實，你只是同時擅長反映與互補。你的超能力是同時既是一面真人版的鏡子，也是一隻變色龍。

雖然這看起來似乎很被動，但實際上成為一個變形者，需要很大的力量，而且要強韌。你不會安於一種無法適應的連結類型，你會讓情境來決定你要使用的連結類型。這讓你能夠體驗到全範圍的人際連結類型，在光、水、土、綠四個象限之間輕鬆地流動。通常在我對四個象限進行講解之後，尚未描述變形者型之前，就會有個變形者型舉手說：「我和所有象限都有共鳴！」而當我說明關於變形者型的描述時，總會出現一個深深認同的時刻。

變形者型也會說：「但我在家是一個人，在工作中是另一個人，和朋友在一起又是另一個人。」變形者型的連結較缺乏一致性，因為每個團體都要求他們變成一個新的樣子。相反地，光型或綠型的連結變化比較沒有那麼大，無論他們是在家、與朋友還是同事在一起，他們的情感能量都相當一致。我們知道光型的人是喜歡表達的，而綠型則是矜持內斂的，無論他們是在家還是在工作中都是如此。變形者型一致的面向是幽默感絕佳、樂於配合群體，以及友善。

對變形者來說，與他人建立連結是一件自然而然的事。你溫暖、友善且機敏。你擅長解讀人際連結，這表示人們喜歡

有你在身邊。當你思考群體通常需要什麼來創造和諧時，那就是同理心、幽默感、輕鬆和體貼。這些全都是你情感庫存中的面向。你通常會順其自然，樂於接受你所在群體的共識。

變形者型是先天的，還是後天的？

儘管身為變形者型是一項資產，但你需要確定這種連結風格是天生的（性格中與生俱來的），還是後天形成的（做為對環境的適應）。

如果你是天生的變形者型，那麼從小就具有適應力強、隨和、容易連結的特質。這使你成為一個被賦予能力的變形者，以這種方式連結對你來說是一件很自然的事，而且你可能在成年後會很隨和。

後天形成的變形者

然而，變形者連結類型也可能是你在早年適應壓力或創傷性家庭環境的結果。這種環境可能不斷迫使你解讀周圍環境，以確保你的身體或情感能夠生存下來。基本上，你早年便需要了解人類行為，以應付早年環境中的混亂。因此，你調整了自己的連結風格，以回應照顧者。

我們都會在一定程度上調整自己的連結風格，但變形者型是所有連結風格中適應力最強的。如果你是後天形成的變形者型，就會擅長觀察並回應他人，但身為成年人，你可能會對連結感到焦慮或疲憊。你可能會刻意避免衝突，並且在完成與他

人的連結後感到如釋重負，彷彿終於鬆了一口氣。

最近，我在一次工作坊結束後遇到一位五十多歲的男子。他走近我時，突然淚流滿面，因為他發覺自己是一個後天形成的變形者型。他說，自己變成了討好他人的人，因為這是應付複雜童年的唯一方式。如果你有這樣的感受，我邀請你使用「艾莉迪連結類型」模型做為療癒來源。療癒來自於發現你真正的連結偏好。

在環境讓你改變形狀之前，你是什麼樣的人？

如果你像這位男子一樣是後天形成的變形者型，那麼發現你偏好的連結類型可能對你有幫助。要了解你偏好的連結，第一步是檢查你評估結果中的頻率和強度分數。雖然你位於模型的中心點，但是你的頻率與強度得分，會位於光、水、綠、土四個象限的其中之一。檢查你的分數，這將指出你實際的連結偏好。得分 0 代表中心，得分 100 代表最高的頻率或強度，得分負 100 代表最低的頻率或強度。在你的評估結果中，你的偏好會以綠點表示。

你參加評估時，會給你一個紅點和綠點做為結果。紅點表示你目前的連結位置，而綠點表示你偏好的連結位置。當我使用「艾莉迪連結類型」模型與他人合作時，最令人心滿意足的時刻之一，是它可以幫助一個後天形成的變形者型找出他們偏好的連結方式。

● 變形者型的挑戰

做出生活決定且態度果斷

> 問：晚餐你想吃什麼？
>
> 變形者：隨便，我無所謂。
>
> 問：你想去哪裡度假？
>
> 變形者：不同地方都有讓我喜歡的不同理由。你想去哪裡？
>
> 問：你最喜歡什麼顏色的瓷磚？
>
> 變形者：它們都很棒。我喜歡這個，但我也喜歡那個。

雖然日常的連結對你來說很容易，但你需要確保生活選擇反映你真正的渴望，而不僅僅是身邊的人建議或偏好的東西。你非常擅長微笑、點頭和隨順群體，而你的真實想法會隱藏在你的表情背後（或有時你的想法對自己來說也完全是個謎！）。例如，由於你通常是他人的鏡中反映或互補，在連結中，有些人可能會誤以為這是一種更深的連結。他們可能會說：「我們非常了解彼此」、「我們相處起來很輕鬆」。他們沒有意識到你在表面底下為連結的平衡做了多少工作。

因此，做出重大的生活決定，對變形者型來說是一個挑戰，因為在選擇工作和愛情時，你必須確保自己並非只是隨著別人的意願走。要小心那些控制欲強的人，他們可能會想找一個隨和的夥伴，包括在工作和戀愛關係裡。要確保你有一個別人無法逾越的界限，這個界限應該保護著你的核心價值觀。也就是

217

說，最成功的變形者型往往會與生活或工作中性格果斷並有動力的連結者合作，這些連結者讓變形者型有自信做出確切的決定。變形者型需要與天生慷慨大方的人合作，但不要和其他變形者型合作！這可能會導致很多猶豫不決。

最近我指導了一位變形者型的高級主管。他告訴我說：「我曾發誓，自己絕不會擔任目前這個職位，但是這個機會出現了，而且這正是組織真正需要的。現在我其實很喜歡這個職位。」這對變形者型來說是很典型的情況；你非常擅長適應環境，以至於最終內化了團體或組織的需求。然後，你會變得無法區分你想要的和團體想要的。如果這位高級主管熱愛他的工作，而且這對組織有利，那麼這沒有什麼壞處。如果你的需求和團體的需求一致，會是一種理想的情況。你只是需要確保自己不斷檢查想要的是什麼。

後天變形者型的另一個挑戰是情感過勞。當一隻變色龍可能是非常累人的，因為你不斷在調整自己的樣子，以適應他人的需求。隨著每個情境的變化，你也在變化。擁有隨和的名聲很好，但這會阻礙你對所有事情生起強烈感受。你面臨的挑戰是要在適應各種情況的同時，也尊重自己的情感需求和身分認同。關於這一點，你可能會回答說：「如果我的情感需求是透過配合他人來滿足的，該怎麼辦？」如果是這樣，那很好。你只是需要確保在這個過程中感到被愛、被尊重。

你會傾向於避免衝突，而不是直接面對衝突。這是因為你預設的連結風格是創造和諧與平衡。衝突是與你自然的傾向相

反的。要確保你有勇氣站出來面對困難和不舒服的對話。如果沒有這些對話，當周圍的人不斷**稱心如意**時，你反而會變得怨恨、無力。

當你感到脆弱、羞愧、悲傷或沮喪時，可能會覺得自己像一個人形立牌，身在心不在。你會故作堅強，做當下情況需要的事來配合連結，但你的心並不在其中。

你會感到害羞、焦慮和沉默，無法像平常那樣順利變化。你的頻率和強度可能會雙雙下降。你會缺乏與人連結的能量，因為你會「感覺不像自己」，然後從社交生活退縮。

若想重新連結，你可以接受邀請，與信任的連結者進行一對一活動或團體活動，並且和花在自己興趣上的時間達成平衡。請確保要騰出一些時間給自己。你不能總是在應付所有人的所有事！

接下來該怎麼做？

你擁有絕佳的團隊合作精神，能從你建立的合作和協作關係中獲得力量。你在不同的人之間建立起連結，是大家的共同聯繫。變形者型藉由合作來學習和成長。如果你想在某個領域發展，找一個你尊重的同行並與他們組成團隊。若你能和果斷且有動力的人合作，身為團隊一分子的你便能成長茁壯。你喜歡從他人的能量中獲得啟發。如果你打算創業，就找個夥伴吧。

你的領導風格以合作和共同設計為特徵。例如，你不會制定策略後再交給團隊，而是會帶領團隊一起設計這個策略。這

種領導方式是由最早期需要每個團隊成員貢獻技術的科技公司引入的，目前在許多組織中都很受歡迎。尋找一個你尊敬的同業導師或指導者，讓這位導師為你設定目標和挑戰，這也會對你有所裨益。你需要敦促自己從順從他人的角色中走出來，為自己的發展設定明確的目標。

你最適合那些需要靈活性、多元變化、持續團隊合作和新想法的職位。你在獨自工作，或是隨和性格受到周圍人士利用的環境中，就會停滯不前。如果你能帶領他人一起在旅程中前行，這將讓你以正面方式發揮變形者的特質。變形者型擁有美好生活，因為你隨時都能與任何人建立起連結。這是歸屬感的關鍵要素，而歸屬感是幸福的關鍵！

你是個通用的適應者，因此適合各種活動，基本上是其他人想做什麼，你就做什麼！你是唯一一種能真正與所有其他類型相容的類型。你的適應能力使你非常適合實用性的、動手做的活動。當有這麼多變形的事要做時，你就沒有時間過度分析。你重視將時間花在那些對他人有用或受歡迎的活動上，譬如吃美食和烹飪、蓋房子、做衣服、運動、發電或供水等。你喜歡滿足人們的需求，所以學習一項生活技能會讓你充滿活力。

● 黎明型：光型 × 水型

黎明型位於光型和水型象限的邊界。與黎明型人連結就像看著太陽從海平面升起。你是一個高強度和中頻率的連結者，

這意味著你是一個透過有意義的對話與他人建立連結的雙向性格者，同時也能受益於帶來滋養的獨處時間。黎明型通常是：

- 讓他人感覺他們能做到任何事，認為他們前方有無限的機會。
- 具有光型的視角和洞察力，結合了水型的滋養和理解。因為如此，他們體現了柔和的陽光與平靜的海洋，這是一種強大的組合。
- 透過照亮他人的最高潛能與他們連結；他們會透過看見他人最好的一面來做到這一點。
- 具有接受性，而且不對脆弱性妄下評斷。
- 有一半的時間享受與他人在一起，然後退回到自己的內心世界。
- 不像典型的光型人那樣，感覺需要與他人定調，但他們比典型的水型人更喜歡互動和連結。
- 透過連結補充能量。
- 偏好透過對話與他人連結。

特徵

你的連結風格位於光型和水型象限的中間線上，帶來了真人版的黎明感覺，預示著太陽的升起。你對他人的最高潛能有很深的洞察力。你擁有陽光的視角和溫暖，結合了海洋的滋養能量。黎明帶來什麼呢？希望、樂觀、靈感和新的觀點。做為人類的黎明，這就是你對連結的貢獻。你讓他人感覺一切終將

得到最好的結果。

由於你同時擁有水型和光型的元素，無論是什麼特定情境，你的環境將決定哪一部分會占上風。如果你處在一個表達性強的光型人團體中，你會放鬆下來，安住在你的水型本質，透過找到一對一的對話來尋求有意義的連結。如果你置身一個充滿深思熟慮的水型人團體裡，就會變得更加健談，更想要表達。你由情境中的角色來指引；如果你在演講，就會借助你的光型魅力；但如果你在與一、兩個人交談，就會展現出你的水型同理能力。這種能夠借用兩種截然不同的連結風格的能力，可能會讓黎明型人感到身分認同的撕裂拉扯，但我邀請你將其視為你的超能力，因為你擁有人際關係的靈活性。

你擅長在他人之間創造連結，為空間帶來正面能量。你能解讀動態，然後將人們相互連結在這個動態之中。變形者型會搞清楚一個群體需要什麼，然後成為那種能量來創造和諧，而黎明型人則會弄清楚一個群體需要什麼，然後指導群體中的人，讓他們自己能夠達成那種能量。

當同一空間裡的每個人都感到相互連結、充分參與時，你會感到滿足；許多人不會敏銳察覺到這種動態，但是你會。你的連結風格會邀請你面前的人分享他們的願望，並做他們真實的自己。人們在你面前感到舒服自在，既可以表現出堅強，也可以表現出脆弱。你使他們的潛力顯現出來，提醒他們自己是怎樣的人。這定義了你的領導風格。你透過激發他人最好的一面來領導。不同於光型人說「跟我來」的做法，你會對他人說：

「我看見你可以走到哪裡。」

你啟發連結的天賦，讓人們喜歡待在你身邊。然而，你帶到連結裡的這些天賦，也可能成為你的挑戰。你的核心挑戰是在支持、擁護他人的同時，滿足自己的需求。你的連結方式（「只要大家開心，我就開心」）可能會導致由他人來決定你的情緒。我有一個啟示給你：**你不必為他人的感受負責**。我要再重複一遍：你不必為他人的感受負責。我想給你一個新的方法，來處理人際關係和群體，那就是，你需要負責的只有：**管理自己的情緒，以及你對群體的貢獻**。由於你經常為他人提供一個支持他們成為自己並過著最真實生活的環境，你需要有意識地允許你成為你自己，並過著符合最真實的你的生活。

你對他人想要何種感受的敏銳覺察，可能會妨礙你在群體裡放鬆。你天生的迴路設定，就是讓自己感受他人的情感，所以當人們經歷痛苦或不適的時候，你同樣也會體驗到這種痛苦和不適。如此一來，你分擔了光型人在過度思考和陷入糾纏方面的挑戰；過度思考是高強度連結者的一個關鍵挑戰，因為人際關係和群體動態對你有強大的影響力。好比其他光型人，你透過關係的強度來定義自己，而且你傾向於深刻地處理情感。

在模糊的界限方面，你也會遇到水型人的挑戰，因此需要覺知到自己同理心的界限。社會神經科學家艾瑞斯（Eres）和莫倫伯斯（Molenberghs）的研究指出，同理心有三個層次。[24] 第一個層次是「情感同理心」，亦即我們在情感或情緒上會吸收他人的感受。例如，當我們看到舞台上的人很緊張，也會跟著

心跳加速，或是當我們看到別人流淚，也跟著流淚。發揮情感同理心是黎明型人在直覺上會自動去做的事，這是一種美好的天賦，但是如果你覺得自己被他人的情感淹沒，那就必須意識到我們如何體驗同理心。

第二個層次的同理心是「認知同理心」，亦即我們能理解他人的感受，但不會自己經歷這些感受。例如，當一位醫師在聽取患者描述其憂鬱症狀時，不應該在這裡使用情感同理心，因為去感受患者的情感痛苦，無法給予患者最大的幫助。患者不希望醫師說：「喔，我也是，有時我早上也爬不起來。」患者希望醫師了解他們的症狀，做出診斷並提供治療。

認知同理心不僅僅對醫師有用，想像一下你在跟朋友訴說一個問題，希望朋友在你說故事時感受到你的情感或情緒，還是希望他能了解你的情緒並傾聽你說話？一般來說，我們希望他人了解並傾聽我們，不希望他們離開時因為我們的情緒而有負擔。

這種覺知對黎明型人來說能夠改變人生。這世上存在著一種不需要你吸收他人情緒的同理心。你甚至可以將「認知同理心」當成一個咒語。關鍵在於了解他人的感受，而不是將其視為自己的感受。

一旦你掌握了認知同理心，第三個層次的同理心是「情感自我調節」，這決定了我們對他人的行為反應。正如艾瑞斯和莫倫伯斯所寫的：

> 「若沒有情感調節網絡，相同的情感狀態可能會妨礙我們完成那些需要情感距離的任務（例如，外科醫師為孩子動手術，或辯護律師支持一名精神疾病患者），或者它可能會妨礙我們隱藏無意識偏見的能力（例如，家長對不同種族背景的老師表現出貶低態度）。」[25]

　　你可以透過自問：「我要做出什麼行為或反應，才能對這個人有幫助？」來抑制自己對他人的反應。例如，想像一下家裡的十歲兒子需要寫一篇演講稿當成作業。我不需要想像，因為這正發生在我家。如果我用情感同理心來對他做出反應，那麼當他說「我不知道怎麼寫演講稿，我需要幫忙！」的時候，我會吸收他的無助感。如果我的同理心就停在這裡，我就會急著去幫他，因為他是我的孩子，我愛他，我想解除他的不適。但是，如果完全解除他的不適，我可能會犯下替他完成作業的錯誤。

　　如果我使用認知同理心和自我調節，就會走向不同的心理過程：「**他不想寫演講稿，因為這很難。但他以前就做過這件事，他知道怎麼做，只是這件事讓他不舒服。他最好遵照自己的過程來進行，這樣對他比較好。**」基於這個推論，我會給他一個寫演講稿的過程大綱，在他有問題時支持他。這在理論上

聽起來很棒，但是任何父母、親戚、照顧者或老師都知道，這實際操作起來並不容易。他當然會繼續試圖讓我感受到他的情緒，然後為他寫演講稿，所以我需要使用認知同理心和情感自我調節來幫助他，並不斷提醒自己這個問題：「我要做出什麼行為或反應，才能對這個人有幫助？」如果我不幫他寫演講稿，對他才是最有幫助的。

黎明型人總是在連結之中擁護他人，這通常會使你和所連結的人之間沒有任何明確的界限。如果你沒有學會管理這種狀況的方法，可能會經常感到情緒被拋來拋去，就像生活在彈珠機台裡一樣。你會覺得好像內心平靜取決於周圍的人。學會掌握不同類型的同理心，將成為你熱愛連結與厭惡連結的關鍵區別。

在衝突中，你可能會暫時退縮一段時間，然後再回來面對局面，這顯示了你既有光型又有水型的傾向。你會花時間撤退並分析情況，一旦回來後可能會變得堅定。你具有在做反應之前先反思衝突的能力，也具有堅決面對局勢的能力。

當你感到脆弱、羞愧、悲傷或沮喪時，可能會覺得自己像個機器人，也就是你為了不讓任何人失望，會繼續按部就班地行事，但你無法感受到生活的活力或興奮。你會故作堅強，依照情況的要求來適應與他人的連結，但你的心並不在裡面。然而，當你沒有感到精力充沛並保持正面心態時，會發現自己難以做為他人的支持者來連結。你在脆弱時可能更像水型人，會撤退到水下來療傷。

黎明型連結者：馬特的故事

馬特是一位擁有二十八年工作資歷的警官，為黎明型連結者。馬特大方地同意為本書撰寫以下見證：

「事後看來，儘管我在警察生涯裡擔任過各種不同職務，每種職務都自然地轉向協助他人改善的方向，包括在各種運動隊伍中教導孩童，乃至籌辦社區活動讓每個人發揮優點、指導新人直到他們成為精英特警、參與所有警察職等的教育和發展等等。由於我曾做過重大背部手術，被迫離開一線警務工作，但我更專注於自己能做的，而不是我不能做的。身為同事的支持者，我的工作經常涉及質疑組織政策、程序、上司和導師，這導致了情感上的過勞，進一步惡化了背部受傷導致的創傷後壓力症候群（PTSD）和憂鬱症。這些傷病讓我的職業生涯提早結束，必須接受大量的醫療照護。不過，這個故事還沒結束。」

接下來該怎麼做？

如同馬特的故事所顯示的，黎明型人的主要挑戰就是情感過勞。做為他人的支持者，可能會令人精疲力盡，因為你不斷在調整自己的願景，然後幫助他們成長。人們會帶著脆弱的情感來找你，並可能會依賴你來提升他們的能量。你的挑戰是在為他人創造一個茁壯成長的空間，同時保持堅定的自我意識，並尊重自己的情感需求。

黎明型人透過為他人創造學習和成長的空間，來學習與成長。由於你同時具備光型（熱情、活力）和水型（一對一的積極傾聽和敏感）的特質，因此需要辨識出你在哪些環境中較可能展示光型的特質，以及在哪些環境中較可能成為水型連結者。任何一天，你都可能會發現自己在這兩者之間擺動。你的生命中可能有些時期或有些人會引發你的其中一種特質，這是你必須理解並管理的。請確保你依然是自己的支持者，並容許自己能夠既脆弱又強大。

你非常適合把握機會為他人提供洞察，並幫助他們實現潛力。這使你成為一位傑出的父母、教育者、教練、心理學家、護士、醫師或領導者。你會在那些能夠激發他人潛力的職位中蓬勃發展。

你的連結舒適區包括調整自己的節奏，安排與他人連結的時間，然後留出恢復的時間。維持這種平衡對你極為重要，否則你會覺得自己處在孤獨與不堪負荷的蹺蹺板之間擺盪。要主動以維持這份平衡為前提，來安排你的一週計畫，並根據以下

問題的答案來為自己提供指引：

- 你什麼時候去海邊散步？
- 你什麼時候放鬆？
- 你什麼時候看日出或日落？
- 當你獨處時，什麼能讓你感到愉快？
- 什麼能真正讓你恢復能量？

　　為了改善與他人的連結，請練習接受他人的幫助。你值得得到與他人同樣多的關愛。與他人相處後，花時間徜徉在大自然中，能讓你恢復活力。

● 山岳型：光型 × 土型

　　山岳型位於光型與土型象限的邊界。在人際連結中，山岳型是人們的燈塔，也是地與天之間的橋梁。你在所有組織環境中都是備受追捧的領導者。你是中等強度和高頻率的連結者。山岳型人通常是：

- 吸收天空的洞察力和視角，並將其轉化為實用、踏實、接地氣的策略。
- 具有強大的存在感，廣受尊敬。
- 非常熱衷於學習，偏愛那些能夠立刻在日常生活中應用的知識。
- 利用不斷學習做為領導的燃料，總是希望能實施他們的見

解，好讓他人受益。

- 堅韌不拔；這是一種優點，但它可能會嚇到更敏感或強度更高的連結者，所以學會如何對這些人讓步並放軟，是一個重要的挑戰。

- 喜歡提供建議，但有時最好退一步，容許他人開創自己的道路；他人只需要一點信任與鼓勵，就能以出乎意料的方式實現偉大的成就。

- 在連結方面擁有很大的靈活性，懂得變通，能與所有連結類型的人建立聯繫。

特徵

別人第一次見到你時，彷彿他們站在一座高山的山腳下，會有一種「仰望」並見證你宏大氣場的感覺，這指的是你的情感能量，而不是你的身高！這種連結類型的獨特之處，在於你結合了天空的洞察（視角）與大地的穩重（務實）。沒有其他連結類型能具備這種組合。因為你能夠平衡願景和行動，使你成為一個強大的領導者。

你在任何團體裡都是資產，通常會尋求（或承擔）領導角色，無論是在家庭、運動隊伍、工作團隊或朋友群體中。你會在這樣的領導職位中蓬勃發展，因為你能自在地與群眾交流。然而，無論你爬得多高，都不會被自身職位的影響力所帶來的自我膨脹所迷惑；你的腳（山的基礎）始終踏實地站在地上。對於那些願意的人來說，直接與一座山相連結是一種挑戰，也

是一種退避。

　　你的連結類型非常適合領導職位，因為你是中等強度的連結者。這意味著你能夠同時重視任務與人們。你不會忽視人們來完成工作，但也不會被情感所左右而失去重要的目標。

　　你對團體的需求有很深的洞察力，並且能以一種引起群體共鳴的方式來溝通。然而，這種自信和毅力可能會在欠缺關係覺察的情況下，變成固執或不靈活。你「保持冷靜並繼續前進」的能力，對於更敏感的連結者來說可能難以理解，就如同山岳看起來既令人敬畏又危險。你有相當大的能量來進行人際連結，因為你不會攜帶他人的情感能量。你生活中的一些強度更高的連結者，可能會將此視為針對個人，懷疑你的忠誠度所在。你似乎對團體中的每個人都同樣關心，這對領導來說很好，但是對友誼和戀愛關係可能會造成問題。

　　找到更深層次的方法，來與你更敏感或強度更高的至親好友連結，對你很有幫助。不要害怕與你信任的人分享情感，這樣可以創造更深的連結並帶來解脫。承認你背負重擔，並不會削弱你的力量。與他人談論你的感受，可以成為正面的連結來源。承認你沒有所有問題的答案，反而會增強而非削弱你的領導能力。請勇敢地說：「我不知道，但我會努力找出答案。」

　　身為一個天生的領導者，是一種力量，也是一種詛咒。你需要平衡天生喜歡引導他人，並確信自己知道什麼對他們最好的傾向。雖然你可能相信有一條行之有效的道路，但（比喻來說）有很多方法可以攀登一座山。讓別人用他們的創意和意料

之外的方法來獲得成功，帶給你驚喜，而不要試圖成為他人生活的工程師。如果你試著用「輕柔」一點的方式，而非直球破壞的方式，你的領導力將會獲得進化。如果有人覺得他們讓你失望，這種連結對雙方都將變得無趣。最好的領導者和連結者，是與他人一起走過一趟旅程，而不是從山頂發號施令。要將自己視為雪巴人（喜馬拉雅山區的登山嚮導）而不是指南針。

面對衝突和矛盾，是你的強項之一。這只有對中等強度的連結者（山岳、變形者和珊瑚型）才能這樣說。你不會在遇到衝突時，做出衝動或攻擊性反應。你不害怕困難的對話，因為你不會在過程中變得情緒化。你會透過工作坊來解決分歧，直到問題解決為止。你冷靜且有條不紊，但確實感覺自己必須解決衝突。如果你處於一個由不同類型的連結者組成的團隊或關係中，這可能是一個正面的機會，讓你在衝突中暫停並省思你的反應：「我想從這次衝突中達成什麼？我如何利用這次衝突來創造更健康的連結？」你不會在衝突中爆發。然而，如果你經常壓抑衝突，最終可能會從一座山變成一座火山，這種不穩定性可能會成為你的致命傷。你在衝突中的最大資產，是你知道該選擇哪些戰役。這將你與那些可能傾向於在小事上大動干戈的高強度類型區分開來。

在自然界中，山岳經常遭受地震和暴雨的襲擊。當你感到脆弱、羞愧、悲傷或憂鬱時，可能會覺得有坍方的現象，這些自然現象會引發土石流和更嚴重的山崩。在你最脆弱的時候，會覺得自己在崩潰，很不穩定。你對人際連結的頻率偏好會下

降。你會缺乏連結的燃料，因為你感覺「不像自己」，你會從社交生活退一步。當你見到別人時，會故作堅強；如果你被迫與人聯繫，可能會讓自己分心或麻木。在需要退避時，你會將自己隱藏在雲霧中，避免與他人接觸。

接下來該怎麼做？

你需要注意的是，領導在何時感覺成了沉重的責任負擔。由於你通常是團隊中最有韌性的人，其他人會依賴你並向你尋求指導。「賦能給他人」是身為領導者的角色，所以如果你感到負擔過重，可能是因為你在替他人承擔負擔，而不是教他們如何自己承擔。

山岳型人能從運動和鍛鍊中受益，依次舒展身心。事實上，我認識的許多山岳型人在體育活動和運動教練工作中，都扮演著積極的角色。這可能是因為，這結合了在規則明確的環境中，幫助他人發揮最佳狀態的情況。這是一種中等強度的活動，令人愉快地結合了情感與規則。

你需要與最親近的人，溝通你的人際連結需求。在家裡和工作中，清楚說明你與他人的運作方式，可能會對你有幫助。這能讓你在不冒犯他人的情況下，管理你的人際連結。

山岳型人能吸收天空的洞察力，並將其轉化為改善他人生活的實際策略。繼續探索，繼續成長，保持追求。享受你是天生領導者的事實。尋找這些機會，來引導他人達到更高的高度。要確保你找到自己的「雪巴人」（無論這是指一個人還是一種有

意識的生活方式），來支持你向前行！

你傾向於在運動或社區環境中擔任領導職位。你是典型的教練人物，因為你能看到他人需要抵達之處，並幫助他們到達該處。你可以培養每日的反思或沉思習慣，這樣就擁有一種儀式，能將來自天空的願景，轉化為可執行的「踏實」策略。練習說「我不知道」，並在無法總是擁有一切答案時感到舒服自在。敞開情感的脆弱面，只會強化你的領導力。

● 花園型：土型 × 綠型

花園型位於土型和綠型象限的邊界上。身為最接地氣的連結者，花園型讓人感到平靜和踏實。你是低強度和中度頻率的連結者。花園型人通常是：

· 看起來輕鬆自在。
· 讓他人感到被接受，因而能在花園型人面前完全做自己。
· 謙虛且備受尊敬。
· 透過支持他人來領導。
· 喜歡過日常生活，而不是反思大的願景。
· 不苛求。
· 重視連結中的平和；他們相信生活已經夠艱難了，不需要再有困難或對抗的關係。
· 擁有目標對他們會有幫助，可以讓他們保持前進的方向。

特徵

想像一下光腳走在一座繁花盛開的花園裡，你覺得非常平靜、放鬆，享受著盛開的花朵與蜜蜂。花園是平和、寧靜的，讓你立刻感到悠閒。這就是人們與你連結時的感受，你不向他們要求任何東西；你單純地邀請他們進入你的存在，容許他們只是存在，讓他們暫時喘口氣。

與你連結是毫不費力的。這是你給予他人的禮物，因為許多人在連結時對他人有很多要求。你給人們帶來了屬於你的平靜存在感，使他們感到歸於中心、平衡、較不那麼緊張。

最近我開車北上至獵人谷，為一家企業的異地會議做一場關於公司文化和高效團隊的演講。獵人谷是一個美麗的葡萄酒產區，大約在雪梨往北開車兩小時之處。我一下車便感到十分放鬆，我可以聽到鳥鳴，感受到陽光灑在我的皮膚上。我可以看到地平線，我的第一個本能是希望我不必在演講結束之後離開；我想留宿一晚。

這就是花園型連結者帶給人們的感覺，你能立即讓人覺得放鬆。你的本性不會向任何人提出要求，或對交談抱有期望，你重視平靜與接納。當我想到花園型人時，會想像一張能從陽台上俯瞰樹木和花朵的舒適椅子。我正喝著一杯茶，感受到一份輕鬆的寂靜。即使只是書寫關於花園型人的內容，也能讓我感到放鬆。這是一種令人陶醉的情感能量，讓人們喜愛待在你身邊。花園型人是亂世中的一片喘息之地。

有趣的是，花園型人往往在高強度的環境中工作。我遇見過許多花園型的第一線應變人員與監獄警衛。正是土型和綠型的結合，讓花園型人有能力完成工作，然後退回到內在的洞穴裡，讓自己恢復、復原。花園型人若是被人際連結所圍繞，便無法恢復精力。這是關鍵，如果你是花園型人，會有些非人類的連結來源來重新恢復活力。

　　對於花園型人來說，人際連結的重點是彼此相伴並帶來安慰。你不會要求太多或多話，你喜歡觀察並與團體一起笑。如果你喜歡這個對話，會很樂意參與，但你從不覺得必須說話。對你來說，是透過肢體語言和存在感，來傳達你的感受的。

　　我祖父就是一個花園型人。他是一名警察，謙遜、詼諧，而且頑皮。他因喜歡惡作劇而聞名，常常讓我祖母笑得合不攏嘴。他也喜歡喝酒。他是個愛爾蘭天主教徒，以家庭和聚會為生活重心。他的話不多，要到喝了幾杯之後，才會用自己的人生趣事來逗樂大家。他是七個孩子中最小的一個，他母親在四十五歲時才生下他。他熱愛馬，晚年的時候，每天早上四點都會去賽馬場工作，確保馬匹狀態良好。

　　他有一張椅子，每天下午，他都會坐在那裡喝啤酒和抽菸。如果我和他坐在一起，他不會期待我說話，但偶爾他會說：「我有沒有告訴過妳那次……」

　　我高中的時候，他寫了一封感人的信給我，直到現在，每當我讀到它時依然會流淚：

> 因為妳總是讓我掛念著，我決定寫封信給妳；我從來沒有真正告訴過妳，我對妳的感情。我很難表達我的感情，其實，除了我和妳奶奶剛結婚的那段時期之外，我想我從未把自己的感受告訴過任何人。

我分享這些是希望給其他花園型人勇氣，讓他們與所愛的人分享自己的感受。這封信塑造了我對祖父的記憶；即使他鮮少用言語表達對我的感情，我還是擁有了他寫下的感情。這對我來說非常特別，我會一直保留這封信，直到我死去的那天。

他在信中發揮了一貫的幽默特色：

> 妳有點急躁，妳和妳同學都是，但妳對我來說非常特別。雖然我努力不表現出來，但我真的很享受妳和我一起坐在車上，不斷轉換廣播電台，直到妳找到最糟糕的音樂。

他在信的結尾寫道：「我祈禱你能夠堅強到理解幽默所帶來的救贖，以及接受他人的悲傷所帶來的溫暖，同時不失去自己內在的喜悅。」

這句話可以成為所有花園型人的咒語，我希望你能像我一

樣，把這句話放在心上。儘管你在情感上很堅定，但其他連結類型的人可能需要你給予更多的溫柔和明顯的表達。花園型人會避免高強度的情感，傾向於將那些內容私下保留在自己心中。

對花園型人來說，愛幾乎是不言而喻的，就像呼吸一樣。但是，對你所愛的人來說，聽到你親口說出來，永遠有其意義。你的挑戰是學會在人我關係中向他人靠近。將你的防備放下，與你信任的人分享情感是安全的。我們誰也不能永遠存在，能夠留下的一切只有我們愛的證據。讓我們盡可能多留下一些愛的證據吧。

接下來該怎麼做？

你是個腳踏實地且樂於接納他人的人，讓人們感到安全。與你相處很輕鬆，你也樂於隨順所在的團體來調整自己。你可能不認為自己是領導者，因為你不像所謂的典型領導者那樣，善於口頭表達或支配性較強。然而，你的領導風格非常強大，因為你透過支持他人並激勵他們成長來領導。你提供支持與鼓勵的領導風格，意味著你通常不會尋求正式的領導角色，但你在穩定及保衛團體方面，扮演著關鍵的角色。你非常忠誠，每個人都希望你待在他們的團隊裡。

在連結的要素方面，若你能擁有一個連結的綠色避風港可以退避，就能夠茁壯成長。這是你的避風港，所以可以按照你想要的方式設計它。不同群體中那些理解你連結方式的人，也能為你帶來滋養。要了解並欣賞每個人向他人敞開心扉及建立

連結的方式各有不同。學會辨識高頻率和低頻率連結者，以及高強度連結者（與你相反的風格），並試著找到彼此妥協的中間點。為了朝著人際連結的中心靠近，你可以試著在每次對話中多停留一會兒。說出你的想法，把你的感受告訴某人。這種連結的美好感覺會讓你感到驚訝。

你可以透過參加定期的低強度活動來優化與他人的連結，例如衝浪課、年度的露營旅行、觸身式橄欖球隊或健行團體。為了改善與他人的連結，努力表達你的意見，是很重要的。

花園型人面臨的最大挑戰，是你聚焦於平靜和舒適的傾向，可能讓你停滯不前。為了在自己的生活中持續發展，制定一個一年和五年的計畫，來確保你的「流動」能朝著正確的方向發展。為了發展你的關係，請對至親好友解釋你的感受。有一句我忘了作者是誰的名言，它是這麼說的：「舒適區是一個美麗的地方，但那裡永遠不會有成長。」要確保你能區別平靜與逃避的不同。

你的連結花園需要所有類型的人（光、火、水、土型）才能茁壯成長。你可以與任何人連結！為了讓你的生活花園中花木繁茂，要確保你將雜草清除乾淨並讓所有植物都保持健康。憑著直覺與野性來成長是一件美妙的事，但即使是大自然，也有其更新和恢復活力的方式。

● 珊瑚型：水型 × 綠型

　　珊瑚型介於綠型和水型象限之間，會根據環境和當下情境，具備其中一種類型的特徵。與珊瑚型連結，就像退到一個安靜且帶來滋養的避風港。你是一個中等強度和低頻率的連結者。就像浮潛一樣，與珊瑚型人連結，讓人既放鬆又振奮。珊瑚型人通常是：

- 有韌性且擁有豐富的內心世界。
- 能夠維持一個複雜的內在生態系統，並在自己的陪伴下感到滿足。
- 對環境的變化感受強烈；珊瑚型人非常敏感，傾向於吸收周遭的情感能量。
- 在與他人分享真實自我時會感到脆弱。
- 在與少數幾人的親密關係中茁壯成長。
- 起初會害羞，但一旦打開心扉，會表現出令人驚訝的坦率。

特徵

　　你曾經浮潛或潛水過嗎？你曾經參觀過珊瑚礁嗎？如果有，那麼你會了解在水下見證蓬勃、豐富的生態系統，有多麼美麗與奇妙。這感覺十分神奇，又令人感到平靜，引人入勝又令人驚訝。這個驚人、多采多姿又複雜的珊瑚礁，隱藏在水面底下，只有有人努力潛入水中，才會出現在他眼前。

　　這就像是與你連結的感覺。你大部分的時間都沉浸在自己

豐富的內心世界裡，對於隨意的觀察者來說，它是隱形的。珊瑚型人的舒適區是內在世界，而不是外在世界。你可能喜歡待在人群中，但仍會花時間觀察和反思。

那麼，與他人連結對你來說是什麼樣的情況呢？嗯，最好的回答方式是再提出一個問題：「我們在浮潛時，應該如何對待珊瑚？」你樂於與那些以體貼方式接近你的人連結，但是對於那些無禮或具侵略性的人，你會受到很大影響。你不喜歡拿別人開玩笑，也對機鋒處處的對話感到壓力。對你來說，連結不是一場遊戲，而是一個被見證和被尊重的機會。

你可能是最近才成為珊瑚型人。珊瑚型人在過去通常是變形者型，因此你也需要讀一讀那些章節的內容。隨著時間過去（通常是許多年），你對與他人連結的頻率偏好會下降，開始專注於品質而非數量。你可能會發現，自己曾經是團體中愛社交、隨和且適應力強的人（變形者型），而現在，你比以前更需要花時間待在自己的內心世界裡。這可能會表現在新的創意愛好上（例如烹飪、藝術或音樂），或是喜歡花時間與動物和大自然相處。

變形者型演化為珊瑚型相當常見，因為我的研究顯示，我們的連結頻率會隨時間降低。珊瑚型人在強度的中線上，正好在變形者型下方，因此，我經常遇到過去曾更隨和、適應力更強的珊瑚型人。正如我先前說過的，即使我們的頻率會隨著生命的過程而降低，但人們通常會維持在其類型或象限之內。

珊瑚型人以展現韌性和不評斷的態度來領導。你是供人獲得靈感與恢復活力的避風港。你以身作則，輕聲對你所領導的

人說話，直到他們學會信任你，最終甚至可能內化你的想法和方法。

身為低強度的連結者，你可能會發現自己對持續的社交活動感到不堪負荷，需要安靜的時間來反思。因此，你喜歡在與他人連結和回到內心世界之間交替進行。

你可能會遭遇情感界限的挑戰，不知道你的情感結束於哪裡，別人的情感開始於哪裡，這是因為當人們進入你的水下世界時，你會感到難以招架，覺得無力在你和另一個人之間創造界限。你可能會擔心並內化你的恐懼。

這是身為珊瑚型連結者的力量與挑戰。雖然人們喜歡融入你的連結，這樣的連結方式也是出於你的本性，但你必須在連結之後有意識地撤退，以補充能量。

當你與他人連結時，會邀請他們沐浴在你的連結裡。這表示你有樂於接受他人與不評斷的傾向。你在連結裡的主要目的是安撫和啟發。你為他人創造了一個安全的連結空間。

儘管日常連結對你來說十分容易，但你必須確保能表達出自己的感受，而非僅是隨順群體。你非常擅長微笑、點頭並安撫他人，而你的真實想法卻隱藏在表面底下。舉例來說，當你在連結中經常為他人提供安慰，有些人可能會誤以為這是一種更深的連結。他們可能會說：「我們就是能懂得彼此」、「我們相處起來很輕鬆」。他們並不知道你在表面下做了多少工作！

由於珊瑚型人會在連結當中吸收他人，因此常常沒有明確的界限來區分你和所連結的人。如果你尚未學會如何處理這種

情況，可能會經常覺得情感受到他人的左右，就像你所棲息的水域波濤洶湧。

面對衝突時，你真正是綠型和水型的結合。一方面，你會退避並撤離，不想面對衝突帶來的不適。你會感到不安而非憤怒。而另一方面，你也無法忘記衝突，直到它獲得充分解決之前，你會一直糾結於此。你寧願避免某個人，也不願直接面對衝突。這可能會冒犯你生活中的那些高強度連結者，因為他們將衝突視為一種必要方式，能藉此處理人際關係中出現的複雜情況。

同樣地，當你感到脆弱時，會採取水型和綠型兩種連結元素。你會像綠型一樣對脆弱（悲傷、恐懼、焦慮或擔憂）做出反應，讓你感到最安全和最舒適的方式，便是從他人身邊撤離。你不會想談論這些情緒。同時，你會像高強度的水型連結者一樣，強烈地感受到這些情緒。你在很多方面都擁有高強度類型的情感複雜性與色彩，但這些情感都儲藏在表面底下，就像珊瑚礁一樣。過多的陽光或情感污染，對珊瑚型連結者會造成深遠的影響，就像珊瑚白化現象一樣，珊瑚在高溫或低溫、過量光照或缺乏養分等環境因素下都會變白。

接下來該怎麼做？

你需要在你的水底天堂裡感到自由自在。以連結的語言來說，這意味著棲息在你的內心世界比其他任何事都更重要，然後偶爾邀請人們進入你的內心世界。與其他連結類型不同的是，

你會主動邀請人們進入你的世界，而不是在現實世界中與他們見面。因此，你需要慎重選擇要邀請誰進入你的世界。與他人分享你如何看待世界，詢問他們的看法，當你需要時間獨處時，務必讓他們知道。

儘管你從孤獨獲得滋養，但如果有一些讓你與自己連結的恢復儀式（如靜心冥想或正念修習），你會發現獨處的時間更有價值。每日的療癒練習能讓你受益匪淺。寵物、大自然、烹飪、園藝、音樂和自我照顧的例行活動，能讓你獲得滋養。

珊瑚型連結者透過心理安全感來學習和成長，你需要感覺自己處於安全的空間裡，才能發揮生產力、創造力，並與他人愉快地合作。

如果你能依循著「先連結，再退到避風港」這樣的節奏來安排時間，便能茁壯成長。要確保你與自己的內在節奏保持聯繫，並了解支撐自己的內在流動。如果你能與這份流動保持聯繫，便更能夠在你帶來滋養的人際連結中融入他人。你可以透過邀請某人參與你喜歡的活動來優化你的連結。試著說：「我注意到有個機會可以去……你想和我一起去嗎？」

以下是一個珊瑚型連結者應該遵循的咒語：「要照顧他人，首先要照顧好自己。」

Part Four

你與誰合得來，
與誰合不來？

第十三章

🔗

連結類型的相容性

　　現在你已經認識並了解你的連結類型了，我們可以來探討你與其他類型之間是合得來（契合），還是合不來（衝突）。你可以在以下的連結相容表中看到你與其他類型的連結性質：

● 光型（火花、星星、陽光）

連結風格和價值觀	最相容的對象	衝突的對象
高頻率、高強度。人際取向，注重大局，熱情、動態、概念導向，高能量。 **連結的核心價值觀**：設定基調，開放地交談、分享，說實話。	**黎明型**：你感覺被他們看見與支持。他們欣賞你的能量與勇氣。 **變形者型**：你們能夠合作並朝著共同目標努力而不競爭。他們喜歡與你進行能量交流。	**其他光型**：如果你們在任何方面變得彼此競爭的話。 **綠型**：你覺得他們太保守，而他們覺得你話太多。 **土型**：你覺得他們抗拒變化，而且設置了情感屏障。他們覺得你透露太多，而且太過自我中心。

連結風格和價值觀	最相容的對象	衝突的對象
	水型：你覺得可以向他們敞開心扉，做自己。他們視你為人類版本的陽光，喜歡你的陪伴。	水型：如果你因為他們需要大量獨處時間而感到不滿，而他們覺得你要求過高的話。
	山岳型：你尊重他們的堅定和領導風格；他們喜歡向你學習。	

● 水型（甘露、漣漪效應、海洋）

連結風格和價值觀	最相容的對象	衝突的對象
低頻率、高強度。在一對一的環境下是以人為本的，支持他人，建立關係，情感導向。 **連結的核心價值觀**：覺知、同理心、清晰；希望每個人都感到被聆聽和理解。	其他水型：你們對彼此深深尊重，理解彼此在連結中需要什麼。 光型：他們的陪伴會讓你感到溫暖、充電。他們覺得可以在你面前展現脆弱，而你能夠承受他們的能量。	其他水型：當你們雙方都覺得好像無法提振彼此精神的時候。你可能覺得無法走出為彼此創造的情感之池。 光型：當你覺得他們想花更多時間和你在一起，而你無法給予。你認為他們在人際連結上精力無窮，而你需要更多空間。他們可能會因為你得離開一陣子而受傷，你需要向他們保證，是否常在一起不是你衡量愛的方式。

連結風格和價值觀	最相容的對象	衝突的對象
	黎明型：他們喜愛你的敏感和覺知，而你喜愛他們能看到你最好一面的能力。當你忘記自己是怎樣的人時，他們會提醒你。 珊瑚型：你覺得他們很迷人，他們覺得你冷靜、處於當下。 變形者型：你欣賞他們的理解，他們欽佩你的深度。	樹木型：他們可能在情感方面對你來說過於封閉，你們共同的低頻率可能使你們無法接觸到彼此。他們可能覺得你情緒多變且要求太多。 土型：你認為他們務實、嚴肅的態度缺乏情感，而他們覺得你過於敏感。 變形者型：你會覺得變形者型過於遷就他人，像變色龍一般，你無法與他們相處，或無法建立明確的連結，而他們會害怕淹沒在你的情感深度中。 山岳型：你會欽佩山岳型的領導力，但會討厭他們需要在多個不同團體中社交。他們會覺得好像永遠無法讓你滿意。

● 綠型（墨鏡、觀察者、樹木）

連結風格和價值觀	最相容的對象	衝突的對象
低頻率、低強度。以任務為中心，獨立工作，有條理，矜持，直截了當，注重細節。 矜持且專業的交流風格，言簡意賅。 **連結的價值觀**：尊重、耐心和舒適。	**其他綠型**：你們都會覺得靜默和界限是令人愉快的，彼此之間會有一種輕鬆和欣賞。 **變形者型**：他們會尊重你對空間的需求，並且在你願意時，會是你願意連結的對象。 **花園型**：他們的個性隨和，不苛求，稍微比你喜歡社交，你會感謝他們讓你有了一個社交的理由。 **珊瑚型**：你們彼此了解，他們尊重你的界限，而你尊重他們的敏感度。 **聚會場所型**：他們會為你的生活帶來樂趣和喜悅，而你是讓他們感到安全的錨或根系。	**其他綠型**：如果沒有足夠的火花來連結的話。你們之間可能會有太多未說出口的話，彼此都不是那麼喜歡交談。 **水型**：你可能覺得他們的情緒太善變和要求太多。你對他們來說，可能情感上過於封閉，而且你們共同的低頻率可能意味著，除非你們下一番苦功，否則難以接觸到彼此。 **光型**：對你來說他們是個謎。你覺得他們過於強勢、話太多，他們覺得你神祕難解，難以和你連結。 **土型**：你們通常對彼此有親和力，但你可能無法在社交方面跟上他們。 **變形者型**：他們會讓你感到舒適，但你天生的拘謹意味著他們沒有太多素材可以合作，而這是他們偏好的連結模式。

● 土型（聚會場所、基礎、岩石）

連結風格和價值觀	最相容的對象	衝突的對象
高頻率、低強度。在團體中以任務為中心，聚在一起實現共同目標，具邏輯性、系統導向、數據導向、過程導向，以線性方式解決問題。 **連結的價值觀**：務實、幽默、輕鬆、忠誠，將團體放在首位。	**變形者型**：他們會尊重你務實的做事方法，以及你對團隊的支持能力。你會欣賞他們的適應力，並視他們為團隊的資產。 **變形者型**：你們能夠合作並朝著共同目標努力而不競爭。他們喜歡與你進行能量交流。 **水型**：你覺得可以向他們敞開心扉，做自己。他們視你為人類版本的陽光，喜歡你的陪伴。 **山岳型**：你尊重他們的堅定和領導風格；他們喜歡向你學習。	**漣漪效應型和海洋型**：你認為他們過於敏感和思慮過多。他們認為你的務實、嚴肅的態度，缺乏情感和感受。他們不喜歡你將情感上的脆弱武裝起來，會覺得他們無法讓你了解一些事。 **一些星星型和陽光型**：你認為他們喜歡聽自己的聲音，而且太過戲劇化。你認為他們把一切又轉回到自己身上。他們會覺得你過於任務導向又不靈活，思維方式僵化。如果彼此有矛盾，你們會發生衝突，因為你會變得不屑一顧，而他們會變得具有攻擊性。

● 變形者型

連結風格和價值觀	最相容的對象	衝突的對象
中頻率、中強度。在社交場合中如變色龍般，能夠讀懂群體，了解其需求並隨之變化。非常具有包容性且適應力強。 **連結的價值觀：**和諧與合作。	**光型：**雖然你與所有其他類型都相容，但更喜歡與高能量和高頻率的光型（火花、星星和陽光）互動。 **土型：**你欣賞土型帶來的團隊合作與一致的穩定性，並享受與他們一起工作。 **山岳型：**你對山岳型的領導者和夥伴反應良好，因為他們與你有相似的中強度連結，並在連結中帶來領導力。	無。衝突不是你的本性。儘管你本身為中頻率連結者，但也會偏好與其他中、高頻率類型的人連結。

● 黎明型

連結風格和價值觀	最相容的對象	衝突的對象
中頻率、高強度。擁護最高潛力，看到他人和組織中最好的一面。 **連結的價值觀：**洞察力與同理心的結合。	**光型：**你們會形成互相欽佩的聯盟關係。你會看到他們最好的一面，他們也會重視並回報你的忠誠，總是把你放在首位。你會感到被愛。 **水型：**你能把他們從深處引導到表面，帶來溫暖的連結。他們會讓你接觸到他們的情感深度和敏感度。你重視他們的評斷。 **變形者型：**你們在中頻率上互相匹配，他們會欽佩你解讀和支持他人的能力。你會欣賞他們創造和諧與合作的能力。 **聚會場所型：**他們會為你的日常生活帶來實際的喜樂。你會為他們提供更高的人生視角。	**基礎型和土型：**你會覺得他們太直言不諱，而且情感上不夠敏感。而他們會覺得你太敏感。 **綠型：**他們拘謹的交流風格，會讓你感到沮喪。你可以與任何人交流，除了那些不想交流的人！

● 山岳型

連結風格和價值觀	最相容的對象	衝突的對象
高頻率、中強度。為他人指引方向，具有強大存在感的天生領袖。 **連結的價值觀：** 領導力與實事求是策略的結合。	**光型**：你喜歡向他們學習，因為他們有很多想法！他們尊重你的堅定和領導風格。 **變形者型**：你們都是中強度的連結者，他們欽佩你為他人開闢道路的能力。你與他們合作愉快；你信任並欣賞他們廣泛的連結能力。 **土型**：你們彼此之間相互尊重；他們欽佩你的領導品質，而你欽佩他們實事求是的務實性格。你們是一支很好的團隊。	山岳型通常不會與人產生衝突；你只會更傾向於接近你認為志同道合的人。 **漣漪效應型和海洋型**：他們認為你專注於實事求是的策略，忽略了人的複雜本質。你會覺得他們難以接近，或只是想談論問題，而不尋求解決方案。 **觀察者型和樹木型**：你無法與他們的低頻率產生共鳴。你們會彼此友好，但對你來說不會超越這一層次。

● 花園型

連結風格和價值觀	最相容的對象	衝突的對象
隨和且放鬆，善於接納而謙遜。 **連結的價值觀：**和平、接納和不評判。	**綠型**：你能夠以溫和的方式將他們引入人際連結。你隨和且不苛求，但比他們稍微喜歡社交，所以你給了他們一個社交的理由。 **土型**：你是他們可以信賴的支持者，他們是你安全的避風港。 **變形者型**：你們會建立一個非常均衡且放鬆的連結。你們都屬於中頻率，因此在人際連結上有相同的偏好。 **火花型**：你會享受火花連結帶來的溫暖與活力。他們會感覺被你所接受。	你的連結風格意味著除非有極其充分的理由，否則你很少與人發生衝突。 **星星型和陽光型**：你可能會在他們的存在下，感到有些不自在，因為你認為他們在設定語調和分享真相方面，侵入性太強、太過苛求。他們打擾了你連結的平靜。他們會認為你太安靜，不夠坦誠開放。 **漣漪效應型和海洋型**：他們會覺得你拘謹的交流風格和低強度難以連結。你會覺得他們很溫暖，但過於情緒化。

● 珊瑚型

連結風格和價值觀	最相容的對象	衝突的對象
對環境非常敏感，但隨著時間而變得堅韌。在一對一的連結中富有吸引力，並能振奮人心。 **連結的價值觀：**令人愉快、恢復和培育。	你的相容性取決於你所在的頻譜位置。例如，如果你更接近中心，就更會被吸引到更高頻率的連結者，如聚會場所型、山岳型和火花型。他們會覺得你很神祕且富有吸引力。你會欽佩他們的善於交際和領導他人的能力。 如果你更接近下方的箭頭，你會與觀察者型和漣漪效應型更有共鳴。你會在他們的連結中感到安全和受到尊重，而他們會視你為他們的庇護所。	如同變形者型和山岳型，你的中強度意味著你很少與人發生衝突。你不會尋求衝突或攻擊性，面對對抗或挑釁的互動時，你往往會避免和撤退。 話雖如此，你的低頻率和退縮傾向，可能意味著你自然無法與光型（星星和陽光），以及土型（基礎和岩石）產生連結。他們是更高頻率且更喜歡社交的類型。

第十四章

你與誰一見如故？與誰話不投機？

　　正如我在本書的一開頭解釋過的，有三種體驗契合或衝突的不同方式。我們可以對個人、團體或場所感到契合或衝突。契合創造了歸屬感，衝突則製造出孤獨感。

立即契合：一道火花，一根點燃的火柴	與對方溝通時感到輕鬆自在。渴望相處、交談、成為共同社群的一部分。	發生在我們的連結類型頻率匹配時。
直覺契合：映照出我們最佳特質的鏡子	與對方同在時感到舒適和喜悅。渴望發展友誼，更深入了解他們是怎樣的人。	發生在我們的連結類型強度匹配時。
親密契合：如同兩塊密合的拼圖	感覺被對方平衡或增強了。身、心、靈的相遇，渴望成為夥伴。	發生在我們擁有互補或平衡但緊密的連結類型時。

立即衝突：就像試圖點燃潮濕的火柴	我們感覺與對方建立連結很辛苦，是被迫的和不自然的。	發生在連結類型的頻率和強度相反時。
直覺衝突：映照出我們最具挑戰性或壓抑之特質的鏡子	與對方同在時，我們出現競爭或防衛心態。他們惹毛我們，並讓我們心煩意亂。我們在回應時會反應過度。	發生在有人表現出我們最具挑戰性的特質時。
親密衝突：某人觸發我們的創傷或負面的過往經歷	我們在對方身邊時，情緒會被觸發，表現出異於平常的行為。他們激發出我們最差的一面。	發生在有人觸發我們過去的創傷時。

● 三種契合與衝突

我們契合的方式	我們衝突的方式
1. 立即契合：一道火光 這種與人、地方或群體的連結，會讓人立即感到舒適。我們覺得很愉快、振奮，而且有歸屬感。	1. 立即衝突：就像試圖點燃一根濕火柴 這種與人、地點或群體的連結，會立即讓人感到費力、勉強和不自然。

· 何時發生？

立即契合發生在與我們的連結類型頻率相匹配的人、地方和群體間。高頻率連結者與其他高頻率連結者及情緒活潑的中頻率連結者會立即契合。

· 何時發生？

當對方與我們的連結類型在頻率或強度上不匹配時，會發生冷衝突，我們因而感到孤獨。

高頻率、高強度連結者（光型）與低頻率、低強度連結者（綠型）產生冷衝突，反之亦然。低頻率、高強度連結者（水型）與高頻率、低強度連結者（土型）產生冷衝突。

中頻率連結者如變形者、山岳和珊瑚型的範圍較廣，一般對友善、正面的連結者都反應良好，無論他們位於模型中的哪個位置都可以。

2. 直覺契合：映照出我們最佳特質的鏡子

直覺契合是想要發展友誼、深入交流，並與某個人、地點或群體長時間相處的體驗。

· 何時發生？

當對方與我們的連結類型強度相匹配時，直覺契合便會發生。通常這是頻率和強度都匹配的狀況（即我們具有相同的連結類型），但頻率對直覺契合來說並非必要，它靠的是強度。

2. 直覺衝突：映照出我們最具挑戰性或壓抑之特質的鏡子

這種衝突會引發我們在某個人、地點或群體中的評斷、競爭或防衛心態。我們會反應過度。

· 何時發生？

當某個我們認識的人，表達出我們內在一些令自己不自在、尚未完全接受，或仍在努力壓抑的特質時，便會發生這種衝突。要激發我們出現這種反應，此人通常來自與我們的連結類型相同的象限，或／並匹配我們的強度。

例如：光型會與其他光型產生直覺衝突；水型會與其他水型產生直覺衝突；綠型會與其他綠型產生直覺衝突；土型會與其他土型產生直覺衝突。

3. 親密契合：如同兩塊密合的拼圖

在親密契合中，我們感覺被對方平衡或提升。他們撫平了我們的稜角，甚至看到了這些稜角的潛力，讓我們覺得變成更好的自己。因此我們的反應是想要與對方結為夥伴。

·何時發生？

這種契合發生在某人是我們連結類型的平衡而非相反時。「相異相吸」應該被重新表述為「平衡相吸」！我們希望與增強我們連結的人成為夥伴；如果我們的頻率高，會希望有人來平衡它；如果我們的強度低，會希望有人來平衡它。如果我們是中等強度，會希望有人透過他們的低或高強度來提升我們。

3. 親密衝突：某人觸發我們的創傷或負面的過往經歷

在親密衝突中，對方會激發我們的戰鬥／逃跑／僵住／討好反應。*

·何時發生？

當某人的行為活化了（觸發，或提醒我們）我們過去的創傷經歷時，便會發生這種衝突。在這種衝突中，對方的連結類型會與最初活化這種模式的人或群體相同。

---

* 就像「戰鬥或逃跑」反應一樣，「討好反應」是有些人為了取悅、安撫及緩和威脅，而做出的另一種自動化反應。這種反應是在彼得・沃克博士（Dr. Pete Walker）的研究中提出的，參見 pete-walker.com/codependencyFawnResponse.htm

● 立即契合：一道火光＝頻率匹配

我們遇見某人、抵達一個地方或加入一個團體時，若立即感到自在，就會體驗到立即契合。我們長舒一口氣，更常微笑。我們心情愉快，肢體語言也更加開放。這種開放導致了愉快的連結，我們會覺得喜歡那個人、地方或團體。自在、新奇或舒適的感覺告訴我們，我們正在體驗歸屬感。立即契合發生在我們的連結類型頻率相匹配時。當我們體驗到這種契合感時，別人對我們的回應會傳達出這樣的訊息：你的連結在這裡是受歡迎的；你的連結需求會在這裡獲得滿足。頻率是最即時的連結形式，因為它與我們談話的頻率和速度有關。

這表示，在初次相遇時，我們能與一個頻率範圍相同的人或地方，輕易地交流、社交。

立即契合是一種令人愉快的體驗。可能是走進健身課，感受到活力滿滿的能量提升；或是進入餐廳的那一瞬間，立即就喜歡上那裡的氛圍；也可能是在衝浪板上划過海浪，呼吸著帶鹹味的海風，或是打電話給一個你信賴的朋友聊聊天。

若你是個高頻率連結者，便是一個外向的人。這表示你在尋求大量的人際連結時感覺最像自己，並藉此獲得歸屬感。你會與說話頻率和速度相同的人瞬間契合。

如果你是個中頻率連結者，便是一個兼具外向和內向特質的人，在結合人際連結與獨處時感覺最像自己，並藉此尋求歸屬感。你藉由談話的速度和節奏，向他人傳達這種偏好。你會

尋找與你的談話方式相匹配的人。

如果你是個低頻率連結者，便是個內向的人。這代表你主要是在獨處的時候感覺最像自己，並藉此體驗歸屬感。你透過談話的量，來向他人傳達這種偏好。你在談話中較為保留，通常不會主動開始對話，你會與尊重你溝通方式的人立即感到契合，因為他們與你的談話量相當。

現實生活中的立即契合

·工作中的立即契合：兩個高頻率連結者

兩個新同事在同一天開始同樣的工作，兩人都是高頻率連結者，透過健談和開放來互相溝通。兩人說話的速度一樣快，一個人回答完問題後，會問對方同樣的問題，邀請對方回應。他們會開玩笑，兩人都是心情輕鬆的。他們的對話幾乎沒有停頓。他們可能成為朋友，也可能不會，但雙方都能感到舒服，任何初來乍到的緊張感，都會因這種連結而平靜下來。

·社交中的立即契合：兩個中頻率連結者

在接孩子放學時，兩個中頻率連結者站著等孩子走出教室，他們都在看手機。其中一人抬頭認出某個熟人，說了聲：「喔，嗨！」另一位家長抬起頭微笑：「嗨！你好

嗎？」接下來的對話是輕鬆的，步調不快，雙方都對對話過程中的停頓感到滿意。他們隨意聊著週末的計畫，直到孩子們跑出教室。

·與地方的立即契合：低頻率連結者

一個低頻率連結者（內向者）離開城市，幾個小時後抵達一個鄉村小鎮。地平線在他眼前展開來，他沿著綠色田野駕駛，長舒了一口氣，感到如釋重負。他對接下來的週末滿心期待，他將獨自在鄉村和他的狗一起度過。「我為什麼不住這裡呢？」他自問。

高頻率類型的立即契合

高頻率類型的人會在與其他高頻率的人、群體和地方相遇時，體驗到立即契合。他們包括：

· 光型：火花型、星星型、陽光型
· 山岳型
· 土型：聚會場所型、基礎型、岩石型

這些連結者會與各種不同的人頻繁且快速地交談，在社交活動中「穿梭在人群間」。他們會想住在都市裡，加入各種社會團體。

中頻率類型的立即契合

中頻率類型的人會在與其他中頻率的人、地方和群體相遇時，體驗到立即契合，並且根據當天的心情，他們可能也會享受光型、山岳型和土型的高頻率連結。

中頻率類型有：

· 黎明型
· 變形者型
· 花園型

如果中頻率類型的人對連結感到負荷過度，他們會更喜歡獨處。

中頻率類型的人想住在城市，但遠離市中心，靠海或靠山。他們也會在大型區域中心蓬勃發展，享受結合人際連結、與自己或動物相處的生活。在社交活動中，中頻率連結者會找到一小群讓自己感到舒適的人，並與他們保持對話。

低頻率類型的立即契合

低頻率類型的人會在與其他低頻率的人、地方和群體相遇時，體驗到立即契合。他們是：

· 水型：甘露型、漣漪效應型、海洋型
· 珊瑚型
· 綠型：墨鏡型、觀察者型、樹木型

低頻率類型的人會在沒有人期待他們交談或進行人際連結時茁壯成長，通常在沒有眼神接觸或交談壓力的情況下，像是在車裡與某人一起駕駛，或與人並排騎自行車時，能進行最舒適的對話。這些類型的人會在遠離大城市或安靜的郊區找到歸屬感。他們會喜歡住在沿海小鎮或鄉村。

　　我們剛剛找出了我們會體驗到立即契合的人和類型。那麼，我們會和誰出現立即衝突呢？

● 立即衝突：努力點燃濕火柴＝頻率和強度等級相反

　　立即衝突是立即契合的反面。當我們遇見某人、到達某地或加入某群體時，感覺像是辛苦的差事且不自然，就會體驗到立即衝突。我們會開始計畫離開，並在心裡計算還需要在那個地方或對話裡待多久。在產生立即衝突的期間，我們對連結的人並沒有任何敵意或怒氣，只是覺得在那裡很費力。

　　立即衝突的感覺像是我們在努力點燃一根濕火柴。對話支離破碎且勉強。雖然我們可能會將立即衝突視為尷尬的經歷，但需要將這種經歷重新定位為雙方的孤獨，因為我們實際的連結方式與想要的連結方式之間存在著差距。

　　立即衝突的發生，純粹是因為雙方的頻率和強度不匹配，例如，在「高頻率、高強度的連結者」與「低頻率、低強度的連結者」第一次見面時。頻率是我們連結類型的第一個信號，因為它與我們有多常對話、說話速度有多快有關。強度是我們

連結的更深層信號，因為它與我們如何與他人建立聯繫有關。通常，與我們的頻率和強度都相反的對象，是我們最難以連結並會立即產生衝突的。

現實生活中的立即衝突：光型與綠型

立即衝突的一個例子是高頻率／高強度的連結者（光型）與低頻率／低強度的連結者（綠型）對話。光型人會覺得自己在承擔整個對話，而綠型人則是只想讓光型人閉上嘴巴！

光型人會覺得綠型人面無表情、表現疏離。綠型人會覺得光型人「太過分」，或是只喜歡自己說話的聲音。綠型人可能會覺得自己無法跟上對話的節奏，因此只給出簡短的回答，並在對話中停頓。光型人則會不斷拚命透過對話來建立連結，但綠型人則希望將焦點從對話轉開，單純地一起享受愉快的時光。光型人試圖透過對話來快速建立連結，而綠型人並不是透過對話建立連結的。雙方都會感到不自在和孤獨。

我想分享一個關於兩個人在經歷立即衝突後，建立了最不可能的連結的故事：我的公公和我。比爾（Bill）是一個綠型觀察者，是個低頻率且低強度的人。他重視尊重、舒適和切中要點的對話。他發展連結的方式，是透過長時間的正面共同經歷。

你現在已經了解我了，我是個光型人，是個高頻率且高強度的人。我重視對話中的高能量和熱情。我是人際取向的，透過生動的對話來建立連結。

我第一次見到比爾時，一直試圖與他交談。他看著我的樣

子，就像在看一隻搭配了肢體語言的蚊子。有一次，我問他一個問題，我覺得他的身體甚至可能出現了驚嚇反應。我的小姑笑了，說：「艾莉在試圖和爸爸說話。」全家人都跟著笑了，好像試圖讓比爾參與對話是一件很搞笑的事。*

隨著時間過去，我學會了在與比爾交談時適當調整我的對話方式，但我仍然覺得自己無法理解他。他總是很尊重我，但我從不覺得他喜歡我。這是立即衝突的典型例子，但我們只是建立連結的方式不同罷了。

大約十年後（真的沒開玩笑），比爾在我身邊開始感到更舒適。他會在我在場時開玩笑，每次我去他們家的時候，我們會一起做填字遊戲。這種溫暖和舒適的感覺不斷增長，最終我在與他相處時感到完全自在。過了大約十一年，我們才體驗到這種連結。

最近我對比爾說：「你知道嗎？認識你的前十年，我一直以為你不喜歡我。」

比爾看著我說：「你怎麼會覺得我現在喜歡妳？」

玩笑歸玩笑，我們把立即衝突轉變成了深深的尊重和（至少從我這邊）愛。我們隨著時間而累積了共同的正面經歷，在兩個截然不同的連結者之間，創造出有意義的連結。對於正在經歷長期立即衝突的人，我的建議是堅持下去，爭取一些在中

---

* 我必須說明，我並沒有提出過於激烈的問題，我只是問他住在這地區多久了！

間點相遇的時刻，但不要指望對方會有根本性的改變。藉由耐心、關懷和共同認識的人，最終你可能將衝突轉變為尊重與愛。儘管比爾和我的連結類型相反，但我會把我的生命託付給他。

「立即衝突」並非激烈狀態

「立即衝突」不涉及激烈情緒，通常發生在我們的連結類型與對方的類型相反時。翻到第 84 頁的「艾莉迪連結類型」模型，可以看到陽光型和星星型會與觀察者型、樹木型發生冷衝突，因為這些類型位於模型中的對立面。

當我們與另一個人的連結點非常遙遠時，就會產生立即衝突，而我們並不會將它視為針對個人的問題。我們雙方都接受即使努力也無法建立連結的事實。這不是因為我們不喜歡彼此，而是因為此人的連結類型與我們的類型相差甚遠，使得這個人在情感上對我們來說很陌生。「立即衝突」意味著「缺乏連結」。

當我們經歷立即衝突時，相較於後文探討的直覺衝突或親密衝突，它是比較不激烈的。當我們遇到立即衝突時，往往會在未來避開這些人。我們不想繼續與他們對話，因為我們沒有看到一絲建立連結的希望「火光」。我們不會對對方抱有任何不滿，就像我們不會對一根濕火柴抱有任何不滿一樣，因此，我們看清事實，然後繼續尋找另一根能夠點燃的火柴。我們可能甚至不會多加考慮，便接受彼此不會特別親近的事實。例如，光型人在遇到一個很矜持、回答只給單字，而且對對話興趣不大的人時，會出現立即衝突。光型人會馬上意識到，對方不想

以光型的方式建立連結。雙方的其中一人會找到退出對話的方法，以緩解不適。這是一個沒有不滿情緒的立即衝突。

對立即的連結衝突開玩笑，通常是有用的。當我在進行工作坊時，人們會佩戴顯示自己連結類型的貼紙，我會開玩笑說他們可以用貼紙來決定午餐時想坐在誰旁邊。有一次，一個男人回應說：「對，我才不會坐在你旁邊呢！」我並沒有覺得被冒犯，反而很喜歡，因為模型在發揮作用！有趣的是，對立即衝突開玩笑，打開了我們真誠連結的大門。談論我們不太可能的連結，反而促成了連結。我在吃午餐時，確實和他坐在一起（為了繼續這個玩笑），而且進行了一次愉快的對話。為立即衝突命名，可以將立即的衝突轉化為契合。

我在與組織機構合作時，經常觀察到高績效團隊會承認彼此的連結類型，甚至是立即衝突。例如，高頻率類型的人會說：「喔，米拉只能忍受三十分鐘的 Zoom 會議，然後她就會恍神了。」或「俊恩不會在週五晚上跟我們喝一杯，因為他到那時就已經受夠我們了！」低頻率類型的人會感到被理解，並感謝他們不需要為自己做解釋。同樣地，他們也知道那些高頻率同事喜歡在早上上班時聊天，所以會適應這些同事。人們想要滿足團隊中其他人的連結偏好，但不需要成為同類人。

現實生活中的立即衝突

‧工作中的立即衝突

　　我在工作期間，曾聽到一位綠型連結者說，當他們看到一位光型連結者朝他們走來並微笑時，他們就會想著：「我即將失去二十分鐘的人生。」

‧社交場合的立即衝突

　　一位女性在一次社交性午餐遲到了，她坐在桌子的最後一個空位上，旁邊是一個低頻率、低強度的連結者。這位遲到者是高頻率、高強度的光型人。她一開始很活潑，問旁邊的女性：「妳最近怎麼樣？」「妳要去哪裡度假嗎？」「妳的工作怎麼樣？」

　　那位女性的回答很簡短，雙方的對話似乎沒有進展。光型女性說：「喔，那邊有我好久沒見的人，我過去打個招呼！」

‧與場所的立即衝突

　　一位低頻率、高強度的連結者（水型），與約會對象走進一家夜店。音樂震耳欲聾，地板也不停震動。他必須大聲喊叫才能點一杯飲料。他開始覺得頭痛了。他們喝完飲料後，他對約會對象大喊：「你想離開這裡嗎？」

相反類型之間的立即衝突

光型

高頻率／高強度類型的人，會與不符合其高頻率和高強度的人、地方和群體，產生生立即衝突，即他們的對立面：

- 低頻率／低強度的綠型：墨鏡、觀察者、樹木
- 花園型

光型人會在安靜、步調緩慢的環境中感到孤獨。他們會與人口稀少的鄉村地區產生立即衝突，因為那裡的人際關係很有限。

綠型

低頻率／低強度類型的人，會與不符合其低頻率和低強度的人、地方和群體，發生立即衝突，即他們的對立面：

- 高頻率／高強度的光型：火花、星星、陽光
- 黎明型

綠型人在被擁擠和喧鬧的環境淹沒時，會感到孤獨。他們會與多個社交活動和不間斷的對話，產生立即衝突。

水型

低頻率／高強度類型的人，會與不符合其低頻率和高強度的人、地方和群體，產生立即衝突，即他們的對立面：

- 高頻率／低強度的土型：聚會場所、基礎、岩石
- 花園型

水型人會在被持續低強度的人際關係包圍時感到孤獨，例如團體假期。他們在能以自己的步調行動，並退回自己的庇護所時茁壯成長。他們的家必須是寧靜、安靜的。

土型

高頻率／低強度類型的人，會與不符合其高頻率和低強度的人、地方和群體，產生立即衝突，即他們的對立面：

- 低頻率／高強度的水型：甘露、漣漪效應、海洋
- 黎明型

土型人在獨自一人太久，或被迫進行深入的情感對話時，會感到孤獨。他們以任務為導向，喜歡繁忙地區的刺激。

中強度的連結者，如變形者型、山岳型和珊瑚型，因其天性適應力強且具包容性，通常在第一次遇到其他連結類型時，很少發生衝突。中強度類型通常在各種環境中都能找到舒適感，因為他們的連結很靈活。

　　好消息是，我們可以從立即衝突中恢復過來，因此不應該因為一次的經歷而放棄與某人的連結。一種克服立即衝突的方法是，在衝突發生時指出它，就像我丈夫所做的那樣。他藉由勇敢地指出我們之間正在發生的事，將立即衝突轉變為一種契合。在那之後，我記得自己將我們關係發展的初期形容為緩慢發展期。

　　必須記住的一點是，在立即衝突中，並沒有什麼怨恨情緒，只是一種不適感。我們感覺這種連結是辛苦的、不自然的、尷尬的。克服立即衝突的一種方法，是承認正在發生的事，盡量不要將衝突視為針對你個人。如果你被迫繼續進行這種連結，要知道隨著時間的累積，你的連結會變得更溫和、更舒適。

　　另一種克服立即衝突的方法，是專注於共同的目標或目的。例如，如果你與公婆或岳父母產生立即衝突，關鍵是專注於你們對他們孩子（你的伴侶）的共同愛意。或者，如果你與同事發生立即衝突，那麼應該將重點放在你們提升團隊的共同目標。關鍵是，**只要有一點互相尊重和專注於共同目標的願望，我們便能將立即衝突轉化為可維續且互惠的關係**。我從與公公的立即衝突中學到了很多，現在我發現，自己在許多方面都想效仿他。他的謙遜、謹慎的反應、不流於戲劇性，以及對家庭的承

諾，在在為我帶來啟發，我十分欣賞他綠型特質的美好。如果我們花一些時間去觀察和傾聽，每個人的連結類型中都有其美麗之處。

這項工作的最大突破是，你不會再將連結視為「針對個人」；某人的連結方式，只是他們歸屬感需求的反映。我們一直受到制約而相信，如果我們與某人發生立即衝突，就代表他們不喜歡我們。讓我們改變一下用語，將「他們不喜歡我」改為「我們有不同的連結需求」。而且要記住，當一個人的行為令人反感或失調時，他們其實是感到孤獨的。

第十五章

直覺契合：我們如何選擇朋友

在本章中，我們探討人們會尋求哪些人當朋友。

我和最好的朋友在七年級展開了友誼，當時我們十二歲，就讀同一所中學。我們並沒有立即契合，因為我們的頻率有些不同。她是中頻率連結者，而我是高頻率連結者。我與同樣外向的人更容易在最初感到契合，但後來我們開始在同一支球隊打無板籃球，而且在下午放學後搭乘同一列火車回家。幾個月之後，我們在彼此的陪伴下都感到非常舒服自在。

我仍然記得彼此友誼鞏固的那一刻。那天下午，我們單獨走在學校往火車站的路上，我問道：「呃，妳的生理期開始來了嗎？」

問這個問題時，我的心跳很快。對我來說，這是一種我想與人分享的經歷，我渴望有另一個人理解並體會我正在經歷的事。

我記得自己當時心想，我希望她說「是的」。

她停了一會兒才回答，而對一個十二歲女孩來說，這是一種脆弱的坦白。她說：「是的。妳呢？」

我鬆了一口氣。「是的！我的生理期來了！」

就像一個活塞被打開了，我們兩人都感覺到可以按照自己需要的方式連結起來。從那時起，我們一直是最好的朋友，她母親曾形容我們「形影不離」。這是一種直覺的契合，因為我們連結類型的強度相匹配。我提出的問題，是我用來確定她和我的強度能否匹配的方式。

　　我並不是在說，成人之間應該藉由問一些深層的個人問題，來開始建立友誼。成人之間的友誼，有著非常不同的動態，我們必須給予他人自由，讓他們與我們分享他們的真實自我。這種信任可能比十二歲孩子之間的信任，要花更長的時間建立。

　　我們想和某人或在某個地方度過大量時間時，會體驗到一種直覺契合。我們在他們的陪伴下感到舒服和快樂。我們感覺最像自己，並且可以自由地、毫無保留地表達自己。我們感覺被看到、聽到和被理解。我們放鬆下來，時間似乎停止了或加快了，因為我們不會注意到它的流逝。這種時間的暫停，為這份連結帶來了深層的滿足感，我們體驗到強烈的歸屬感，而這種感覺就像回到了家。直覺契合就像反映我們最佳品質的鏡子，它激發出我們最好的一面，幫助我們表達出最想在世上被看到的那一面。

　　這種深層歸屬感的來源可能並非來自於另一個人；它可能來自於一隻動物或一個特定的地方，透過看書、演奏樂器、創作藝術、靜心冥想、烹飪或運動來實現。要在為你帶來歸屬感的人事物上尋求直覺契合，而非僅僅在他人身上尋找。

　　若有人用以下方式回應我們，我們便會體驗到這種契合感：

- 這裡歡迎你的一切。
- 你可以做自己。
- 你的連結需求會在這裡得到滿足。

● 直覺契合＝強度相匹配

當我們找到與自己的連結類型強度相匹配的人時，就會出現直覺的契合或友誼。

強度是最深層的連結形式，因為它關乎我們如何建立聯繫、如何感覺與某人親近，以及我們向他人透露多少訊息。這表示我們將與那些強度匹配的人建立友誼，並感覺與一些地方、經歷和群體建立連結。通常，我們在長期與強度相反的人連結時，會感到困難。

直覺契合與衝突

類型	產生直覺契合的類型	產生直覺衝突的類型
光型： 火花、星星、陽光	其他光型 黎明型 水型	土型 綠型 花園型
水型： 甘露、漣漪 效應、海洋	其他水型 光型 黎明型	土型 綠型 花園型

類型	產生直覺契合的類型	產生直覺衝突的類型
土型： 聚會場所、 基礎、岩石	其他土型 綠型 花園型	光型 水型 黎明型
綠型： 墨鏡、觀察 者、樹木	其他綠色型 土型 花園型	光型 水型 黎明型
變形者型、 山岳型和珊 瑚型	由於這些類型都是中強度 的，因此對高強度或低強 度連結者的適應力良好。 他們長期下來會與其他中 強度連結者，如變形者、 山岳和珊瑚型，產生最好 的連結。他們可能也會 與靠近中心（中強度） 的其他類型，建立友誼和直 覺連結，例如火花、甘露、 墨鏡、聚會場所等類型。	這些類型會更難適 應極端高強度和低 強度的連結類型， 例如： 星星型 陽光型 漣漪效應型 海洋型 觀察者型 樹木型 基礎型 岩石型

　　如果你是高強度連結者，就會透過高度投入且誠實的對話
來建立連結，你在這種對話中，會向給予你心理安全感的人透
露感情。你也會在這種對話中感受到歸屬感。你會與那些有同
樣意願投入這類對話的人，產生直覺契合。

如果你是中強度連結者，就會透過輕鬆、好玩的對話，以及隨著時間累積的共同正面經歷，來建立連結。你會與那些能在對話中為你帶來娛樂，並透過共同的愉快活動與你連結的人，產生直覺契合。如果中頻率類型的人對連結感到不堪負荷，他們會更喜歡獨處。

如果你是低強度連結者，在獨處時最能做自己。當你與他人連結時，會尋求沒有談話壓力的共同正面經歷。

擁有很多共同之處的感受，並不是指生活的表面面向，而是指雙方都有共同的強度。

生活中的直覺契合

·工作中的直覺契合：兩個高強度連結者

兩個高強度的人被分配到同一個專案。他們打算開會討論這個專案，會議的前十五分鐘，他們交流了一會兒彼此的背景，像是他們如何來到這個組織工作，還有在大學主修什麼。他們約定好下週一起喝咖啡，因為他們很喜歡與對方交談。

·社交中的直覺契合：兩個低強度連結者

有兩位爸爸是朋友，他們帶著孩子到公園參加兒童派對。其中一位爸爸對另一位大喊：「我們的籃球隊需要另

一個球員！你願意加入嗎？」另一位爸爸站起來，微笑說：「我不能成為那種拒絕打籃球的爸爸。」他們的話不多，但彼此喜歡，與對方相處時感到愉快。

·與地方的直覺契合：高強度連結

　　一位高強度的編劇在山上有個地方專供寫作時使用，她向朋友解釋道：「我在那裡感覺有創造力，我在那裡覺得靈感泉湧。」

·工作中的直覺契合：低強度連結者

　　經理向員工解釋任務。員工點頭，然後問：「你什麼時候需要？」經理回答後，員工說：「我會在那時交給你。」這是一個低強度的對話，因為它切入重點且以任務為中心。它缺乏情感，不涉及個人的表露或不必要的補充。

·社交中的直覺契合：兩個高強度連結者

　　「你的假期怎麼樣？」

　　「天啊，糟透了！我們都得了流感，不得不待在室內！我們差點殺死彼此！」

　　這是一個高強度的回應，因為這個人透過誠實、毫無保留的對話，來披露他們的真實經歷。他們也同樣期望對方能披露真實的經歷。

‧與地方的直覺契合：低強度連結

「你們兩人有沒有去過其他地方度假？」成人子女問他們的父母。「你們不會覺得無聊嗎？」

「不會，我們非常喜歡這裡！我們喜歡這裡的餐館和散步的地方，還有我們住的地方，這裡非常適合我們。」

這是一種與地方的直覺契合，因為它就是感覺非常舒服。

現在我們要來談談直覺衝突：當某人惹惱我們的時候。

第十六章

直覺衝突：當某人惹惱我們時

如果說直覺契合是我們最好特質的反映，那麼直覺衝突則是我們……嗯……最具挑戰性之特質的反映。只是這並非準確反映的鏡子，而是會扭曲我們、使我們看起來變形的鏡子。

當另一個人的行為引發我們競爭、批判或防衛的反應時，我們就會體驗到直覺衝突。想想那些真的讓你很心煩的人。可能是工作上的某個人、家庭裡的某個人或社交圈裡的人。你可能會對這個人產生強烈的反應：

> 「他們怎麼能這樣？！」
>
> 「這什麼……？！」
>
> 「他們是認真的嗎？！」
>
> 「他們到底怎麼啦？！」
>
> 「他們晚上怎麼睡得著？！」
>
> 「你相信嗎……？！」

當我們與他人產生直覺衝突，我們往往會（在心裡或向他人）述說一個冗長又詳盡的故事，解釋為什麼他們那麼的令人惱火／荒唐／令人討厭／刻薄／自戀／情緒不穩定／不可靠／愚蠢等等。

我不想當個傳遞壞消息的人，但與我們產生直覺熱衝突的人，通常是那些表現出我們覺得不舒服或尚未接受的那部分自己的人。他們代表了我們積極壓抑的那部分自己。要釐清的是，這並不表示我們的行為就跟對方那令人惱火的行為一樣極端。通常，這個人表現出的是我們不喜歡或壓抑之特質的更極端版本。與他人產生直覺衝突，只是我們需要處理一些情感的信號。

我將舉出一些實際例子來說明這一點：

案例 1：跨世代衝突

米莉安是一位五十歲的女性，她與自信表達自身性欲的青少年凱蒂產生了直覺衝突。米莉安在青少年時期不得不壓抑自己的性欲，沒有表現出來。因為她的社會和文化背景意味著，如果她表達自己的性欲，就會遭到家庭的排斥。米莉安選擇優先顧及自己在家庭和社區的歸屬感，而非實現她的性欲。因此，自信表達性欲的青少年凱蒂，讓她產生了直覺衝突。凱蒂並非錯了或是糟糕的，而是這位年長的女性對她的行為感到排斥。

案例 2：工作中的一面鏡子

三十歲的吉安娜與二十一歲的同事小燕產生了直覺衝突，

因為「她太笨了，什麼都不會！」當吉安娜被問及為何對小燕的行為如此惱火時，她回答：「我猜是因為她什麼事都不會自己去做。她知道需要做些什麼，卻懶得去做。」吉安娜停頓了一會兒。「老實說，這些事也讓我對自己感到惱火。我需要改變自己生活上的一些事，我知道自己需要做些什麼，但就是不去做。」

案例 3：嫉妒的衝突

羅伯特對他的朋友伊戈爾在 Instagram 上不斷發布奢華的海外度假照片感到不滿。「他不知道自己在炫耀嗎？」但接著他又說：「我想，我也想去海外度假，也許我會看看航班資訊。」

案例 4：屈辱的衝突

一名男子對一個在工作上頻頻打斷他，並在會議中打岔的人，感到憤怒難當。這讓他想起自己在家中被忽視，以及沒人傾聽他說話的經歷。這讓他感到不安，覺得自己的想法沒有價值，也沒有意義。

直覺衝突不一定來自負面的行為，它們只是凸顯出我們需要解決或治癒的某些問題。我曾與一個自信心低落的人一起工作，每當他被要求公開演講時，這種低落的自信心就會加劇。他的直覺衝突是由一位擅長演講的同事所引發的。這位同事很友善，從未做過任何打擊我客戶的信心的事。只是他單純的存在，就引發了衝突。他的溝通才能，凸顯了我客戶的不安全感。

在我們針對他的情感歷史下工夫並進行清理後，我的客戶就能專心發展自己的風格，而不是與同事比較了。

直覺衝突的發生，可能會發生在一個相信炫耀金錢是不道德的人，與一個擁有炫目財物的人之間。或者，如果一個人是討好型人格，而且相信「只有滿足他人的需求，我才是可愛的」，那麼他們會與那些按照自己意願生活的人，發生直覺衝突。你可以看到，引發直覺衝突的人，不一定是個不友善或可惡的人。僅僅藉由他們的存在，便可能讓我們感到不舒服，揭露出我們需要療癒的地方。

我們必須將直覺衝突視為一種被刺激並提醒去改變的過程。如果我們能抵抗將這種衝突視為針對個人的衝動，就能降低交流中的火藥味。直覺衝突往往會失控並持續多年。如果我們沒有覺知到衝突的本質，看見它是在提醒我們需要與自己感到疏離或不舒服的一些性格面向和解的信號，這種衝突甚至可能持續一生。

順便說一句，與他人的直覺衝突，並不表示他們正在做什麼錯事；他們只是按照自己的連結類型在過生活，可能完全沒有意識到他們觸發了你。

在直覺衝突中，我們想要的東西通常與對方相同，但對如何實現這件事卻有不同的想法。實質上，直覺衝突讓我們質疑自己的想法和生活方式：你的方式比我的方式更好嗎？我應該調整或重新思考我的方法嗎？在那個當下，我們在潛意識會擔心對方的生活方式比我們的更有效率、更實際或更有見識。例

如，米莉安想要在性方面更自由；吉安娜想要在自己的人生選擇上更主動積極；羅伯特想要出國度假。與他們發生衝突的人，可以被視為敦促他們成長的提醒，從而獲得接納。

如果我們能達到這種覺知的層次，理解為何對方會對我們造成威脅，讓我們出現競爭、防衛或批判心態時，最終直覺衝突便可以轉變為契合。

● 理解直覺衝突

為了利用直覺衝突促進我們的個人成長和利益，我們應該停下來思考：「我對這個人的反應之下，是什麼樣的恐懼或渴望？」

我們甚至可以對這個人心存感激，感謝他們為我們帶來能夠清晰看見的禮物。他們的連結推動我們朝著想要的生活前進，儘管這條路走起來可能不太舒服。要處理直覺衝突，我們需要問自己以下問題：

· 若用一句話概括，這個人的行為讓我感到不舒服的地方是什麼？

· 他們擁有什麼是我希望自己擁有的？

· 他們表現出哪些我不得不壓抑的部分嗎？

· 我可以做什麼來讓自己的生活中多一點他們所代表的事物？

要讓我們的內心產生直覺衝突，對方的連結方式必須與我們相同。

> 光型人：會與其他光型和黎明型產生直覺衝突。
>
> 水型人：會與其他水型和黎明型產生直覺衝突。
>
> 綠型人：會與其他綠型和花園型產生直覺衝突。
>
> 土型人：會與其他土型和花園型產生直覺衝突。
>
> 中強度類型（變形者、山岳和珊瑚型）者：會與其他中強度類型者產生直覺衝突。

要讓某人激怒我們，他必須處於我們的連結波長上。這個人正在表現出我們性格中被分裂出來的一部分，這就是為何他會引發我們強烈反應的原因。要讓他表現出我們個性中的某一面向，就必須與我們在頻率和強度上相同。

● 現實生活中的直覺衝突

光型與黎明型

克莉絲朵與她朋友的丈夫詹斯發生直覺衝突，詹斯是一名投資銀行家，屬於光型。克莉絲朵屬於黎明型，某天一起共進晚餐時，她談到她的護理師工作。詹斯問：「護理師每年賺多少錢？」克莉絲朵有些驚訝，但還是把自己的年收入告訴他。他看向妻子，笑著說：「那是我去年繳的稅。」

克莉絲朵和她的丈夫感到十分震驚。在回家的路上，他們

決定再也不和這對夫妻共進晚餐了。顯然，詹斯的行為粗魯無禮，但克莉絲朵可以從這次尷尬的經驗中，得到哪些教訓呢？如果她問自己以下的問題，可能會將這次不愉快的經驗轉化為獲得洞見的機會：

- 若用一句話概括，此人的行為讓我感到不舒服的是什麼？
    → 他讓我覺得自己的財富有所不足。
- 他擁有什麼是我希望擁有的？
    → 我希望生活中有更多的富足和享受。我覺得自己過度勞累。
- 他們表現出哪些我不得不壓抑的部分嗎？
    → 在成長過程中，我被教導要照顧他人。我來自一個醫療從業者家庭，認為純粹為了錢而賺錢是自私的行為。這不是什麼負面的事，但有時這表示我可能會忽略自己的需求。
- 我可以做什麼來讓自己的生活中擁有多一點他所代表的事物？
    → 我可以更加關注自己身心健康方面的需求：運動、泡澡、偶爾去按摩等。我還是不想跟這個人共進晚餐，但他揭露了我忽略自己需求的地方。

水型與水型

　　一位祖母蘿蕾（屬於甘露型）與她的媳婦烏塔（屬於漣漪效應型）在育兒方式上產生直覺衝突。蘿蕾有三個孩子，非常善於解讀孩子的需求。烏塔則遵循育兒書和部落格的建議，而不是信任自己的直覺來了解孩子的需求。蘿蕾對烏塔在家裡到

處貼上兒歌歌譜，以便提醒自己唱歌的做法，出現強烈的負面反應。她回家後對丈夫咕噥道：「我從不依靠印出來的歌譜來提醒自己唱兒歌！她是怎麼啦？」

以下是蘿蕾可以用來處理這次直覺衝突的反思過程：

- 若用一句話概括，烏塔的行為讓我感到不舒服的是什麼？
  - → 她聽取其他人，也就是所謂專家的育兒建議，而不是信任自己和我的建議。
- 烏塔擁有什麼是我希望擁有的？
  - → 她在自己需要幫助的時候，坦然接受這一點，而我不善於承認自己的脆弱。
- 烏塔表現出哪些我不得不壓抑的部分嗎？
  - → 我在撫養孩子時，並非總是對自己有信心，但我不得不繼續。很多時候我會懷疑自己，但別無選擇，只能堅持下去。我不能向自己的母親求助，因為她總是在喝酒。我想，我希望自己當時能有個人可以求助。
- 我可以做什麼來讓自己的生活中多一點烏塔所代表的事物？
  - → 也許我可以對自己寬容一點，不必總是力求完美。即使我承認自己遇到困難，也不會變成像我母親那樣的人。

兩姊妹：綠型與花園型

　　兩姊妹，珍和克勞蒂亞，都是綠型：珍二十一歲，是墨鏡型，而克勞蒂亞二十三歲，是花園型。珍總是「借」克勞蒂亞的衣服來穿，而且常向她要錢卻從不打算還。珍沒有工作，外出時都依賴她辛勤工作的姊姊付帳。當克勞蒂亞與珍發生直覺衝突時，她的反思過程如下：

· 這個人的行為讓我感到不舒服的是什麼？

　　→ 她總是從我這裡占便宜，從不打算還錢。她沒問我就拿走東西，把我的東西和錢包都當成自己的，不知道我為了這一切要多麼努力工作！爸媽沒有多餘的錢，所以她出去玩都靠我，這太不公平了。

· 她擁有什麼是我希望擁有的？

　　→ 她沒有壓力。她可以一整天閒坐，做任何她想做的事。人們對她沒有任何期望。我希望自己也能有這樣的感覺。

· 她表現出哪些我不得不壓抑的部分嗎？

　　→ 我永遠是那個責任重大的老大，我必須讓父母感到驕傲，因為他們為珍感到擔憂。我永遠不能懈怠，否則我們家就會有兩個人讓家人失望了。

· 我可以做什麼來讓自己的生活中多一點珍所代表的事物？

　　→ 如果我開始懶惰，不知道大家會做何反應。也許我可以偶爾放鬆一下，譬如在假日的時候，我可以請珍和我一起打掃房子，而不是我獨自在她早上睡覺時完成。也許她在家裡也需要分擔一些工作。

酒吧裡的土型與花園型

　　一名男子在擁擠的酒吧排隊。前面的人點了四杯酒，酒保說：「一共四十八美元。」這時前面那個人才掏出錢包要付錢。

　　這名男子買完自己的飲料回到朋友那裡時，他說：「在點飲料時準備好錢包和信用卡並不難！我前面那個人在酒保要錢時看起來很震驚！」

這是處理這類直覺衝突的反思過程：

- 若用一句話概括，這個人的行為讓我感到不舒服的是什麼？
  - → 他沒有為他人著想，後面有人在排隊，而他只想到自己。

- 他擁有什麼是我希望擁有的？
  - → 他不會想到他人。有時我希望自己不要那麼在意每一樣事物對周圍人的影響，不用取悅每個人。

- 他表現出哪些我不得不壓抑的部分嗎？
  - → 其實，當我還是個孩子時，是生活在自己的世界裡，不怎麼考慮自己的行為對他人的影響，我只做自己想做的事。我不知道自己什麼時候不再那樣做了。

- 我可以做什麼來讓自己的生活中多一點他所代表的事物？
  - → 容許自己不那麼過度警覺；放鬆控制是沒關係的，甚至是健康的。

中強度類型：變形者型與山岳型

　　一名變形者型藝術家對業內那些自認是潮人、模仿另一個時代的藝術家（如鄉村搖滾風格）的人感到無法忍受。這讓他很反感。他經歷了直覺衝突的反思過程。請注意變形者型的猶豫不決：

· 若用一句話概括，這個人的行為讓我感到不舒服的是什麼？
　　→ 他可以如此堅定地投入一種風格，代表他們足夠認識自己。

· 他們擁有什麼是我希望擁有的？
　　→ 對自己身分的清楚認識，能夠自信地認定自己的身分並說：「這是我的風格。」

· 他們表現出哪些我不得不壓抑的部分嗎？
　　→ 我不知道。

· 我可以做什麼來讓自己生活中多一點他們所代表的事物？
　　→ 多思考一下自己的風格，以及該如何自在地表達自己。

　　直覺衝突是一條捷徑，能幫我們找出需要關注的部分。如果有人輕輕戳我們的手臂，而我們沒有潛在的傷口，便不會在意，甚至可能不會注意到。但如果我們曬傷了，或那裡有瘀傷，這個戳手臂的舉動就會引發強烈的負面反應。直覺衝突也是同樣的過程，它讓我們感到不安，因為我們在那個點上有潛在的脆弱。如果你生活中有讓你出現情緒波動的人，試試使用上述問題來激發你的洞察力。這會讓你與這個人拉開距離，領悟到他們對你並沒有特別強大的影響力。他們之所以有強大的影響力，是因為他們代表了你需要療癒的潛在模式。

第十七章

∞

親密契合：我們如何墜入愛河

「親密契合」與「立即契合」和「直覺契合」，有著非常不同的模式。對於朋友和熟人，我們尋找的是頻率或強度在某種程度上與我們匹配的人。而當我們墜入愛河時，尋求的是在連結類型上能夠互補或達成平衡的戀愛伴侶。互補方是某個可以為對方帶來額外特質，以改善或提升雙方品質的人。在艾莉迪模型的語言中，互補是指其連結類型的頻率或強度接近我們，但不完全相同。我們不尋求連結類型完全相同的戀人，因為我們認為這是不必要的重複，或是關係中潛在的競爭來源。我們希望在愛中找到一個能平衡我們的伴侶。我們不想要一面鏡子，而是想要構成拼圖的兩塊。

這表示，相反面並不會互相吸引，因為最成功的伴侶關係是互補而非相反的。我們與某人談戀愛，因為他們能平衡我們並與我們互補。所以，我們傾向於選擇與我們相同的朋友，而戀人則是選擇與我們互補的。例如，我的親密朋友都是高強度的連結者，透過交談來連結，而我的丈夫是變形者型，一個中等強度的連結者，透過共同的正面經歷和定期的低強度交談，

維持彼此的聯繫。

在我的生活伴侶中，我尋找的是一個平衡而非反映我連結類型的人。如果我當初要找的是一個與我相同類型的人，就會找到另一個光型人。我丈夫的變形者特質平衡了我。當我談論他時，常用「他讓我平靜」、「他讓我保持平衡」或「他讓我穩定下來」這樣的形容詞，從「艾莉迪連結類型」的角度來看，這很有趣。他將我連結到模型的中心。

他的朋友也與他的類型相同，強度也相同：變形者型與山岳型，有一些火花型和聚會場所型。當然，我們大多數有關朋友和戀人的決定並非刻意做出的。「艾莉迪連結類型」模型給了我們一個有意識地看待這些決定，並識別自身模式的機會。

● 如何選擇戀愛伴侶

所有參加「艾莉迪連結類型」評估的幸福伴侶，都具有互補的連結類型。正如不同伴侶所展示的，有很多種組合都可以產生幸福快樂的愛情關係。然而，有些組合比其他組合更可能長期維持關係。

若要選擇最佳的戀愛伴侶，我們應該尋找一個連結類型與我們不相同，但也不是模型上處於對立面或距離很遙遠的人。規則是：選擇模型上接近你，但不完全相同類型的人。更明確來說，一個陽光型人可以愛上一個光型人，例如火花型，但是兩個陽光型人在同一個關係中會過於強烈，最終會爆發。

長期在一起的伴侶

以下是一些持續十年以上的幸福愛情關係及其連結類型，皆為真實案例。

第 1 對：結婚超過四十年

· 連結類型：女性—聚會場所型；男性—觀察者型

連結類型以兩個圓圈表示。它們彼此接近但不是同一類型；它們在強度上是互相匹配的。女性的頻率比男性的頻率高。

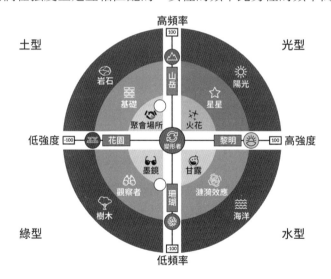

這是一個低強度的連結。這對聚會場所型配觀察者型伴侶的女性告訴我：「我們的連結一直基於相同的價值觀和原則，以及對家庭的愛和力量。而且，他很可愛，我很喜歡他。我會形容我們的關係是一種非常好的友誼，互相支持但保持自我的

獨立。我們對重大問題會達成一致的看法，但對小問題感到煩惱。我們會尊重彼此的需求並願意妥協。」

第 2 對：結婚超過四十年

· 連結類型：女性—黎明型；男性—火花型

連結類型用兩個圓圈表示。它們彼此接近，但不是同一類型；它們具有相同的頻率。男性的強度比女性低。

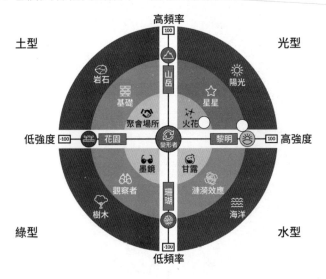

這是一個高強度的連結。當被問及如何形容他的妻子時，這位火花型男性說：「我可以用『一件神奇的事』或『世界七大奇蹟之一』這樣的詞來形容嗎？她一直激勵我實現最高的潛能。我們的關係為我的生活注入了活力。」

黎明型女性這樣描述道：「他就像呼吸。我將他視為我的背景畫布，沒有他，我無法畫出我的人生畫作。」

第 3 對：結婚超過十年

‧連結類型：女性—變形者型；男性—珊瑚型

連結類型用兩個圓圈表示。它們彼此接近，但不是同一類型，雙方的強度相匹配。

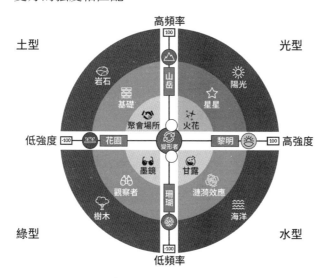

這對夫妻中的變形者型（中等強度連結者）女性說：「我會形容我們的關係很穩定，因為我們沒有猜忌或遊戲。我們對彼此都真心敬佩與尊重，並希望彼此過著最好的生活。這讓我們的連結保持堅固、充滿熱情，而且一直在進化。」

第 4 對：結婚超過十年

‧連結類型：女性—介於星星型和陽光型之間；男性—變形者型

連結類型彼此接近，但不是同一類型，頻率相匹配。

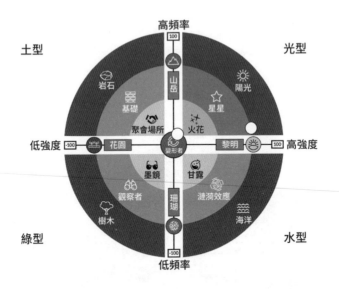

　這是我和我丈夫的連結。我是高強度，他是中等強度。在形容我們的關係時，我常用「他讓我平靜」或「他使我變得務實」這樣的說法，如果你看我們在模型中的位置，會發現它很有趣。當我問他如何形容我們的連結時，他開始唱起喬許・葛洛班（Josh Groban）的〈你鼓舞了我〉（You Raise Me Up）。他總是用幽默來迴避我的高強度問題！

　我們的頻率互相匹配，這很棒，因為我們都需要大量的人際連結。我們對社交與成為社區一分子，有著相同的熱情。有趣的是，當我向他人描述我們的關係時，我表現出中等強度。我對丈夫真正的高強度情感太深，無法公開分享。

第 5 對：結婚超過十五年

· 連結類型：女性—墨鏡型；男性—聚會場所型

　　連結類型用兩個圓圈表示。它們彼此接近，但不是同一類型，強度相匹配。

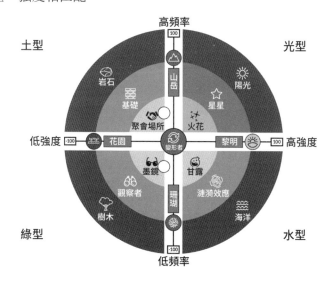

　　這是一個低強度的連結。這對夫妻在談戀愛之前，已經是相識多年的朋友了。他們藉由三個孩子聯繫在一起，並且是彼此強大的支持。他們的關係不帶任何誇大的戲劇性，十分務實。

第 6 對：結婚超過十五年

· 連結類型：女性－漣漪效應型；男性－甘露型

連結類型用兩個圓圈表示。它們彼此接近，但不是同一類型，頻率相匹配。

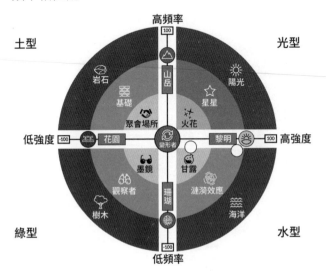

這對夫妻中的漣漪效應型女性這樣描述他們的關係：「我們是彼此的避風港。我們都非常努力工作，我們的關係是支撐我們的燃料。當我們有假期時，會退回到家庭的庇護所。經過了二十年的相處後，我們打造了一個讓兩人都覺得驕傲的生活。」我們可以從她的用詞選擇中，看到低頻率匹配的體現；避風港和庇護所是他們從世界撤退的地方。

他們雙方都尊重彼此投入工作的需要，然後回歸到家庭。

第 7 對：在一起超過二十年

· 連結類型：男性─星星型；男性─陽光型

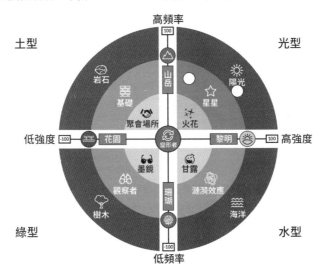

　　連結類型用兩個圓圈表示。它們彼此接近，但不是同一類型，頻率相匹配。這對男性伴侶強化了親密契合的數據，顯示出適用於所有伴侶的連結類型結論。陽光型男性說：「我們都是高能量，而且一起以百萬英里的速度前進。我們有三個孩子和一隻狗，我們總是在移動和享受樂趣。」這種高頻率和高強度的連結難以阻擋，像磁力一樣吸引著他人。這兩個男人受到卡爾·榮格（Carl Jung）所形容的外向性格所驅動，「有能夠忍受各種喧囂和噪音的能力，而且實際上覺得它們很有趣，時刻關注周遭世界，培養友誼和熟識的圈子……這種類型之人的心理生活，可以說是在自己的外部，在環境中展開的。」[26]

第 8 對：在一起超過五年

· 連結類型：女性─星星型；女性─聚會場所型

連結類型用兩個圓圈表示。它們彼此接近但不是同一類型，頻率相匹配。這對女性伴侶強化了親密契合的數據，顯示出適用於所有伴侶的連結類型結論。

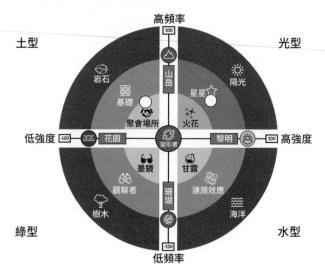

這對伴侶在頻率上相匹配，一方是高強度女性，另一方是低強度女性。高強度的一方說：「我們的連結總是電光火石。我們的連結餘燼潛伏著，且靜靜地持續燃燒多年，橫跨彼此之間千里的距離。一旦我們處在同一個空間，風點燃了餘燼，火焰便猛烈燃燒。我會形容我們的關係為深刻、自由、充滿愛、平等、熱情、忠誠，而且我們無悔地、激烈地保護著彼此的心。」

她的伴侶說：「即使在我們多年的純友誼期間，我也一直

覺得她十分迷人、令人著迷和魅力四射。我從未如此莫名其妙地被一個人吸引。當我們的機會窗口出現時，我們做為戀人的連結擴展了這一點，我現在會形容它為耀眼、強大，而且堅定。我們的關係完美結合了樂趣、笑聲、喜悅和輕鬆，與強烈的忠誠、愛、渴望和奉獻。她總是會對我的笑話大笑，說我看起來很好，所以我覺得這也有幫助。」

她用了「風點燃了餘燼，火焰便猛烈燃燒」和「當我們的機會窗口出現時」這樣的語言來形容，不僅僅是對這段關係的美好反映，也是對他們相互連結之本質的象徵：這對光型和土型的組合來說是完美的。

對一段親密關係的反思

在描述親密契合的方式上，高強度和低強度連結者的差異，呈現出各種類型的人對待情感的特徵。高強度連結者以更深刻的方式感受他們的情感，而低強度連結者在情感上更為持久穩定。低強度連結者強調親密契合中的友誼元素，而高強度連結者則強調契合中的強烈情感。

展開一段新的戀愛關係，可能會令人非常激動，許多強烈的情感會湧入你的大腦和身體。如果你正在展開一段戀情（或如果你現在正處於一段戀愛關係中），問問自己以下關於頻率和強度的問題，可能會有幫助：

愛的相容性：頻率與強度

頻率相容性

· 我們是否以對彼此都有利的方式感受歸屬感，還是其中一方通常按照另一方希望的方式進行連結？

· 我們是否都同樣希望外出社交？

· 這種動態是否足夠持久，能讓我的生活有空間能容納其他重要的關係？

· 我的伴侶是否因我與他人連結的方式，感到威脅或嫉妒？

強度相容性

· 我是否覺得自己可以公開、有效和安全地與對方交流？還是我覺得自己因交流方式而被忽視或羞辱？

· 我們的連結模式，是否與我想要的生活方式一致，即我們是否以讓雙方都感到自信、受到尊重和重視的方式，相互交談及相處？

· 我們的關係是否能讓雙方都展現出最好的一面？

· 我們的關係是否能支持雙方的最高潛能？

　　我們選擇的親密伴侶，可能是我們做出的最重要人生

決策之一。我希望藉由了解你的連結類型並結合以上問題，能幫助你做出這些選擇。相容性的重點不在於共同的興趣，如果伴侶的連結類型在模型上彼此接近，伴侶之間會有親密契合，而非親密衝突。我們可以來自同一象限，但最好不要是完全相同的類型：例如，我們可以都是光型，但不能都是陽光型。我的研究顯示，在模型上彼此接近且在頻率或強度上匹配的伴侶會相處得非常好。

　　現在我們已經討論過我們如何以及為何會產生親密契合，接下來要討論我們如何以及為何會產生親密衝突。

第十八章

親密衝突：觸發點與創傷

　　親密衝突感覺像是愛與恨、戰爭與和平、吸引與排斥、恐懼與慾望，以及（情感上的）暴力與激情集於一體的連結；我知道，這聽起來似乎有點矛盾。我們會從那些觸發我們產生不安全、危險或威脅反應的人，體驗到親密衝突，這種感覺源自於我們的制約、過往經驗或創傷。親密衝突會引發我們對另一個人的強烈負面和防衛反應，但同時我們又發現對方對我們產生極大的吸引力。最強烈、最可能改變人生、最具爆發性的衝突，就是親密衝突。我們會說出「你毀了我的生活」、「我浪費了五年時間和你在一起」、「都是你的錯」和「我希望從沒遇見你」這樣的話。如果我們能將這些話裡的「你」換成「我的童年創傷」，就能了解真相到底是怎麼回事了。

　　親密契合和親密衝突很容易令人混淆，尤其是一開始的時候。親密契合在最初感覺像是渴望，因為我們被強烈的激情和完全沉浸在對方的興奮感所淹沒。在親密契合中，我們尋求另一個人來平衡自己，所以預期會有一些阻力。激情不是一條直線。我們不期待時時刻刻都達到完美的和諧，因為我們想要在

關係中找到一個平衡點。

但是，我們需要知道何時阻力與平衡會變成一種有害的連結。親密契合與親密衝突之間是有差別的，這通常體現在爭吵的性質上。在親密衝突中，爭吵更頻繁，而且會對對方造成傷害。親密衝突中的爭吵帶有這樣的口氣：如果你想讓這段關係繼續下去，你必須改變自己。這些狀況甚至可能接近虐待。為了幫助你區別親密契合與有毒的親密衝突，請參考以下列表。

親密契合	有毒的親密衝突
偶爾會因小事爭吵，讓我們感到惱火和沮喪，但事後會渴望和解。	經常因重要問題爭吵，讓我們感到飽受折磨、心力交瘁，（一時）會想要「傷害」對方。爭吵可能會涉及情感或身體上的虐待。我們會說出或做出一些難以復原的破壞性事情。和解的過程跟爭吵一樣激烈。親密衝突中的爭吵，會讓你感到暴怒和無力，因為這種情緒觸發讓你感覺自己像個孩子。
我們感受到對方在身體上的吸引力，並經常尋求他們的愛意。這在關係的前十二個月中，也可能感覺像是投入全副身心的渴望。	
我們覺得這段關係是健康和可持續的。	我們被渴望對方的欲望所吞噬，好像他們是我們的一種癮頭；我們有一種無法控制的衝動，想要與他們連結。
我們將對方視為獨立的個體，有他們自己的優先事項。	內心深處，我們知道這段關係並沒有讓我們變得更好。例如，我們可能會失去以前其他的重要關係，並可能放棄以前在乎的一部分生活。

親密契合	有毒的親密衝突
	·我們將對方視為我們的延伸。若將注意力放在這段關係之外的任何事情，都會被視為不忠。

親密衝突可能會讓我們終身難忘。即使我們是在許多年前與某人發生過親密衝突，對其中一些部分仍歷歷在目。當我們想到此人時，會心跳加速，或在情感上感到一陣顫抖。

親密衝突通常始於某人對我們初期的吸引力，這可能是身體上、精神上或情感上的。這個人身上有某些東西立即吸引了我們，或引起我們的興趣。我們的天線會升起，而且這個人留下的第一印象對我們有強烈的影響力。這種影響力可以是正面的，也可以是負面的——重要的是他們對我們產生了影響。

另一種理解親密衝突的方式是負面吸引力，這聽起來又像是一種矛盾。由於有足夠的相似和熟悉的能量，將你拉進了這個人的情感軌道裡，但同時也有某些重要的東西讓你產生排斥。對一個人的這種推拉反應，是我們的成長經歷或舊時創傷的結果。一方面，這種感覺很熟悉，但另一方面，這種感覺是帶來創傷的。譬如，一個從小一直為經濟擔憂的女人，與一個非常成功和富有的男人之間的關係。表面上一切都很正面，但是在閉門之後，他對她很不友善，並在心理上虐待她。她對他有吸引力，他也給了她從未有過的安全感，但虐待卻侵蝕了她的自我。她既被他吸引，又對他感到厭惡。

親密衝突讓你感覺像是回到了原始創傷發生時的年齡。通常我們的創傷發生在童年時期，所以親密衝突通常會觸發童年創傷。當我們對一個人或事件的內在反應被激化，感覺像是在重新經歷創傷時，就會發生情感觸發。一個例子是，當你正在克服飲食失調，卻有人為你端上甜點，或者你害怕黑暗中的孤獨，卻在夜晚獨自待在停車場裡。這些事件觸發了你的創傷。與其他人的反應相比，這種反應似乎與事件不成比例。

　　我們也可能在某些情況觸發內心最深、最痛苦的情感時，與自己經歷親密的衝突，如下表所示。同樣的，新創傷經歷往往會喚醒我們的舊創傷經歷，並產生動力，使情感雪球變成情感雪崩。值得注意的是，孩子的創傷經歷也會觸發我們自己的創傷。

親密衝突	被觸發的常見創傷情感
我們遇到倒霉的事情，譬如收到停車罰單，或發生小車禍，好比爆胎。	不值得：我不配幸福快樂；好事不會發生在我身上。
我們沒有被邀請參加聚會或被選入團隊，或者我們的孩子沒有被邀請參加聚會或被選入團隊。	拒絕、拋棄：我不可愛。
我們在公眾場合受到羞辱。	羞愧：我不好或做錯事。

在連結類型方面，親密衝突通常發生在模型中彼此距離較遠的類型之間。親密衝突總是從立即契合開始的，因為我們最初是被對方所吸引。與其說這種立即契合是頻率或強度上的匹配，不如說是因為這個人代表了某種「答案」，能夠「解決我們的創傷」或「在某種程度上讓我們變完整」。隨著時間的累積，我們的連結中有某些東西會喚起我們的創傷。事實上，我們經常被某些人吸引，並與他們產生親密衝突，是因為我們和對方有著同樣的童年創傷。將距離拉遠來看，我們可以將這些人視為同一類型創傷中的同路人。

如果你目前正與某人陷入親密衝突，問問自己：我們是否有著同樣類型的童年創傷？

我可以用一個例子來說明這一點。想像有個男人，他的父親在他成長過程中，經常對他的身體發表負面評論。父親會為兒子量體重，並不斷告訴他，如果體重上升，就需要再努力。於是，這個兒子產生了自己的身體不完美和令人厭惡的信念。這個年輕人成長到二十多歲的時候，在足球隊的更衣室裡。他的隊友們在淋浴後一直開著玩笑，其中有個人走到他面前，戳了一下他的肚子說：「該做做重訓了！」這就是一個親密衝突的例子。

我們的主角當著大家的面笑了笑，但內心卻充滿了羞恥感。從更衣室回家的路上，他在速食店停下來，買了一些食物，來讓自己感覺好過一些。

回到家之後，他的女朋友注意到垃圾桶裡的速食包裝袋。

她說：「我以為你在努力減重。如果你不注意自己吃什麼，你永遠都會這麼胖。」

這個男人轉身抓住他女朋友的肩膀，大喊道：「如果妳覺得我胖，那就離開吧！」

他的行為是暴力的，完全是一種過度反應。是的，她的評論是無禮且缺乏敏感度的，但他的反應卻太過誇張。這是一種親密衝突。

我還沒說的是，這個女朋友有一個患有肥胖症的母親。看到垃圾桶裡的速食包裝袋，讓她的內心受到觸發。她在對男朋友說這些話時，其實是在對她母親說話。

這就是觸發點和親密衝突的運作方式。一個小小的評論或行動，可以像一把刀子插入一個開放性傷口那樣，我們的反應也是如此。與其將焦點放在那些評論或發表評論的人，對這名男子更有療癒力的方式，是探究他在自己身體形象方面的傷口。在情感力量方面，一個人在親密衝突中，對我們唯一具有的控制「力量」，就是他們引發了一連串的情感事件。

親密衝突就像一根火柴，點燃了我們的童年創傷。

● 如何應對親密衝突

一旦我們意識到自己處於親密衝突之中，健康的回應方式就是將自己從這種關係中抽離出來。斷絕關係可能是件很困難的事，因為這涉及了深層的情感。

接下來的步驟，是將對方及其行為在我們內心引發的情感連鎖反應分開來。然而，如果他們動用了身體暴力或強迫的控制行為，這些就是犯罪行為了，必須追究其責任。

　　將一個人及其在我們內心引發的情感分開，是一種賦予我們力量的方法，因為我們都有能力在專業人士的協助下，清理我們的情感歷史。我們越努力去處理並意識到自己的情感歷史，被觸發的可能性就會越小，而且，在觸發發生時，運用策略來處理衝突的機率就越大。每個人都有某種程度的情感創傷，一旦投入這個過程後，當我們被觸發時（因為我們都是凡人，所以都會被觸發），就會有工具和支援的網絡來清理新的觸發點。一旦我們能辨認出歷史中的情感觸發根源，就能從當前觸發我們的人那裡取回力量。

　　觸發點就像燈塔，它們發出信號，好讓我們可以避免巨大的、具有威脅性的潛在情感。

　　親密衝突和關係停滯之間有很大的區別。我們都在不斷地進化，然而，期望我們的戀愛伴侶以完全相同的方式，或在完全相同的時間點進化，是不符合現實的。兼容性＝吸引力＋舒適感＋承諾。隨著時間的累積，我們的戀愛關係會變得不再著重在強烈的吸引力，而是更加著重在承諾與陪伴。隨著關係的逐漸成熟，我們必須提出不同的問題。與其問：「我對你有吸引力嗎？」或「你會讓我開心，讓我的心怦怦跳嗎？」我們需要問的是：「我們都想讓這段關係成功嗎？」「我們是否提升了彼此的生活？」「我們對這段關係是否同樣投入？」「我們

是否既是朋友又是情人呢？」

　　相比之下，親密衝突會觸發我們的創傷，可能導致我們在對方面前感到心理上或身體上不安全。親密衝突不同於一段需要愛和關懷來成長的長期關係。

　　以下揭示了一些以分離或離婚告終的連結類型組合。你可以看到，在這些關係中，連結類型在模型上是彼此疏遠的，而且在頻率和強度上都沒有匹配。

因為親密衝突而分開的伴侶

　　以下是一些未能在一起的情侶之連結類型組合。

第1對：十年內離婚

· 連結類型：女性－海洋型；男性－星星型

　　連結類型相距遙遠，因此他們在頻率或強度上都不匹配。

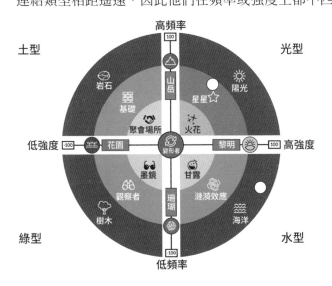

第2對：十年內離婚

· 連結類型：女性－陽光型；男性－觀察者型

　連結類型相距遙遠，因此他們在頻率或強度上都不匹配。

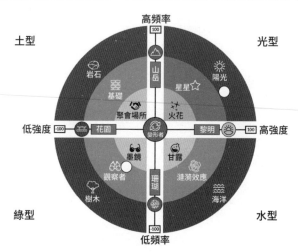

第3對：在一起一年，未結婚

· 連結類型：女性－陽光型；男性－墨鏡型

　連結類型相距遙遠，因此他們在頻率或強度上都不匹配。

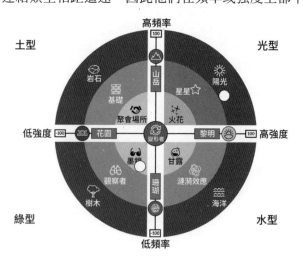

第 4 對：在一起兩年，未結婚

・連結類型：女性－漣漪效應型；男性－基礎型

　　連結類型相距遙遠，因此他們在頻率或強度上都不匹配。

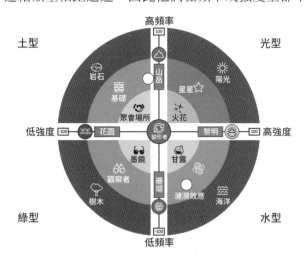

對親密衝突的反思

　　我們可以透過反思自身關係的模式，來獲得一些關於觸發點的洞見。如果你在一生中與不同的人經歷了一系列相同或相似行為的親密衝突，這可能是因為這些模式中有一些讓你感到熟悉的東西。你的童年早期是否有某個人具備這些人共有的特徵？你可能正在透過這些關係，試圖療癒當初那個舊有的連結。若能學會識別這種人格類型的跡象和模式，將有助於你在未來減少這些衝突。

　　雖然經歷親密衝突可能令人不安，但與我們發生這些衝突的人，是我們生命中最偉大的老師之一，因為他們教導我們

關於親密創傷的事，並將我們需要療癒之處顯現給我們。若以他們對我們人生的影響這個角度來看，這些人所發揮的力量，可能和那些與我們建立持久的直覺契合和親密契合的人一樣強大，也就是那些我們最終成為朋友和結婚的人。

關於親密衝突的好消息是，前進的道路永遠存在我們內心，我們可以透過治療的干預來克服它們。即使我的研究和工作都著重在人際連結領域，因此對於與人相遇所發生的事，有著高度敏感的感知，卻也曾經歷過讓我措手不及的直覺衝突和親密衝突。希望我的親密衝突能成為過去式，而且我可以借鑑自己處理直覺衝突的工具箱。我們可以透過各式各樣的方法尋求治療，我熱切希望所有人都能探索每一種有效且安全的途徑，以幫助我們達到更高的自我覺察。每當有人讓我感到不安，讓我陷入直覺衝突的困擾，我會盡量將自己從情境中抽離，或在事後撥出時間反思這種互動，並歸零後重新開始。然後我會試著坐下來專注在呼吸上，與這種感覺同在並接受它，無論它有多麼不舒服。

我問自己：

> **我在身體的什麼地方感受到這種感覺？**
> **這種感覺想要告訴我什麼？**

這個過程無法完全消除痛苦、恐懼或不適，但它確實有助於緩解強烈的情緒，使我能夠冷靜地談論它。

然後，我會安排與專業人員會談，把問題說出來。之後，我總是會感覺好多了，並驚歎於那些最不可能的人竟然為我創造了機會，讓我成長、擴展。例如，我在一段時間之後了解到，他人在社交場合中的行為或隨意的評論，會觸發一些我正在面臨的挑戰，或正在努力處理的情緒問題。

　　如果我們能漸漸意識到，世界上每個人都是反映出我們內心某部分的一面小鏡子，我們就能改變人際連結的體驗。我們內心的某些部分是令人愉快的，而其他部分則被我們認為是扭曲的，但所有部分都值得我們的愛。

　　若使用這種方法，我們便能將童年創傷轉化為一種保護的力量。一旦我們能認出並整合我們的痛苦，它就可以轉化為一種正面的力量。我們可以將痛苦和創傷轉化為力量與韌性，並利用這些經驗的智慧，來指引自己度過未來的痛苦和創傷。如果我們能找到回到自我的路徑，親密的衝突可以成為一段英雄之旅。

　　總結來說，有三種不同的契合類型和三種相應的衝突類型：

立即契合：	立即衝突：
我們感覺與一個人、團體或地方有立即的融洽感，因為我們共享相同的頻率。	我們覺得與某個人、團體或地方建立連結很困難、很勉強或不自然。
直覺契合：	直覺衝突：
我們想要發展友誼或花大量時間與某個人、地方或團體在一起，因為我們在強度上互相匹配。	某人的行為反覆惹惱我們或讓我們心煩。我們反應過度。

親密契合：	親密衝突：
我們感覺對方像是我們拼圖的一塊，他們平衡了我們，因為他們在模型上靠近我們，在頻率或強度與我們匹配。	當一段親密關係或一個事件，觸發我們的童年創傷，導致我們感到緊張、不安全或不舒服。

● 超越契合或衝突：徹底的誠實與接納

當我丈夫打破第一次約會的禁忌，表示他對我談話的話題沒有共鳴時，他是在**說實話**。當他打電話給我，我也同意我們的約會很尷尬時，我也在**說實話**。我們在這段關係中制定了一個先例，那就是我們將永遠對彼此保持徹底的誠實。如果那天晚上我們沒有說實話，這樣可能會更容易，也更有禮貌，但我們可能就不會結婚了。

關鍵是既要誠實又要尊重對方，在表達自身感受的同時，仍然尊重對方。這種溝通方式通常只適用於親密關係，但我主張，除非我們保持徹底誠實，否則無法在任何人身上建立信任。

> 關鍵在於讓真相為關係效力，
> 而不是為自己效力。

徹底的誠實是即使在困難或不舒服的情況下，也要說出我

們的真相（在關係中，只有**我們的**真相，沒有**絕對的**真相）。顯然，我們必須選擇對誰採用徹底誠實的方法。我們在麵包店買麵包時，不需要告訴那位可愛的店員，我們正在頭痛；禮貌地微笑並說我們很好，並詢問她是否也好，這是恰當的。與她分享我們的困難，無助於建立連結。

> 如果彼此的連結會因為我們的開放而受益，
> 我們便採用徹底誠實的方法。

「徹底的誠實」可以將一個不太可能的連結，變成持續一生的關係。我和我丈夫就是一個完美的例子，說明了人際連結的重點不是相似性、立即契合、化學反應或共同的興趣。我們並非僅僅與那些相似的人建立連結，或是僅僅與那些讓我們感到舒服的人建立連結。

這也適用於工作環境。最近，我與一家公司的高級主管領導團隊合作。在第一天和第二天，我為每個團隊成員進行了一對一的九十分鐘輔導。第三天，我為整個團隊主持了一個整天的工作坊。

在工作坊開始時，我說如果根據研究結果來看，這一天不太可能成功。根據麥肯錫（McKinsey）諮商公司的研究，大多數的領導力計畫都會失敗，是因為那種「一體適用」的設計方法。主持人進來，提供了無視組織背景的想法和策略，將反思

與實際工作分開來，低估了心態問題，而且未能評量結果。[27]

我說，除非他們那天願意徹底的誠實，否則任何新策略都只能發揮短暫的影響力。接著我說，他們的團隊功能失調。

我真是會討人喜歡啊，對吧？

但是，我接著說：「每一段關係和每個團隊在某些方面都是功能失調的。」我們共同努力，就是為了要辨識出他們在哪些面向功能失調，並了解他們的盲點和模式。

該團隊在這方面表現得十分傑出。每個人都分享了自身角色的脆弱感，包括領導的孤獨感，以及覺得如果自己開誠布公地說話就會遭到評判。看到每個人輪流以徹底誠實的態度在發言，整個團隊發生的變化令人難以置信。經過了八小時（當然有休息），我們從活動室裡出來，有幾項行動計畫在根本上改變了團隊的運作方式。每個團隊成員都簽署了我們建立的新合約，團隊從一群獨立工作的同事，變成了一個凝聚的整體。我們彼此之間的連結方式，會創造出一個新的世界和新的未來。

● 徹底的接納

這項工作的最終階段是在我們的連結方式上，要擁抱徹底接納的態度。這個概念是，我們關係中的痛苦來源是試圖改變對方，並執著於我們希望他們成為的樣子。在我們放手並接受人們原本的樣子那一刻，便更有可能調整自己對他們行為的期望。根據我的經驗，若我們能調整期望並接受人們原本的樣子，

反而給予了他們在中間點與我們相遇的自由。「徹底的接納」
是在控制和冷漠這對立的兩端之間的最高點。

如何在關係中練習徹底的接納

1. 了解到人們只有在自己想改變時才會改變。

2. 接受「一個人可能永遠不會改變」的事實。

3. 為自己立下承諾，接受這個人原本的樣子，不試圖改變他們。
   這並不代表你需要繼續與他們交往。如果一段持續的關係對
   你有害，那麼你在與這個人接觸時，要創造健康的界限，這
   可能表示要限制接觸或完全結束一段關係。你要在自己這方
   面創造出健康的界限，而你也必須承諾自己，限制自己去思
   考和談論這個人的時間（否則，你依然在「讓他們進入你的
   世界」）。

4. 在與他人的持續交流中徹底誠實，始終用下列問題來引導：
   我的開放是否有助於彼此的連結？若要對這段關係的長期利
   益有幫助，有什麼是我可以分享的？

結論

∞

合得來或合不來：這只是剛開始

最近，我和丈夫進行了一次美妙的徒步旅行。當我們沿著澳洲的海岸小徑行走時，我想到，在自然環境中，所有元素是共存的：光、水、綠色植物和土地。事實上，它們不僅僅是共存，還需要彼此。

我們也一樣，需要彼此來組成人類的生態系統。這些元素的聯合，創造了連結與歸屬。因此，我們該歡慶彼此做為人類生態系統中相互依存的一部分。這是人際連結的最佳基礎：**將每個人視為人類生態系統中同等重要的一分子，並看見每個人都在盡最大努力尋找歸屬感。**

在每個群體中，都會根據每個人所貢獻的情感能量形成一種動態。光型人為群體帶來活力和表達，水型人為群體帶來溫柔的引導與關懷，綠型人為群體帶來安全感與尊重，土型人保護群體，並確保每個人都過得愉快。變形者型則不斷調整群體所需要的任何新能量。每個群體都有一種新的能量組合，使潛在的群體動態變得無窮盡！

我希望每個人在照鏡子時，都能看見自身連結類型的美麗。

我希望光型人能看見他們的熱情與坦率所帶來的轉化力量；水型人能看見他們的同理心和覺察所帶來的轉化力量；綠型人能看到他們的尊重、信任和創造舒適所帶來的轉化力量；土型人能看見他們的忠誠與樂趣所帶來的轉化力量；變形者型能看到他們體現的和諧所帶來的轉化力量。現在，在自己為他人帶來的連結與愛方面，你有這本書來幫助你獲得更深刻的洞見。

了解我的連結類型，改變了我的生活，我可不是隨便說說。過去，我沒有這種語言和模型，總感覺人我關係就像一座彈珠機台，我們是在裡面彈來彈去的彈珠。我們被丟進關係裡，然後毫無規律地彈來彈去，對結果沒有把握。我會遇見某人，然後如果彼此不契合，我就會陷入過度思考的漩渦，或者我會過度分析那些顯然沒有希望的戀愛關係。我覺得自己少了一本說明書！

我希望這個模型和你對自己連結類型的了解，能成為你的指南，讓你能夠在自己與其他人、地方和群體的關係上游刃有餘。關鍵是，無論我們是第一次約會，或是在工作面試中，或是試圖與配偶的親人建立連結，我們無法總是做到完美。我們可能會出現衝突，可能是立即衝突或直覺衝突。無論面對什麼人，我們都可能會感到競爭，或可能會被觸發。無論情況如何，我希望你現在對正在發生的事情有更深的理解，有適當的說詞來解釋它，有繼續前進的決心，並握有工具，能將那些不太成功的互動，轉變為有意義的連結。

若能行得通，難道不值得我們付出努力嗎？為了一段美麗的親密關係，難道不值得我們付出一次尷尬的初次約會？為了

彼此更深入了解，難道不值得我們在每次爭吵後和解？為了養育一個孩子的快樂，難道不值得我們付出每個不眠之夜和發過的脾氣？（如果你剛結束與小孩或青少年的漫長一天，請不要回答這個問題。）為了找到歸屬感後的平靜，難道不值得我們搬家？

了解你的連結類型，意味著你將知道如何創造歸屬感，也意味著你能夠認知並欣賞其他人的需求。它為你在不同情境下的反應提供了解釋；它也讓你對自己的類型和你為何尋求某些朋友和伴侶有所覺知。

一旦你找到自己的類型，就有兩個選擇：

1. 你可以歡慶並尊重你的類型，並笑著面對你所面臨的挑戰，心中明白你會因為做自己而吸引到你所選的一群人。
2. 或者，你可以嘗試稍微修改自己的類型，希望能在中間遇見其他人。

無論你是使用連結類型模型來堅持做自己，還是調整、放鬆你的類型，我都邀請你去玩味它，並在生活中用它做為人際對話的起點。以你自己的方式，讓你愛的人知道你對他們的感受。如果有什麼值得為它而活的，那就是彼此之間的徹底誠實和徹底接納。這項工作的另一個重要的應用方法是，我們不再將他人的行為視為針對個人。我們在連結中的需求，源自於我們最早的家庭系統，因此是在任何成人的互動發生前就已經固定了。某人對我們的反應，並非反映出我們，而是反映出對方

的連結類型。

我們都是正在進行中的作品，如果我們想擁有蓬勃發展的關係，就必須從自然歸屬開始。什麼能為你帶來舒適和快樂？幸福的生活來自於，認識到對自己而言歸屬感是什麼模樣、是一種什麼樣的感受，然後去追求它。如果你在生活的某些方面感到孤獨，要記住，只需要一連串的小步驟，就能邀請歸屬感成為你的體驗。歸屬感是一種心態，而不是指一個人或一個群體。那些小步驟可以是邀請他人一起散步、微笑、牽手或一起吃飯。有時候，只需要一通電話和一個問題就能改變一切。那很尷尬嗎？如果你有勇氣建立連結，我保證這值得冒險。

我們必須在組織和機構中建立起歸屬感，將它做得更好。最近我訪問了澳洲東岸的多里戈醫院（Dorrigo Hospital），為護理人員進行了一次關於連結類型的講座。在「高景」（Highview）老年護理中心，他們引進了一種完全以歸屬感為基礎的護理方式。現場有一隻貓，而醫院的主管每天都會帶她的狗來看望住民，住民對餐點有發言權，這讓他們對自己的飲食擁有自主權。這裡有花園可供住民散步和照顧，當其中一位住民去世時，工作人員會將他們從「高景」的正門送出去，並安排儀仗隊送行，而非採取一般的做法，將亡者從醫院地下室運出去。我在那裡時，讓我印象深刻的是牆上一些特別的照片，這些照片是他們「回憶映像」專案的一部分。照片的一邊是現在的老人，他們正在看一面鏡子。鏡中的映像是他們較年輕時的樣子。這些照片藉由在同一張照片中呈現年輕和年長的形象，捕捉

到了這個人的精神。這提醒了工作人員，他們所照顧的人已經過了一段長久而有意義的生活。「高景」護理中心的例子，示範了我們如何在經營組織和機構時，將歸屬感放在心上。

參觀這家醫院，讓我意識到，雖然我們都可以盡力提高自己對連結類型和歸屬需求的認識，但也必須在規畫組織結構時，以歸屬感為中心來進行設計。我們已經從過去那種住在村莊裡，每天都能見到鄰居的世界，轉變到一個透過螢幕而不是臉上的微笑來尋找連結的世界，我們必須付出心力來與朋友見面並建立社群。歸屬感問題必須成為政府的政策。各種組織都需要像幼兒園那樣，積極地面對歸屬感的問題。領導者需要將歸屬感的問題擺在績效之前。每個工作的第一天或學校的第一天，都應該納入以下問題：

> **你的連結類型是什麼？**

我夢想著，在人我關係、育兒、教室、組織機構、大學、政府和法律機構中，還有在第一次約會時，都能運用連結類型模型。記住：第一步是歸屬於自己，所有其他的關係都是從這裡開始的。

致謝

我總是會讀一本書裡的致謝部分，所以如果你正在讀這段文字，感謝你讀到這裡！

首先我要感謝本書的讀者，以及參加我的研討會和演講的朋友，感謝你們成為這項工作的一部分。就在昨天，因為有兩個人發現了他們的連結類型，讓我的一天變得很愉快。其中一個人說，了解自己的類型是件影響深遠的事，另一個人則說他感覺自己獲得「情感上的重新校準」。這點燃了我的熱情，而這就是我做這些事情的原因。

感謝 John Daley、Matt Elliott，以及「改變之屋」（The Change Room）的所有團隊成員：Claire、Teena、Annie、Alisa、Holly、Philippa、Yela、Natarsha、Megan、Katie、Mini、Nam、Jeff、Mark、Nic、Andrew、Brett，感謝你們聽我講解連結類型的演說一百萬次，依然表現出感興趣的樣子！「改變之屋」是我開發這些材料的靈感來源之一，它以許多特殊的方式改變了我的生活。

感謝布羅迪・史密斯（Brody Smith），傑出的資訊設計師！感謝你幫助我將連結類型轉化為評估工具。沒有你，我無法完成這項工作，和你一起工作是件令人興奮的事。

感謝我的編輯，來自澳洲企鵝藍燈出版社（Penguin Random House Australia）的伊茲・耶茨（Izzy Yates）與里夫・赫巴德（live Hebard）。你們看見了這本書的許多潛能，並幫

助我釐清、淨化訊息。感謝你們對連結類型的熱情。

感謝 ICMI 團隊，感謝你們代表做為演說者的我，使我能夠與世界分享我的想法，與你們合作十分愉快！特別感謝薇琪·馬爾科夫（Viki Markoff），她是這本書的神仙教母，為這本書編織出使其成形的連結。感謝山姆·費里爾（Sam Ferriere）和你那不可思議的行銷團隊。山姆，你擁有找到特殊合作者的天賦，我喜歡你們所有人都能了解這個願景！

感謝珍妮·艾利斯（Janine Allis）和安東尼·米尼基羅（Anthony Minichiello），謝謝你們對本書的友好支持；你們將我的工作納入考量並提供支持，是我最大的榮幸。

感謝我的公公，比爾，感謝你在我們十年的「立即衝突」中一直保持自我。我確信你現在喜歡我了……？感謝我的婆婆珍妮（Jenny），謝謝你堅定的支持與慷慨。我愛你們兩位。

感謝我的兄弟姊妹——保羅（Paul）、大衛（David）、布莉姬（Bridget）和伊莎貝爾（Isabelle）——感謝你們教育我，高強度環境是什麼模樣和什麼感覺。我們都在同一頻率上振動，我愛你們所有人。

保羅，感謝你為光型人的行為提供素材。你是人類版陽光。

大衛·沃克，我想特別感謝你，不僅因為你是團體的一分子，還要單獨感謝你。你是一個奇蹟，永遠是我美麗的小弟弟。

伊莎貝爾，給你特別的感謝，因為你幫助我塑造了一些書中重要的概念。即使你在工作中，也會接我的電話，討論高頻率與低頻率類型之間的高強度衝突和協調。

你：「嗯，我得回去工作了……」

我：「等等！我還想和你談一件事！」

我愛你。

布莉姬，我不會特別提到你，因為當我試圖和你談論我的書時，你總會模仿《蓋酷家庭》（*Family Guy*）中的「葛屁」（Stewie）說：「你在寫的小說怎麼樣？」開玩笑的啦！總之，我很喜歡和你談論我的書，也喜歡和你聊天。我愛你。感謝卡姆（Cam）的存在，我不會忘記你，卡姆！感謝克勞蒂亞（Claudia），你中等強度的善良，是我心靈的慰藉。感謝克萊爾（Clare）和 KA，感謝你們對本書的貢獻。你們贏得了伴侶獎。

感謝外婆和外公、爺爺和奶奶，你們都已經前往某個身後世界在等著我們，但我知道你們能感受到這份愛。

感謝 Mary、Jens、Vinnie、Lauren 和 Dominic，我愛你們！感謝我的整個大家庭，感謝你們成為我最早的人我關係經驗的一部分，我愛你們：Ian、Kerry、Timothy、Hilary、Margaret、Drake、Anthony、Patrick、Melissa、Monica、Jessie、Angela、James、Jack、Mia、Ava。

感謝我的嫂嫂 Sophie、Anna 與 Claudia，感謝你們成為我一直未曾擁有過的姊姊。我仰慕你們。

感謝我高強度的朋友們，Hettie、Patrice、Sally、Ange、Arianne、Laura、Alice、Ellen、Jacqui、Abbey、Alissa（以及 Tim 和 Chris），我喜歡和你們聊天！你們讓我感覺自己屬於這個世界。感謝所有其他美麗的朋友，新朋友和舊朋友（西奧

〔Theo〕的足球隊的每位媽媽：Anna、Lara、Crystal、Karen、Sal、Toula、Bec、Al、Em、Gen、Imogen，還有很多其他人），感謝你們讓學校活動和校園運動變得那麼有趣；你們知道你們是誰！

感謝蓮安·皮格特教授（漣漪效應型），感謝你在工作和生活中成為我的導師，能有你，讓我感到非常幸運和感激。

感謝金·魯本斯坦（Kim Rubenstein）教授（火花型），感謝你當我的博士導師並成為社會變革領導力的靈感來源。

感謝我光榮的父親，羅斯·沃克（Ross Walker，火花型），你是七本書（還在增加中）的作者和一名演說家，所以我猜我只是盡一己所能像你一樣。這是我能給予的最大感謝嗎？爸爸，你是個不同凡響的人物，蘊涵著豐富的能量可與世界分享。我對你充滿敬畏，也敬仰你的慷慨精神，永遠。

我在比較年輕的時候經常寫作，當時我會讓我母親安妮·沃克（Anne Walker，黎明型）閱讀我的作品。身為五個孩子的母親，她沒有多少時間能放下手邊的事來讀我的作品，所以她總是對我說：「把它放在我的枕頭上，我會在睡前讀的。」

我會輕輕地將我的作品放在她的枕頭上，期待著第二天早上的回饋。想到有人在睡前讀我的文字，總是讓我感覺很特別。這也是為什麼我成為一名作家，因為我想一次又一次地感受那種感覺，想像著我的文字是人們在入睡前讀到的最後一句話。所以我最大的感謝，依然是給我美麗的母親，她是第一個讀我作品的人，讓我相信我有一些人們想聽的話要說。我和母親從

我……出生起就一直在進行高強度的對話，所以她是我創造這個模型的一個很重要的部分。

對於拉斐和西奧，他們剛剛要求我跳過其他人的部分，因為他們看我在寫對他人的致謝，感到無聊。你們正坐在我身邊，用手肘推著我的身體，讓我無法好好打字。不要停止這些親近的行為。拉斐，你是我們的山岳型。你對生活的熱情、覺知和洞察力，每天都為我帶來啟發。西奧，你是快樂的化身，你教會我如何玩樂並跟隨直覺。你的生活方式，正是我計畫在「所有事情都完成之後」要過的生活。你可能是火花型或星星型，但你還太小，無法參加評估。我迫不及待想要隨著你的成長，了解更多關於你的事。

我希望能將時間凍結。拉斐快十歲了，西奧六歲半，生活還能比現在更好嗎？

艾爾，我們有相同的歸屬。我所寫的每一本書，都有你的心血和參與做為指引。

註釋

第一章 槍的故事：連結，彷彿生命全繫於此

1. M. D. Lieberman, *Social: Why our brains are wired to connect*, Oxford, Oxford University Press, 2013

2. L. Pavey, T. Greitemeyer and P. Sparks, 'Highlighting relatedness promotes prosocial motives and behavior', *Personality and Social Psychology Bulletin*, vol. 37, no. 7, 2013, pp. 905–17.

3. R. F. Baumeister and M. R. Leary, 'The need to belong: Desire for inter-personal attachments as a fundamental human motivation', *Psychological Bulletin*, vol. 117, no. 3, 1995, pp. 497–529.

4. J. Holt-Lunstad, T. B. Smith, M. Baker, T. Harris and D. Stephenson, 'Loneliness and social isolation as risk factors for mortality: A meta- analytic review', *Perspectives on Psychological Science*, vol. 10, no. 2, 2015, pp. 227–37.

5. C. M. Perissinotto, I. Stijacic Cenzer and K. E. Covinsky, 'Loneliness in older persons: A predictor of functional decline and death', *Archives of Internal Medicine*, vol. 172, no. 14, 2012, pp. 1078–83.

6. J. Holt-Lunstad, T. Smith and J. B. Layton, 'Social relationships and mortality risk: A meta-analytic review', *PLOS Medicine*, 2010, vol. 7, no. 7, e1000316.

7. T. Cruwys, S. A. Haslam, G. A. Dingle, C. Haslam and J. Jetten, 'Depression and social identity: An integrative review', *Personality and Social Psychology Review*, vol. 18, no. 3, 2014, pp. 215–38.

8. A. K. Saeri, T. Cruwys, F. K. Barlow, S. Stronge and C. G. Sibley, 'Social connectedness improves public mental health: Investigating bidirectional relationships in the New Zealand attitudes and values survey', *Australian and New Zealand Journal of Psychiatry*, vol. 52, no. 4, 2018, pp. 365–74.

9. A. L. Kristjansson, I. D. Signfusdottir, T. Thorlindsson, M. J. Mann, J. Sigfusson and J. P. Allegrante, 'Population trends in smoking, alcohol use and primary prevention variables among adolescents in Iceland, 1997–2014', *Addiction*, vol. 111, 2016, pp. 645–52.

10. Planet Youth, Publications, https://planetyouth.org/the-method/publications/

11. G. Novembre, M. Zanon and G. Silani, 'Empathy for social exclusion involves the sensory-discriminative component of pain: A within- subject fMRI study', *Social Cognitive and Affective Neuroscience*, vol. 10, no. 2, 2014, pp. 153–64.

12.G. M. Sandstrom and E. W. Dunn, 'Social interactions and well-being: The surprising power of weak ties', *Personality and Social Psychology Bulletin*, vol. 40, no. 7, 2014, pp. 910–22.

第二章 四種歸屬感，三種孤獨法

13.R. Dunbar, 'Coevolution of neocortical size, group size and language in humans', *Behavioral and Brain Sciences*, vol. 16, no. 4, 1993, pp. 681–94.

14.R. Dunbar, 'Dunbar's number: Why my theory that humans can only maintain 150 friendships has withstood 30 years of scrutiny', The Conversation, 13 May 2021, theconversation.com/dunbars-number-why- my-theory-that-humans-can-only-maintain-150-friendships-has- withstood-30-years-of-scrutiny-160676

15.Dunbar, 'Dunbar's number'.

16.A. F. Ward, K. Duke, A. Gneezy and M. W. Bos, 'Brain drain: The mere presence of one's own smartphone reduces available cognitive capacity', *Journal of the Association for Consumer Research*, vol. 2, no. 2, 2017, pp. 140–54.

17.D. Coyle, *The Culture Code: The secrets of highly successful groups*, 2018, Bantam Books.

18.F. Xinyuan, L. M. Padilla-Walker and M. N. Brown, 'Longitudinal rela- tions between adolescents' self-esteem and prosocial behavior toward strangers, friends and family,' *Journal of Adolescence*, vol. 57, 2017, pp. 90–8; Z. Feng, A. Vlachantoni, X. Liu and K. Jones, 'Social trust, interpersonal trust and self-rated health in China: A multi-level study', *International Journal Equity Health*, vol. 15, no. 180, 2016; J. F. Helliwell and S. Wang, 'Trust and well-being', NBER Working Paper No. 15911, April 2010, revised December 2011, nber.org/papers/w15911

19.B. A. Austin, 'Factorial structure of the UCLA loneliness scale', *Psychological Reports*, vol. 53, no. 3, 1983, pp. 883–9; L. C. Hawkley, M. W. Browne and J. T. Cacioppo, 'How can I connect with thee? Let me count the ways', *Psychological Science*, vol. 16, no. 10, 2005, pp. 798–804; S. Cacioppo, A. J. Grippo, S. London, L. Goossens and J. T. Cacioppo, 'Loneliness: Clinical import and interventions', *Perspectives on Psychological Science*, vol. 10, no. 2, 2015, pp. 238–49.

20.Y. L. Michael, G. A. Colditz, E. Coakley and I. Kawachi, 'Health behaviors, social networks, and healthy aging: Cross-sectional evidence from the Nurses' Health Study', *Quality of Life Research*, vol 8, no. 8, 1999, pp. 711–22.

21.V. H. Murthy, *Together: Loneliness, health and what happens when we find connection*, Harper Wave, New York, 2020.

第四章 與你連結是什麼感覺？

22.T. Eurich, 'What self-awareness really is (and how to cultivate it),' *Harvard Business Review*, 4 January 2018.

第八章 光型

23.B. Hooks, *All about love: new visions*, William Morrow, New York, 2000.

第十二章 邊界型

24.R. Eres and P. Molenberghs, 'The influence of group membership on the neural correlates involved in empathy', *Frontiers of Human Neuroscience*, vol. 7, 2013, p. 176.

25.同上。

第十七章 親密契合：我們如何墜入愛河

26.C. Jung (trns H. G. Baynes), *Psychological Types*, Harcourt, Brace & Co., New York, 1921.

第十八章 親密衝突：觸發點與創傷

27.P. Gurdjian, T. Halbeisen and K. Lane, 'Why leadership-development programsfail', *McKinseyQuarterly*, 2014, mckinsey.com/featured-insights/leadership/why-leadership-development-programs-fail

附錄 艾莉迪連結類型測驗

請前往網站 https://bit.ly/connectiontype 完成評估問卷,就能知道自己的連結類型。附錄將測驗內容譯成中文,提供讀者比對參考。

以下的評估問卷中,你將被問到一系列有關在日常與他人連結的實際情況,以及在理想世界中希望如何連結的問題。完成評估大約需要10 分鐘的時間。(開發者:艾莉‧沃克博士)

1a. 一天中,我和他人說話的平均頻率:

- ○ 極少
- ○ 偶爾
- ○ 有時候
- ○ 經常
- ○ 很頻繁

1b. 一天中,我想和他人說話的平均意願:

- ○ 極少。我比較喜歡以別的方式連結(例如在線上,或只是待在人們身邊但不說話)。
- ○ 偶爾。權衡後,我比較喜歡安靜更甚於說話。
- ○ 有時候,然後我會需要自己的空間。
- ○ 經常。在正常的一天裡,我會參與許多對話。
- ○ 很頻繁。我喜歡藉由對話與他人連結。

2a. 我待在他人身邊的時間(靠近或身體上的近距離接觸):

- ○ 越少越好
- ○ 偶爾
- ○ 大約一半的時間
- ○ 經常(多數時候)
- ○ 幾乎一直

2b. 我想要待在他人身邊的時間（靠近或身體上的近距離接觸）：

- ○ 越少越好
- ○ 偶爾
- ○ 大約一半的時間
- ○ 經常（多數時候）
- ○ 幾乎一直

3a. 在團體場合，我在口頭上做出的貢獻：

- ○ 越少越好
- ○ 偶爾
- ○ 大約一半的時間
- ○ 經常（多數時候）
- ○ 幾乎一直

3b. 在團體場合，我想要在口頭上做出的貢獻：

- ○ 越少越好
- ○ 偶爾
- ○ 大約一半的時間
- ○ 經常（多數時候）
- ○ 幾乎一直

4a. 我目前大部分的時間都花在連結：

- ○ 我自己，例如投入某件我熱愛的事。
- ○ 一對一
- ○ 小團體（3-5人）
- ○ 大團體（6-15人）
- ○ 派對或社交活動

4b. 我最喜歡連結：

- ○ 我自己，例如投入某件我熱愛的事。
- ○ 一對一
- ○ 小團體（3-5 人）
- ○ 大團體（6-15 人）
- ○ 派對或社交活動

5a. 平均而言，我每週會與這麼多人進行實質性對話（非客套話或閒聊寒暄）：

- ○ 1-3
- ○ 4-7
- ○ 8-15
- ○ 16-30
- ○ 31+

5b. 我每週想要與這麼多人進行實質性對話（非客套話或閒聊寒暄）：

- ○ 1-3
- ○ 4-7
- ○ 8-15
- ○ 16-30
- ○ 31+

6a. 我經常思考或談論：

	從不	偶爾	有時候	經常	很頻繁
大眾話題，例如天氣或日常生活。	○	○	○	○	○
社會或文化議題，例如運動、政治和工作。	○	○	○	○	○

	從不	偶爾	有時候	經常	很頻繁
與我的想法和他人想法相關的話題。我喜歡用「你對……有什麼想法？」這樣的問句開啟對話。	○	○	○	○	○
情感議題：我的感受以及他人的感受。例如，個人歷史、人類行為，以及重要情感事件的影響。	○	○	○	○	○
與哲學、心理學、靈性信仰、價值觀、生命與死亡等有關的深層個人議題。	○	○	○	○	○

6b. 我想要經常思考或談論：

	從不	偶爾	有時候	經常	很頻繁
大眾話題，例如天氣或日常生活。	○	○	○	○	○
社會或文化議題，例如運動、政治和工作。	○	○	○	○	○
與我的想法和他人想法相關的話題。我喜歡用「你對……有什麼想法？」這樣的問句開啟對話。	○	○	○	○	○
情感議題：我的感受以及他人的感受。例如，個人歷史、人類行為，以及重要情感事件的影響。	○	○	○	○	○
與哲學、心理學、靈性信仰、價值觀、生命與死亡等有關的深層個人議題。	○	○	○	○	○

7a. 相識的人或工作上的同事想要了解我：

○ 要花很長的時間——通常需要數年的經常聯絡。我只對那些我信任的人敞開心胸。

○ 要花大約一年的時間經常聯絡。我需要一些時間來對我感到自在的人敞開心胸。

○ 要花幾個月的時間經常聯絡。我對他人相當開放，很容易熟絡。

○ 要花幾週的時間經常聯絡。我很容易與他人連結，人們很快就能了解我。

7b. 相識的人或工作上的同事，我希望他們花多久時間了解我：

○ 幾年時間的經常聯絡

○ 大約一年的經常聯絡

○ 幾個月的經常聯絡

○ 幾週的經常聯絡

8a. 與一個親近的人發生衝突時：

（請注意：依前述回答不同，網站第 8 至 17 題的選項會改變順序，附上原文提供參照，請比對後再選擇符合的選項。）

○ 我會退縮並封閉自己。我需要一段很長的時間才能從別人的攻擊中恢復過來。

I withdraw and shut down. It takes a long time for me to get over an attack from someone else.

○ 我會反思，然後盡力馬上處理問題。

I reflect and then do my best to immediately engage with the issue.

○ 我會立刻變得挑釁，然後進入攻擊模式。我經常說出或做出一些並非有意的事。

I immediately become aggressive and go into attack mode. I often say or do things I don't mean.

○ 我會先退讓，然後再計畫如何回應。我比較喜歡避免衝突。我不常發脾氣，但是一發起脾氣就會很猛烈。

I retreat initially and then I plan how to respond. I prefer to avoid conflict. I don't often lose my temper but when I do, it is powerful.

○ 我可能會消極抵抗。視情況而定，我會直言不諱，或避免衝突。

I can be passive aggressive. Depending on the situation I will either speak my mind or avoid the conflict.

8b. 與一個親近的人發生衝突時，我希望能夠：

○ 退縮並封閉自己。
Withdraw and shut down.

○ 反思，然後盡力馬上處理問題。
Reflect and then do my best to immediately engage with the issue.

○ 消極抵抗。視情況而定，我會直言不諱，或避免衝突。
Become passive aggressive. Depending on the situation I would either speak my mind or avoid the conflict.

○ 先退讓，然後再計畫如何回應。我比較喜歡避免衝突。
Retreat initially and then I plan how to respond. I prefer to avoid conflict.

○ 立刻變得挑釁，然後進入攻擊模式。我經常說出或做出一些並非有意的事。
Immediately become aggressive and go into attack mode, often saying things I don't mean.

9a. 當我覺得脆弱或備感壓力，通常會：

○ 產生防衛心並猛烈抨擊。
Get defensive and lash out

○ 讓自己分心，找一個逃避的方法。
Distract myself and find an escape

○ 故作堅強，假裝一切都很好。
Put on a brave face and pretend everything is okay

○ 向一個我信任的人表達情緒。
Express my emotions to someone I trust

○ 覺得被情緒淹沒。
Feel flooded by emotions

○ 退縮並封閉自己。
Withdraw and shut down

9b. 當我覺得脆弱或備感壓力，我希望能夠：

○ 產生防衛心並猛烈抨擊。
   Get defensive and lash out

○ 讓自己分心，找一個逃避的方法。
   Distract myself and find an escape

○ 故作堅強，假裝一切都很好。
   Put on a brave face and pretend everything is okay

○ 向一個我信任的人表達情緒。
   Express my emotions to someone I trust

○ 覺得被情緒淹沒。
   Feel flooded by emotions

○ 退縮並封閉自己。
   Withdraw and shut down

10a. 我最大的挑戰是：

○ 身心俱疲：我的能量水平跟不上我的熱情。
   Burnout: my energy levels can't keep up with my enthusiasm.

○ 界限與自我照顧：我發現很難將自己與他人區分開來。
   Boundaries and self-care: I find it hard to separate myself from others.

○ 親密與自我表達：我經常難以表達自己的感受。
   Intimacy and self-expression: I often struggle to express how I'm feeling.

○ 願景：我經常因為不知道要往哪裡去而感到困擾。我通常是過一天算一天，但我時常缺乏明確的方向。
   Vision: I often struggle to know where I'm going. I usually just take each day as it comes but I often lack a clear direction.

○ 領導力：我樂於隨遇而安。採取行動並領導他人對我是個挑戰。
   Leadership: I'm happy going with the flow. Taking action and leading others is a challenge for me.

10b. 我希望我最大的挑戰是：

○ 身心俱疲：我的能量水平跟不上我的熱情。
Burnout: where my energy levels can't keep up with my enthusiasm.

○ 界限與自我照顧：我發現很難將自己與他人區分開來。
Boundaries and self-care: finding it hard to separate myself from others.

○ 親密與自我表達：難以表達自己的感受。
Intimacy and self-expression: struggling to express how I'm feeling.

○ 願景：因為不知道要往哪裡去而感到困擾，缺乏明確的方向。
Vision: struggling to know where I'm going and lack a clear direction.

○ 領導力：採取行動並領導他人。
Leadership: taking action and leading others.

11a. 在下列項目中，對我最貼切的描述是（選兩項）：

☐ 善於反思（Reflective）

☐ 實際（Practical）

☐ 具有同理心（Empathetic）

☐ 理性（Rational）

☐ 熱情（Passionate）

☐ 有趣（Fun）

☐ 體貼周到（Thoughtful）

☐ 腳踏實地（Down-to-earth）

11b. 在下列項目中，我希望對我最貼切的描述是（選兩項）：

☐ 善於反思（Reflective）

☐ 實際（Practical）

☐ 具有同理心（Empathetic）

☐ 理性（Rational）

☐ 熱情（Passionate）

☐ 有趣（Fun）

☐ 體貼周到（Thoughtful）

☐ 腳踏實地（Down-to-earth）

12a. 在下列項目中，對我最貼切的描述是（選兩項）：

☐ 善於交際（Sociable）

☐ 害羞（Shy）

☐ 友善（Friendly）

☐ 領導者（A leader）

☐ 受歡迎（Popular）

☐ 冷漠（Aloof）

☐ 有耐心（Patient）

☐ 拘謹（Reserved）

12b. 在下列項目中，我希望對我最貼切的描述是（選兩項）：

☐ 善於交際（Sociable）

☐ 害羞（Shy）

☐ 友善（Friendly）

☐ 領導者（A leader）

☐ 受歡迎（Popular）

☐ 冷漠（Aloof）

☐ 有耐心（Patient）

☐ 拘謹（Reserved）

13a. 在下列項目中，對我最貼切的描述是（選兩項）：

☐ 恭敬的（Respectful）

☐ 謙虛（Humble）

☐ 自信（Confident）

☐ 可靠的（Solid）

☐ 健談（Conversational）

☐ 喜歡照顧他人（Nurturing）

☐ 機敏（Resourceful）

☐ 有直覺力（Intuitive）

13b. 在下列項目中，我希望對我最貼切的描述是（選兩項）：

☐ 恭敬的（Respectful）

☐ 謙虛（Humble）

☐ 自信（Confident）

☐ 可靠的（Solid）

☐ 健談（Conversational）

☐ 喜歡照顧他人（Nurturing）

☐ 機敏（Resourceful）

☐ 有直覺力（Intuitive）

14a. 如果我在一個工作坊中，主持人開始小組討論：

○ 我很樂意參與討論，也覺得有自信能第一個做出貢獻。

I am happy to participate in the discussion and I feel confident making the first contribution.

○ 如果我對主題有很多感觸，就會參與討論，否則我很樂於只當個傾聽者。

I will participate if I feel strongly about the topic, but otherwise I'm happy to listen.

○ 如果討論有趣，而且如果別人也參與，我就會參與討論。

I will get involved in the discussion if it's interesting, and if others are involved.

○ 我不太可能參與討論，比較喜歡以別種方式分享我的看法。

I will not be likely to participate in the discussion. I prefer sharing my views in other ways.

14b. 如果我在一個工作坊中，主持人開始小組討論，我偏好的方式是：

○ 我很樂意參與討論，也覺得有自信能第一個做出貢獻。

I am happy to participate in the discussion and I feel confident making the first contribution.

○ 如果我對主題有很多感觸，就會參與討論，否則我很樂於只當個傾聽者。

I will participate if I feel strongly about the topic, but otherwise I'm happy to listen.

○ 如果討論有趣，而且如果別人也參與，我就會參與討論。

I will get involved in the discussion if it's interesting, and if others are involved.

○ 我不太可能參與討論，比較喜歡以別種方式分享我的看法。

I will not be likely to participate in the discussion. I prefer sharing my views in other ways.

15a. 我大部分的時間都花在：

○ 在支持性的環境中與他人暢所欲言。
Speaking my mind with others in a supportive environment

○ 獨自一人做自己喜歡的事。
Alone doing something I love

○ 在團隊／群體中享受樂趣。
Enjoying myself in a team/group

○ 和我愛的人在一起。
With someone I love

15b. 我希望我將大部分的時間花在：

○ 在支持性的環境中與他人暢所欲言。
Speaking my mind with others in a supportive environment

○ 獨自一人做自己喜歡的事。
Alone doing something I love

○ 在團隊／群體中享受樂趣。
Enjoying myself in a team/group

○ 和我愛的人在一起。
With someone I love

16a. 我的連結對象通常是：

○ 一半時間是人，一半時間是非人類。
Humans half the time and then non-humans the other half

○ 大部分時間都以深層方式與人建立連結。
Humans most of the time in a deep way

○ 大部分時間都以輕鬆愉快的方式與人建立連結。
Humans most of the time in a light and easy way

○ 非人類（動物、大自然、樂器或科技裝置）。
Non-humans〔animals, nature, musical instruments or a tech device〕

16b. 我希望的連結對象：

○ 一半時間是人，一半時間是非人類。
  Humans half the time and then non-humans the other half

○ 大部分時間都以深層方式與人建立連結。
  Humans most of the time in a deep way

○ 大部分時間都以輕鬆愉快的方式與人建立連結。
  Humans most of the time in a light and easy way

○ 非人類（動物、大自然、樂器或科技裝置）。
  Non-humans〔animals, nature, musical instruments or a tech device〕

17a. 我在群體環境中覺得最受到支持的時候是：

○ 當我們談論一些在自己生活中可以用得上的實用話題。
  We are talking about something practical that I can use in my own life

○ 空間裡的每個人都感到舒服自在並參與其中。
  Everyone in the room is comfortable and engaged

○ 每個人都有充分的發言時間。
  There is ample time for everyone to speak

○ 我可以只是傾聽，而不會被迫發言。
  I can just listen and I am not compelled to speak

17b. 我希望在群體環境中覺得最受到支持的時候是：

○ 當我們談論一些在自己生活中可以用得上的實用話題。
  We are talking about something practical that I can use in my own life

○ 空間裡的每個人都感到舒服自在並參與其中。
  Everyone in the room is comfortable and engaged

○ 每個人都有充分的發言時間。
  There is ample time for everyone to speak

○ 我可以只是傾聽，而不會被迫發言。
  I can just listen and I am not compelled to speak

18a. 我在團體裡的角色主要是：

○ 領導或定調

○ 觀察、制定策略

○ 讓氣氛變輕鬆

○ 透過解讀空間裡的情緒氛圍，確保每個人都感到舒服自在。

18b. 我希望我在團體裡的角色主要是：

○ 領導或定調

○ 觀察、制定策略

○ 讓氣氛變輕鬆

○ 透過解讀空間裡的情緒氛圍，確保每個人都感到舒服自在。

19a. 當我們處於最佳狀態時，我的原生家庭主要透過什麼方式來連結：

（請注意：依前述回答不同，網站第 19 題的選項會改變順序，附上原文提供參照，請比對後再選擇符合的選項。）

○ 尊重我們對獨立與情緒空間的共同需求。
Respecting our collective need for independence and emotional space

○ 支持並滋養彼此的關係；滿足情感需求是最重要的。
Supportive and nurturing relationships; meeting emotional needs was most important

○ 一起享受日常生活，例如烹飪、購物、玩遊戲等。
Enjoying day-to-day life together, i.e. cooking, shopping, playing games etc.

○ 共度深刻且全心融入的優質時光。
Intense and engaging quality time together

○ 一起玩樂。
Having fun together

19b. 當我們處於最佳狀態時,我希望我的原生家庭主要透過什麼方式來連結:

○ 尊重我們對獨立與情緒空間的共同需求。
  Respecting our collective need for independence and emotional space

○ 支持並滋養彼此的關係;滿足情感需求是最重要的。
  Supportive and nurturing relationships; meeting emotional needs was most important

○ 一起享受日常生活,例如烹飪、購物、玩遊戲等。
  Enjoying day-to-day life together, i.e. cooking, shopping, playing games etc.

○ 共度深刻且全心融入的優質時光。
  Intense and engaging quality time together

○ 一起玩樂。
  Having fun together

20a. 我的溝通風格是:

拘謹 / 冷漠				熱情 / 活潑
○	○	○	○	○

20b. 我希望我的溝通風格是:

拘謹 / 冷漠				熱情 / 活潑
○	○	○	○	○

21a. 與剛認識的人溝通交流時,我通常會:

○ 透過眼神接觸、微笑、手勢與生動的對話,建立熱情的連結。

○ 以溫暖的方式連結——微笑、握手、禮貌性交談。

○ 以含蓄的交流方式來連結——我會微笑並向對方表達尊重。

○ 以模仿對方的肢體語言和交流風格來連結——我想要他們感到舒服自在。

21b. 與剛認識的人溝通交流時，我希望能：

○ 透過眼神接觸、微笑、手勢與生動的對話，建立熱情的連結。

○ 以溫暖的方式連結——微笑、握手、禮貌性交談。

○ 以含蓄的交流方式來連結——我會微笑並向對方表達尊重。

○ 以模仿對方的肢體語言和交流風格來連結——我想要他們感到舒服自在。

22a. 遇到挫折時，我比較可能會：

發洩並表達我的情緒　　　　　　　　　　退縮並隱藏我的情緒

○　　　　　　○　　　　　　○　　　　　　○　　　　　　○

22b. 遇到挫折時，我希望自己：

發洩並表達我的情緒　　　　　　　　　　退縮並隱藏我的情緒

○　　　　　　○　　　　　　○　　　　　　○　　　　　　○

23a. 在與他人的關係裡，我通常會：

○ 吸收對方情緒，因此我經常難以在自己和他人之間劃出清楚的界線。

○ 堅定信任自身經驗——我不容易被他人的情緒影響。我在自己和他人的情緒體驗之間，保持健康的界線。

○ 疏忽、無視或誤解對方的情緒。我通常不會注意別人的感受，除非他們自己告訴我。

○ 被別人的情緒影響。結束與他人的相處後，我常常必須處理自己的感受。

23b. 在與他人的關係裡，我希望自己：

○ 吸收對方情緒，因此我經常難以在自己和他人之間劃出清楚的界線。

○ 堅定信任自身經驗——我不容易被他人的情緒影響。我在自己和他人的情緒體驗之間，保持健康的界線。

○ 疏忽、無視或誤解對方的情緒。我通常不會注意別人的感受，除非他們自己告訴我。

○ 被別人的情緒影響。結束與他人的相處後，我常常必須處理自己的感受。

24a. 當我遇到個人問題，通常第一個反應是：

○ 有條理且不帶情緒地了解造成問題的各種因素。

○ 從所有角度全面分析問題──包括我的情緒反應。

○ 專注在最務實的解決方案上。

○ 首先了解自己的情緒反應，然後再與對方交流，找出一個解決方案。

24b. 當我遇到個人問題，我希望自己的第一個反應是：

○ 有條理且不帶情緒地了解造成問題的各種因素。

○ 從所有角度全面分析問題──包括我的情緒反應。

○ 專注在最務實的解決方案上。

○ 首先了解自己的情緒反應，然後再與對方交流，找出一個解決方案。

25a. 在關係與團隊中，我通常會專注在建立：

○ 領導力、願景與外部關係

○ 內部的交流與和諧

○ 維持穩定

○ 成長與長期策略

25b. 在關係與團隊中，我希望能專注在建立：

○ 領導力、願景與外部關係

○ 內部的交流與和諧

○ 維持穩定

○ 成長與長期策略

接下來的回答是為了研究目的而收集。你的回答將去識別化，以保護你的隱私。

年齡

○ 12 歲以下	○ 45-54 歲
○ 12-17 歲	○ 55-64 歲
○ 18-24 歲	○ 65-74 歲
○ 25-34 歲	○ 75 歲以上
○ 35-44 歲	

性別

○ 男性

○ 女性

○ 其他

出生國家

（列表裡無臺灣選項，但不影響測驗結果，請視需求選擇。）

你在哪個國家度過大部分的生活？

同上。

你目前從事哪一種行業？

· 旅宿餐飲服務
· 行政、支援、廢棄物管理或整治服務
· 藝術、娛樂或休閒
· 建造
· 教育服務
· 財經或保險
· 林木、漁業、狩獵或農業支援

- ·醫療保健或社會協助
- ·資訊科技
- ·公司或企業管理
- ·製造業
- ·礦業
- ·專業、科學或科技服務
- ·零售貿易
- ·房地產、租賃
- ·交通或倉儲
- ·公用事業
- ·批發貿易
- ·其他服務（除公共行政之外）

你的全名是？

_____

請輸入你的電子郵件，以獲得評估結果：
電子郵件地址 _____

我想收到關於 AlityLife 訊息的電子郵件
□ 是的

（測驗結束後，網站將顯示你的連結類型，以及你想成為的連結類型，
請至本書各章節取得更多資訊。）

人際關係連結地圖

4個象限，17種類型，你是哪一型？你和誰合得來？

Click or Clash?: Discover the new connection and compatibility types that will transform your relationships – in love, friendship and work

作　　　者	艾莉‧沃克博士（Dr. Ali Walker）
譯　　　者	蔡孟璇
特 約 編 輯	洪禎璐
封 面 設 計	丸同連合
內 頁 排 版	江麗姿
業 務 發 行	王綬晨、邱紹溢、劉文雅
行 銷 企 劃	黃羿潔
資 深 主 編	曾曉玲
總 編 輯	蘇拾平
發 行 人	蘇拾平

出　　　版　啟動文化
　　　　　　Email：onbooks@andbooks.com.tw
發　　　行　大雁出版基地
　　　　　　新北市新店區北新路三段207-3號5樓
　　　　　　電話：(02)8913-1005　傳真：(02)8913-1056
　　　　　　Email：andbooks@andbooks.com.tw
　　　　　　劃撥帳號：19983379
　　　　　　戶名：大雁文化事業股份有限公司

初 版 一 刷　2025年1月
定　　　價　700元
I S B N　978-986-493-199-6
E I S B N　978-986-493-198-9 (EPUB)

版權所有‧翻印必究 ALL RIGHTS RESERVED
如有缺頁、破損或裝訂錯誤，請寄回本社更換
歡迎光臨大雁出版基地官網 www.andbooks.com.tw

Text Copyright © Ali Walker, 2023
First published by Penguin Life, an imprint of Penguin Random House Australia Pty Ltd. This edition published by arrangement with Penguin Random House Australia Pty Ltd via Andrew Nurnberg Associates International Ltd.

人際關係連結地圖：4 個象限,17 種類型,你是哪一型？你和誰合得來?/艾莉.沃克(Ali Walker) 著;蔡孟璇譯. -- 初版. -- 新北市：啟動文化出版：大雁出版基地發行, 2025.01
　面；　公分.
譯 自：Click or Clash? : Discover the new connection and compatibility types that will transform your relationships - in love, friendship and work

ISBN 978-986-493-199-6(平裝)

1. 人際關係 2. 人際傳播 3. 人格類型

177.3　　　　　　　　　　　　　　　　113016947